mandelbaum *verlag*

Joyce Lussu

WEITE WEGE IN DIE FREIHEIT

Erinnerungen an die Resistenza

Herausgegeben und aus dem Italienischen
übersetzt von Christa Kofler

mandelbaum *verlag*

mandelbaum.at • mandelbaum.de

ISBN 978-3-85476-951-4

2., durchgesehene Auflage 2023

Lektorat: ELVIRA M. GROSS
Satz: KEVIN MITREGA
Umschlag: MICHAEL BAICULESCU
Umschlagbild: Joyce Lussu in Mont-de-Lans, 1938 © GIOVANNI LUSSU
Druck: PRIMERATE, Budapest

Inhalt

Editorische Notiz 7

Weite Wege in die Freiheit 11

Glossar 236

CHRISTA KOFLER: Joyce Lussu –
Stationen einer bewegten Biografie 251

Anmerkungen 278

Literatur- und Quellenverzeichnis 283

Editorische Notiz

Joyce Lussus Erinnerungen zählen zu den frühesten biografisch-literarischen Zeugnissen der italienischen *Resistenza.* Gleichwohl kann dieses unter dem Originaltitel *Fronti e frontiere* (*Fronten und Grenzen*) vorgelegte Werk als das – auch in Italien – am wenigsten bekannte Dokument eines rastlosen und leidenschaftlichen Engagements gegen Faschismus und Nationalsozialismus angesehen werden.

Das Buch erschien bereits im Dezember 1945 in den *Edizioni U*, einem von Dino Gentili gegründeten und finanzierten Verlag, der Positionen und Weltanschauliches aus dem Umfeld des *Partito d'Azione* publizierte.* Das 245 Seiten umfassende *Fronti e frontiere* positionierte man in der Reihe *Collana della Liberazione* und versah es mit der für den Verlag charakteristischen, nüchtern eleganten Umschlaggestaltung nach französischem Vorbild. Es wurde in der Tipografia Editrice A. e F.lli Cattaneo in Bergamo gedruckt und zu einem Preis von 250 Lire vertrieben.

Zwölf nicht nummerierte Kapitel markieren unter den titelgebenden Frauennamen längere und kürzere, jeweils zeitlich abgeschlossene Episoden aus dem Leben von Joyce und Emilio Lussu in den vier Jahren zwischen dem Einmarsch deutscher Truppen in Paris 1940 und dem Juni 1944, der Befreiung Roms von nationalsozialistischer Herrschaft. Lussus Text kann keinem literarischen Genre eindeutig zugeordnet werden. Er präsentiert sich als Biografie, als Dokumentation des antifaschistischen Widerstands, als politisches Traktat und bisweilen sogar als Abenteuerroman. Er präsentiert sich aber auch, und dies ist singulär für seine Entstehungs-

* Das *U* mochte für *uomo* – Mensch stehen, sollte jedoch geheimnisumwoben bleiben und Interpretationen zwischen *underground* und *idea umanista* zulassen. Zu Dino Gentili vgl. http://www.treccani.it/enciclopedia/dino-gentili_%28Dizionario-Biografico%29 (11. 8. 2020).

zeit, als Hommage an die Kraft und die Stärke der Frauen, die sowohl in ihrem widerständigen politischen Handeln als auch in der scheinbar unpolitischen Bewältigung des Alltags auf ein neues Verständnis ihrer Rolle in der Gesellschaft zusteuern. In der ihr eigenen bildhaften Sprache verleiht Joyce Lussu den Frauenfiguren aus den unterschiedlichsten Milieus Kontur und spricht ihnen einen historischen Status zu, der ihnen bislang verwehrt wurde.

Mehrere Gründe lassen sich dafür ausmachen, dass *Fronti e frontiere* in der Fassung von 1945 in Vergessenheit geraten konnte: Zum einen war dem Verlag *Edizioni U* kein langes Leben beschieden. Bereits im Jahr 1948 wurde das Unternehmen liquidiert und es erschienen keinerlei Neuauflagen der Titel des umfangreichen und anspruchsvollen Katalogs. Viele Jahre später, im Jahr 1967, führte zudem die Entscheidung der Autorin, eine mit radikalen Kürzungen und der Revision mehrerer Passagen versehene »didaktisch-pädagogische« Neuausgabe vorzulegen, dazu, dass sie selbst das Original quasi für obsolet erklärte.[**]

Hinzu kam, dass der historische Rahmen, in den Joyce Lussus Werk eingebettet war, zu keiner Zeit den herkömmlichen Kriterien einer »Literatur der *Resistenza*« entsprach, in deren Fokus auch heute noch fast ausschließlich der bewaffnete Partisanenkampf in Norditalien ab dem September 1943 steht.

Einzigartig in der politisch-biografischen Memoralistik des italienischen Widerstandes ist die Tatsache, dass Emilio Lussu im Jahr 1956 unter dem Titel *Diplomazia clandestina (14 giugno 1940–25 luglio 1943)* (*Diplomatie im Untergrund*) im Verlag La Nuova Italia über nahezu dieselbe Zeitspanne, in der *Fronti e frontiere* angelegt ist, einen Rechenschaftsbericht veröffentlichte, der in einigen Passagen atmosphärische Anleihen bei Joyce Lussu nahm.

1991 ließ Joyce Lussu ihr Werk in der Version von 1967 zusammen mit *Diplomazia clandestina* unter dem Titel *Alba rossa*

** Eine Gegenüberstellung beider Texte, eine Untersuchung möglicher Motivationen Joyce Lussus und die Interpretation der vorgenommenen »Umschreibungen« findet sich bei Consuelo Tersol: *Joyce Lussu's Fronti e Frontiere: re-writing between literature and political activism*. MPhil(R) Thesis. Glasgow, 2013, http://theses.gla.ac.uk/5090/7/2013TersolMPhil.pdf (12. 12. 2020).

(*Rote Morgendämmerung*) im Verlag Transeuropa in Ancona erscheinen.

Für die Erlaubnis, die Urfassung von *Fronti e frontiere* übersetzen zu dürfen, für die großzügige Überlassung des familieneigenen Bildmaterials und für seine stets bereitwillige Unterstützung des Projektes soll an dieser Stelle Giovanni Lussu, dem Sohn von Joyce und Emilio Lussu, ein großer und herzlicher Dank ausgesprochen werden. Dank gebührt auch Dr. Milena Pantaloni von der Biblioteca Civica »Gino Pieri« in Porto San Giorgio, die eine Kopie der Erstausgabe zur Verfügung stellte.

Christa Kofler, August 2020

Diese Aufzeichnungen habe ich aus purer Freude an der Erinnerung verfasst. Da es rein persönliche Erfahrungen sind, bin ich mir gar nicht sicher, ob dieses Vergnügen auch von anderen geteilt werden kann.

Manch einer wird sich fragen, warum die Kapitel Namen von Frauen tragen, die dann in den jeweiligen Erzählungen gar keine zentrale Rolle mehr spielen. Tatsächlich war es meine ursprüngliche Absicht, genau diese weiblichen Figuren in den Mittelpunkt zu stellen. Wie man weiß, sind in der italienischen Literatur Frauen als eigenständige menschliche Wesen sehr rar gesät, denn meist werden sie auf ihre gefühlsbedingten und amourösen Verstrickungen reduziert. Schlussendlich hat aber der Erzählfluss mein anfängliches Vorhaben zunichtegemacht.

Dennoch lasse ich ihre Namen, die mir so am Herzen liegen, zu Beginn jedes Kapitels stehen, nicht als Titel, sondern als Widmung. Und das Buch, wie es nun vorliegt, widme ich meiner Mutter, die im Alter von fünfundsechzig Jahren faschistische Kerkerhaft und Verbannung in stiller Größe ertrug.

Joyce Salvadori Lussu

Madame Noëlie

Paris war in jenen Junitagen des Jahres 1940 fast gänzlich verwaist. Ein dichter, gelblicher, ekelerregender Dunstschleier lag schwer über den stillen Straßen und den leeren Häusern. Vielleicht war es künstlicher Nebel, vielleicht der Rauch der brennenden Treibstoffdepots. Nun, da unsere Schritte einsam über das Pflaster klangen, erschien der Place du Panthéon noch weitläufiger und Respekt einflößender. Auch die alten Palais und imposanten Monumente gewannen im Dunst dieser tragischen Vorahnung an Größe, verlassen und erhaben ragten sie auf, wie einst die römischen Senatoren auf dem Kapitol, die, reglos auf ihren kurulischen Sesseln verharrend, die Ankunft der barbarischen Invasoren erwartet hatten.

Auch hier standen mittlerweile die Barbaren vor den Toren. Und Paris verteidigte sich nicht, Paris erklärte sich zur offenen Stadt. Wir, die wir immer gehofft hatten, dass Paris sich nicht ergeben würde, dass es dem Beispiel Madrids und Warschaus folgen würde, dass das Volk, vom Heer im Stich gelassen, Haus um Haus verteidigen würde, wir mussten nun vor den Tatsachen kapitulieren. In Kürze würden die Deutschen in Paris einmarschieren, ohne eine Patrone zu vergeuden, mit Fanfaren vorneweg, im Triumphzug und Paradeschritt. Die totale Katastrophe war Wirklichkeit geworden.

Es blieb uns keine andere Wahl, als fortzugehen, wie alle anderen auch. Und da es seit mehreren Tagen weder Züge noch sonstige Transportmittel mehr gab, machten Lussu und ich uns zu Fuß auf den Weg, so wie wir waren. Wir ließen auch unsere liebgewonnene Wohnung, deren Fenster im Grün der Platanen so schön geschimmert hatten, einfach im Stich. Doch wen kümmerte es schon angesichts der apokalyptischen Atmosphäre, die an das Jahr 1000 gemahnte.

In der Dämmerung marschierten wir durch die verlassenen Straßenzüge und wälzten unsere düsteren Gedanken: Die Niederlage Frankreichs sahen wir als Niederlage einer ganzen Zivilisation; England, von allen alleingelassen, würde sich nicht halten können; der Triumph des Faschismus führte möglicherweise in ein neues Mittelalter. All dies bedeutete den Zusammenbruch unserer Welt, unserer gesamten Existenz.

Auf dem stillen Asphalt irrten Rassehunde und edle Katzen umher, die von ihren Herrchen auf der Flucht zurückgelassen worden waren. Sie schienen verloren und unfähig, sich dem Überlebenskampf zu stellen. Mit mitleiderregenden Blicken, einschmeichelndem Gewinsel und doch stolzem Gehabe näherten sie sich uns, als würden sie um Hilfe bitten. Einige folgten uns ein Stück weit, im Vertrauen auf die Allmacht und immanente Güte und Gerechtigkeit ihrer Götter. Doch ihre Götter, wie alle Götter, hatten anderes im Sinn.

In Richtung Porte d'Orléans belebten sich dann die Straßen. Entlang der Umfahrungsstraßen wogte ein gigantischer Flüchtlingsstrom aus dem Norden und dem Osten. Bald schon sah man Motorräder und LKWs voller Frontheimkehrer mit aufgepflanzten Bajonetten und zerrissenen und staubigen Uniformen. Rasch wurden sie von der nach Neuigkeiten gierenden Menge umringt.

»Sie haben uns verraten«, riefen die Soldaten mit zusammengebissenen Zähnen und Augen voll blinder Verzweiflung. Über ihre schmutzstarrenden Gesichter rann der Schweiß. »Verraten und verkauft. Die Offiziere haben mit den Deutschen gemeinsame Sache gemacht. Anstatt uns die Waffen auszugeben, haben sie sie versteckt. Und dann sind sie alle davongerannt und haben uns im Durcheinander zurückgelassen, ohne Nachrichten und Verbindungen.«

Laut hupend kam eine Luxuskarosse durch die Menge herangefahren. Ein paar Soldaten sprangen vom LKW, umringten sie, rissen die Türen auf und zerrten gewaltsam einen dicklichen Oberst heraus, der ein Monokel in die Augenhöhle gekniffen hatte.

»Wo willst du hin, du Verräterschwein?«, schrien die Soldaten, ohrfeigten und schüttelten ihn. »Wo ist dein Regiment? Du dachtest wohl, du könntest dich vom Acker machen? Du kommst jetzt mit an die Front, dann darfst auch du auf die Deutschen schießen!«

Zwei weitere Offiziere, die aus dem Automobil ausgestiegen waren, versuchten sich davonzustehlen. Doch die Soldaten ergriffen auch sie. »Ihr wollt den Waffenstillstand, ihr Kanaillen? Ihr wollt Frankreich an Hitler verkaufen? Wir werden euch schon beibringen, dass man Frankreich nicht verkauft! An die vorderste Front mit euch, an die vorderste Front!«

Und sie hievten die drei übel zugerichteten Gefangenen auf den Lastwagen.

Inzwischen war es Nacht geworden und es begann leicht zu regnen. Der gewaltige Menschenstrom bewegte sich auf Orléans zu, füllte die breite Hauptstraße von einem Straßenrand zum anderen.

Aus dem dicht gedrängten nächtlichen Fluss der Menge, die zu Fuß unterwegs war, ragten einige Automobile mit Matratzen und Koffern auf dem Dach und einzelne mit Hausrat, Kindern und alten Leuten hoch aufgepackte Pferdefuhrwerke hervor. Sie fuhren im Schritttempo, wie in einem Trauerkondukt. Die Marschierenden schoben Leiterwagen, Kinderwagen und Schubkarren voll mit unterschiedlichsten Gerätschaften vor sich her; die einen hatten einen Wanderrucksack geschultert, andere sich den Koffer oder Seesack auf den Rücken geschnallt, wieder andere trugen prallgefüllte Einkaufsnetze und Taschen. All diese Schatten, deren Gesichter man in der Dunkelheit nicht ausmachen konnte, waren von den Strapazen gezeichnet. Es war eine finstere, mutlose Menge, ohne Mitgefühl und ohne Hoffnung.

Jeder Familienverband trabte isoliert vor sich hin, stumm und ohne sich um andere zu kümmern. Man hielt einander an der Hand, denn verlor man sich auch nur einen Moment lang aus den Augen, wurde man vom Strom fortgerissen und fand einander nie mehr wieder. So hörte man denn auch ab und an ein zartes oder durchdringendes Stimmchen, manchmal Gebrüll, manchmal Gewimmer – »Mama, Mama!« –, das von einem der tausenden auf diesem ungeheuren Exodus verloren gegangenen Kinder stammte.

Es handelte sich hierbei nicht um die Evakuierung einer einzelnen Stadt oder eines Landstrichs. Wir erlebten vielmehr die Massenflucht ganzer Völkerschaften, die von den zivilen und militärischen Autoritäten ihrem Schicksal überlassen worden waren. Alle waren verwirrt von den widersprüchlichen Nachrichten, die

die Fünfte Kolonne in Umlauf gebracht hatte. Jeder hatte nur einen klaren und präzise formulierten Willen: den anrückenden Deutschen zu entkommen. Und die Deutschen von damals waren nicht die Deutschen von heute, die man schlussendlich unter hohem Blutzoll an sämtlichen Fronten besiegen konnte. Es waren die Deutschen, die bislang nur überwältigende diplomatische Triumphe und fantastische militärische Siege gefeiert hatten, die, wo immer sie angriffen, den Durchbruch schafften und unschlagbar und unbesiegt unter dem Nimbus extremer Grausamkeit mit ihren repressiven Methoden ganz Europa unterwarfen.

Von Belgien bis Holland, vom Elsass bis nach Luxemburg, von der Picardie bis zur Île de France hatten Massen von Arbeitern und Bauern ihre Häuser, Felder und Fabriken verlassen, um sich nicht dem Schrecken der Naziinvasion zu ergeben. Ohne festes Ziel und ohne zu wissen, was hinter ihnen geschah, strömten sie in Richtung Süden. Keine Behörde und keine verantwortliche Organisation (zugegeben, es existierte inzwischen auch nichts mehr dergleichen) erteilte Ratschläge oder gab Direktiven aus. Alle waren müde und hungrig. Die Dörfer und Landstriche, durch die sie kamen, hatten schon lange nichts mehr zu bieten, als hätten hier über Wochen Heuschreckenschwärme gewütet. Wer keinen Proviant mitgenommen hatte, blieb hungrig. Und die Wirte und Händler, die selbst nichts mehr besaßen, verkauften nur mehr Wasser.

Hin und wieder trafen wir auf kleinere Kolonnen mit Militärlastern und Panzerwagen, auf versprengte Artillerieverbände, die am Straßenrand standen und unmöglich gegen diesen dichten, marschierenden Strom ankamen, der auch beim besten Willen nicht weichen und einen Durchgang freimachen konnte. Die Soldaten wetterten aber nicht gegen die Unseligen, die ihnen den Weg versperrten, sondern gegen den Generalstab, die Regierung und alle übrigen Amtsträger.

»Verkauft haben sie uns! Verkauft!«, schrien sie. »Sie haben uns an Händen und Füßen gefesselt an die Deutschen verkauft! Man hätte die Feinde im Inneren abschlachten sollen, um uns gegen den Feind von außen verteidigen zu können!«

In Étampes war das Bahnhofsgebäude in ein Lazarett umfunktioniert worden. Es gab viele Verletzte; Männer, Frauen und Kinder, die von zwei oder drei Rotkreuzschwestern versorgt wurden. Nicht weit von uns entfernt hatten die Deutschen von Flugzeugen aus die Flüchtlingskolonne unter Beschuss genommen.

Nachdem wir uns von der Hauptstraße in Richtung eines Bahnüberganges entfernt hatten, sahen wir gegen Abend (wir marschierten nun schon seit vierundzwanzig Stunden inmitten dieser erbarmungswürdigen Menge) einen mit Alteisen und Hölzern vollbeladenen Güterzug auf den Gleisen stehen, auf dem sich bereits Trauben verzweifelter Flüchtlinge zusammendrängten.

»Wo kommt ihr her?«

»Aus Paris. Vor vier Tagen sind wir abgefahren.«

»Und wohin fährt dieser Zug?«

»Nach Orléans, so hoffen wir jedenfalls.«

Auch wir stiegen zu und hockten uns zwischen die verrosteten und regennassen Eisenteile. Unter lautem Schlagen der Puffer, unter Rauchwolken und Pfiffen der Lokomotive setzte sich der Zug in Bewegung und fuhr einige hundert Meter vorwärts. Dann blieb er wieder stehen. Die ganze Nacht über legte er nur wenige Kilometer zurück.

Gegen Morgen sahen wir, wie sich auf dem Parallelgleis in unserer Richtung ein Personenzug vorantastete, ganz langsam, als fürchtete er, jeden Moment auf zerstörte Schienenstränge zu stoßen. Wir sprangen von unserem Schrotthaufen ab und klammerten uns an den anderen.

Er war voll mit Pariser Arbeitern, die ihn eigenmächtig in Besitz genommen und am Abend zuvor in Betrieb gesetzt hatten. Der letzte Zug aus Paris, aus dem schon von den Deutschen besetzten Paris.

In den Gesichtern der Passagiere lag große Verzweiflung. Sie waren bis zum letzten Augenblick in der Stadt geblieben und bereit gewesen, zu den Waffen zu greifen und einen Straßen- und Häuserkampf aufzunehmen. Doch die allgemeine Verwirrung hatte auch den geringsten Versuch, eine Verteidigung zu organisieren, vereitelt.

»Ach, Frankreich! Frankreich!«, voll Gram wiederholte ein alter und ziemlich stämmiger Arbeiter aus den Renault-Werken diese Worte immer und immer wieder. Er war mit Gattin und Sohn unterwegs. Sie, eine unscheinbare Frau, wirkte verloren und niedergeschmettert vom Unglück, das sie gezwungen hatte, jenes Haus zu verlassen, das ihr ganzes Leben gewesen war. Der Sohn, ein geschniegelter, blasser Jüngling, missmutig und ohne politischen Standpunkt, war das typische Exemplar einer dekadenten und verhätschelten Generation.

»Mein Frankreich, in Schande gefallen! Paris in deutscher Hand, ohne den Versuch einer Verteidigung! Was ist denn unser Frankreich ohne Paris?« Dann zog er unter dem Sitz einen Korb hervor, in dem zitternd ein riesiges, trächtiges Kaninchenweibchen hockte. Er streichelte das unruhig bebende Mäulchen und hielt ihm eine Handvoll Grünzeug hin. »Das ist alles, was mir von meinem Hab und Gut geblieben ist und was ich mir in dreißig Jahren erarbeitet habe. Doch spielt das jetzt noch eine Rolle? Es geht um Frankreich, um Frankreich!«

»Sie haben uns verraten«, sagte ein anderer Arbeiter mit tiefer, bitterer Stimme. »Pétain und Waygand haben sich schon vor einer ganzen Weile mit Hitler verständigt. Frankreich muss krepieren, damit endlich die Republik krepiert. Das war doch die Parole aller Rechten. Sich von Hitler helfen zu lassen, um die Republik zu zerstören, um das Volk wieder in die Sklaverei zu treiben, wie vor der Großen Revolution.«

»Dass sich die Rechten an den Faschismus verkauft haben«, sagte ein alter Arbeiter, »das haben wir doch immer schon gewusst. Wir kennen sie ja, dieses monarchistische Generalspack und Croix-de-Feu, die Minister, die an der Börse um den Frieden spielten, die Finanziers des Comité des forges. Die reaktionären Nationalisten, die großen Patrioten sind doch immer die ersten, die sich ans Ausland verkaufen. Aber die Linken, auch die Linken! Was haben die denn getan, um das Land aufzurütteln? Nichts. Sie wollten keinen ideologischen Krieg und jetzt haben sie diesem Krieg, der doch im Grunde genommen ein großer Bürgerkrieg sein müsste, die Seele geraubt. Sie wollten kein Risiko eingehen, sie wollten keine Toten. Als könnte man einen Krieg ohne Tote führen! Wir wissen das schließlich, wir haben doch den letzten Krieg geführt und auch gewonnen. Und dann noch diese Kommunisten! Nach dem Pakt zwischen Russland und Deutschland haben sie nichts anderes getan, als den Widerstand zu sabotieren und dazu beigetragen, das Land in den Untergang zu führen.«

»Wenn Stalin diesen Pakt geschlossen hat«, mischte sich ein hagerer junger Mann mit glühenden Augen ein, »dann bedeutet das, dass es so auch besser war. Darauf vertraue ich aus ganzem Herzen. Ich sage euch, während wir hier palavern, ist die Rote Armee schon in Polen und greift Deutschland an.«

»Das glaube ich nicht«, entgegnete der alte Arbeiter, »zumindest jetzt noch nicht. Und für uns wird es in jedem Fall zu spät sein.«

»Wir alle haben Schuld daran«, fügte er nach einer Weile hinzu. »Niemand in Frankreich hat den Krieg wirklich ernst genommen. Erst jetzt, angesichts der deutschen Invasion, beginnen wir klarer zu sehen. Viel zu spät.«

Unterbrochen von langen Aufenthalten fuhr der Zug im Schritttempo durch die blühende Ebene von Orléans. Bei jedem Halt sprangen die tatkräftigsten jungen Männer ab und plünderten die Gärten und Obstplantagen. Verfolgt von den vergeblichen Protesten der Grundbesitzer kehrten sie triumphierend mit Karottenbüscheln und Tomatenrispen zurück.

»Besser wir, als die *Boches*«, riefen sie den Opfern ihrer Plünderungen zu. »Die *Boches* werden euch alles wegnehmen!«

Ein Ende unserer Fahrt war nicht in Sicht. Gegen Abend hielt der Zug an und blieb eine Stunde, zwei Stunden, drei Stunden lang stehen. Es war tiefe Nacht geworden und es ging nicht mehr weiter. Über Orléans zirkulierten widersprüchliche Nachrichten, die uns von Bauern aus der Gegend zugetragen wurden: Orléans sei von französischen Verteidigungstruppen abgeriegelt, es herrsche Belagerungszustand, es gebe keine Möglichkeit, in die Stadt zu gelangen. Diese letzte Nachricht, die von mehreren Seiten bestätigt wurde, schien gesichert zu sein. Vollkommen sicher war nur, dass sich dieser Zug nicht mehr weiterbewegen würde. Unsere Mitreisenden dösten vertrauensvoll in der Wärme. Wir aber stiegen aus und machten uns entlang der Schienen wieder zu Fuß auf den Weg.

»Wie weit ist es noch bis Orléans?«, fragten wir.

»Sechs oder sieben Kilometer«, wurde uns gesagt, »aber niemand darf mehr in die Stadt hinein.«

Wir marschierten im Dunkeln zwischen den Schienen. Wir mussten versuchen vorwärts zu kommen. Vorausgesetzt, kein Soldat oder Polizist hielte uns auf und kontrollierte unsere Papiere. Seit dem 10. Juni waren wir Italiener für die Franzosen schließlich zu Feinden und Verrätern geworden. Und die meisten waren durch die Katastrophe und den Groll so verwirrt, dass sie zwischen Faschisten und Antifaschisten keinerlei Unterschied mehr machten.

Es waren aber weder Soldaten noch Polizisten zu sehen. Das Gleis lag verlassen da. Auch als es sich in Bahnhofsnähe teilte und verzweigte, war niemand zu sehen.

Der Bahnhof trug Spuren kürzlich erfolgter Bombardements und lag völlig im Dunkeln. Unter dem Vordach erhellten einige schwache, bläuliche Lämpchen wie durch einen matten Schleier die vom Schrecken geweiteten Augen und die eingefallenen Wangen einer Ansammlung von Flüchtlingen. Männer in Uniform und in Zivil, Frauen mit Kindern, alte Leute und Arbeiter im Blaumann. Es waren viele, doch sie machten keinen Lärm. Wie Gespenster sahen sie aus. Viele hatten tagelang unter diesem Vordach auf eine Fahrt in den Süden gewartet. Jetzt würde es sicherlich keine Züge mehr geben. Und es hieß, die Deutschen seien schon an Orléans vorbei und blockierten die Stadt vom Süden her. Sie hatten keine Hoffnung mehr, sie würden den *Boches* in die Hände fallen, den Barbaren, die Flüchtlingstrecks entlang der Straßen mit Maschinengewehrsalven beschossen, die tausende Geiseln ermordeten und taugliche Männer zusammentrieben, um sie als Sklaven in ihren Fabriken arbeiten zu lassen.

»Herr Wachtmeister! Herr Wachtmeister!«, rief ich, als ich einen Gendarmerie-Brigadier sah, der den Bahnsteig entlangging. Er wandte sich jedoch nicht um.

»Herr Wachtmeister«, wiederholte ich und griff nach seinem Arm, »könnten Sie mir eine Auskunft geben?«

Er sah mich an und jedes weitere Wort blieb mir im Hals stecken. Sein Gesicht war eingefallen, geisterhaft. In seinen Augen stand mehr als Panik, Zorn oder Schmerz. Ich sah das Ende aller im Universum vorhandenen Hoffnungen, sah einen Menschen, der spürte, wie die Erde sich auftat und als Chaos unter seinen Füßen tobte.

»Ich hab keine Ahnung, ich weiß überhaupt nichts«, stammelte er, verloren in seiner Verzweiflung: »Es ist alles aus, es ist vorbei, das ist das Ende ...!« Er wandte sich ab und verschwand in der Menge der anderen Gespenster.

Von diesem Bahnhof fuhren keine Züge mehr ab und es würden auch keine mehr ankommen. Wir erblickten einen Trupp Soldaten (der Form ihrer Barette nach mussten es Belgier sein), die sich in die entgegengesetzte Richtung bewegten, aus der wir gekommen waren. Wo gingen sie hin? Wir schlossen uns ihnen schweigend an.

Nun wanderten wir also, über die Gleise stolpernd, diesen Soldaten hinterher. Nach einer Weile zeichnete sich ein großes, finsteres Etwas vor uns ab. Eine Lokomotive schnaubte in der Ferne. Das war ein Zug, ein zur Abfahrt bereiter Zug. Wir kletterten auf das erste Trittbrett, aber ein Wachposten erschien in der Tür. »Kein Zutritt«, sagte er mit starkem Lütticher Akzent. »Für belgische Truppen reserviert.« Wir wichen nicht zurück, er berief sich auf die Vorschriften und die höheren Befehle, wir wandten unsererseits ein, dass man unter den gegebenen Umständen auch eine Ausnahme machen könne. Die Diskussion setzte sich eine Weile fort, bis ein pickelgesichtiger Major, der Stimme und dem Gehabe nach ein echter Gentleman, herantrat, der uns nach langem und höflichem Hin und Her gestattete, in den Waggon zuzusteigen. Er war dann jedoch mehr als erstaunt, als er eine beträchtliche Anzahl von weiteren Reisewilligen im Gänsemarsch nachkommen sah, die sich offensichtlich uns angeschlossen hatten, als wir den belgischen Soldaten hinterhermarschiert waren.

Einige flämische Rekruten, freundliche Bauern und Landarbeiter mit offenen Gesichtern, rückten noch näher zusammen, um uns etwas Platz zu machen. Schon nach kurzem Geplauder zeigten sie uns Fotografien ihrer lächelnden jungen Ehefrauen und ihrer pummeligen blonden Kinder.

»Was sie jetzt wohl gerade machen?« Die Angst sprach aus ihren Worten, denn sie stellten sie sich gebrochen und ausgezehrt vor, völlig verändert und gar nicht mehr fröhlich wie auf den Fotos. »Was die *Boches* wohl mit ihnen angestellt haben?«

Ich entdeckte, dass allen, außer dem Major, auf den Kragenspiegeln die Königskronen, die unseren Sternen entsprachen, fehlten.

»Die französischen Soldaten haben sie uns abgerissen«, sagte einer und fügte trotz des bösen Blicks, den ihm der Major zuwarf, mit einem breiten Lächeln hinzu: »Aber das ist uns schnurzegal.«

»Hätten wir nur gegen die *Boches* in den Kampf ziehen können!«, bemerkte ein anderer. »Jetzt sind wir schon seit einem Monat in Frankreich und haben noch kein einziges Waffenlager gesehen. Sie sehen es ja, wir alle sind unbewaffnet. Im ganzen Regiment haben wir weder ein Gewehr noch eine Patrone. Man wollte uns hier in Frankreich bewaffnen und wir sollten sofort an die Front. Aber wir sind immer nur im Kreis gefahren, immer im Zug, immer im Zug, und außer Bahnhöfen haben wir von Frankreich nichts gesehen. Von Nord nach Süd, von Ost nach West, hin und her und her und hin. Und jetzt, wo die Deutschen in Paris einmarschieren, haben wir Befehl, nach Toulouse zu fahren.«

Der Major starrte sie stumm und mit wachsendem Unmut an. Doch sie erzählten weiter frei von der Leber weg.

Abgesehen von der immensen Menschenmenge in den Straßen machte das von der Front und vom Schrecken der Invasion weit entfernte Toulouse noch den Eindruck einer normalen Stadt. Hier hatte man sich noch nicht dem Schicksal ergeben. Vierundzwanzig Stunden vor dem Waffenstillstand wurde noch immer von einer Verteidigungslinie an der Loire gesprochen.

Doch als die Nachricht von der Kapitulation eintraf, folgte Erleichterung auf die Furcht. »Der Krieg ist aus! Der Krieg ist aus!«, schrien sie in den Straßen. »Pétain hat Frankreich gerettet!«

Der alte Marschall, der schon mit einem Bein im Grab stand und immer noch mit der lang gehegten Ambition, Diktator von Frankreich zu werden, liebäugelte, wurde plötzlich populär. Die reaktionären Kräfte jubelten. Charles Maurras, der oberste Wortführer der Rechten, schrieb im *Candide*: »Dieser Junitag, an dem wir die prächtige Überraschung erleben dürfen, dass die Republik endlich in sich zusammengebrochen ist …«

Der Gesinnungswandel aller Zeitungen, inklusive der demokratischen *Depêche du Toulouse*, erfolgte prompt. Von einem Tag auf den anderen begannen sie, England und den vermeintlich verrückten Krieg gegen den Nationalsozialismus zu geißeln und den Marschall hochleben zu lassen. Hier war es gar nicht nötig, dass Schlägertrupps über Monate und Jahre Journalisten verprügelten und Zeitungsredaktionen niederbrannten, wie es in Italien geschehen war.

Wie die Presse einbrach, so brach alles in Frankreich zusammen: Verwaltung, Gerichtsbarkeit, Heer, Industrie und Handel. Seit geraumer Zeit schon war das Gebälk des Gebäudes von innen her durch die beständige Arbeit der Termiten ausgehöhlt worden. Nun lag es am Boden. Und in den Ruinen verfestigte sich im Schatten der deutschen Bajonette der neue autoritäre Staat.

Nur die Polizei blieb weiterhin aktiv. Man weiß ja, dass die Polizei immer der stärkste Organismus eines Staatswesens ist. Mögen Republiken, Throne, Diktaturen auch zugrunde gehen, Fouché bleibt unbeirrt im Sattel und ändert nur den Briefkopf auf dem Amtspapier. Schon während der Republik, in Friedenszeiten, hatte die Polizei den politischen Immigranten nicht wenige Schwierigkeiten bereitet. Während des Krieges hatte sie einen Großteil von ihnen in Lager gesperrt. Nun begann unter der Ägide von Laval und Pétain die Menschenhatz.

Der Präfekt von Toulouse hatte Silvio Trentin, der zur Anlaufstelle italienischer und französischer Widerständler aus dem ganzen Umland geworden war, nahegelegt, die Stadt zu verlassen, da eine Verhaftungswelle und die Auslieferung der bekanntesten italienischen Emigranten an die italienischen Behörden bevorstanden.

Auch Lussu und ich verließen Toulouse.

Wir waren am Boden zerstört. Der Zusammenbruch Frankreichs bedeutete für uns den endgültigen Triumph des Faschismus. Wer würde sich denn nach der Zerstörung des französischen Heeres den Naziarmeen entgegenstellen können? England war gänzlich auf sich allein gestellt. Mochte seine Flotte noch so schlagkräftig sein, ohne Bodentruppen würde man nicht viel ausrichten können. Es war einfach hoffnungslos.

Wir würden erleben, wie sich Europa in ein einziges Nazi-Imperium verwandelte, in dem jeder Deutsche zum Feudalherren mutieren konnte und die übrigen Völker unter gnadenlosem Terror zu Sklaverei und Leibeigenschaft verdammen würde. Lohnte es sich zu leben, um dies mitanzusehen?

Nach längerem, trostlosem Umherirren landeten wir schlussendlich in einem Dorf am Fuße der Pyrenäen. Ein Dorf voller Gesinnungsgenossen, in dem alle, vom Bürgermeister bis zum Totengräber, Sozialisten waren. Seit Langem schon zählte diese Region zu den fortschrittlichsten in Frankreich. Während der Großen Revolution hatten ihre Abgeordneten inmitten der Bergpartei Platz genommen, sie waren Anti-Monarchisten und Anti-Bonapartisten gewesen, in der Dritten Republik hatten sie linke Abgeordnete gewählt. Dieses Umfeld tat unserer Seele gut, hier freute sich niemand über den Waffenstillstand, alle waren sich der Katastrophe bewusst und waren, wie wir, zutiefst verzweifelt.

Unsere erste Unterkunft fanden wir beim Dorfwirt. Da wir von einem sozialistischen Genossen empfohlen worden waren, bot er uns brüderlich Kost, Logis und seine Freundschaft an, ohne nach Namen, Herkunft oder Nationalität zu fragen. Er war krank, praktisch nicht mehr arbeitsfähig, doch seine fehlende körperliche Aktivität kompensierte er mit einem leidenschaftlichen Interesse für Politik. Er verbrachte jene Tage an der Seite seines klapprigen Radioapparats und versuchte, aus verschiedensten Ländern französische Sendungen aufzufangen und Nachrichten über die allgemeine Lage zusammenzutragen.

Wenn die Gäste nach Hause gegangen waren, las er Bücher oder Zeitschriften, die gesellschaftspolitische Themen behandelten.

Seine Frau, die energisch und emsig zwischen den dampfenden Töpfen und den Tischen der Gaststube hin und her eilte, war stets an seiner Seite. Ihr beider zwanzigjähriger Sohn war, wie der Gutteil seiner Altersgenossen, verwöhnt und eingebildet, abgeklärt und skeptisch wie ein Siebzigjähriger ohne Glauben und ohne Enthusiasmus.

Die Wirtin verpflegte uns ausgezeichnet, der Preis war ziemlich bescheiden. Doch so bescheiden er auch sein mochte, er schmälerte allzu rasch das geringe Budget, das uns verblieben war, und so suchten wir uns eine andere Bleibe. Auf diese Weise lernte ich Madame Noëlie kennen.

Madame Noëlie war eine Bäuerin mit weiten, hellen Augen. Sie lächelte nicht oft, aber wenn sie es tat, dann strahlte sie. Die kleine, zierliche und für ihr Alter noch immer erstaunlich kräftige Frau war seit zwanzig Jahren verwitwet und ihre zwei Söhne hatten, wie in ihrer Generation üblich, die väterlichen Felder hinter sich gelassen, um sich in der Stadt irgendeinen armseligen Beamtenposten zu suchen.

Sie wohnte ganz allein in einem Häuschen, das sie mit ihren Ersparnissen errichtet hatte und bearbeitete gänzlich ohne Hilfe etliche verstreut liegende Gemüsegärtchen und Felder, deren Produkte sie nicht verbrauchen, ja nicht einmal ernten konnte und die zu drei Vierteln verdarben. »So ein Irrsinn«, sagten die Nachbarn, »sich so sinnlos abzuplagen!«

Doch Madame Noëlie nährte durch diese ihre Mühen in ihrem einsamen Herzen die uneingestandene Hoffnung, dass einer ihrer Söhne eines Tages zurückkommen würde, um mit ihr das blitzblanke Häuschen und den Ertrag ihrer Felder zu teilen.

Sie wohnte ziemlich abgeschieden und nahm kaum Anteil am Leben der Dorfgemeinschaft, die sie deshalb auch im Verdacht hatte, geizig und hochmütig zu sein.

Wir mieteten bei ihr ein Zimmer mit Kochgelegenheit, dazu einen Schuppen, in dem wir ein paar Kaninchen hielten. Wir bekamen auch das Nutzungsrecht für den kleinen Gemüsegarten hinter dem Haus, unter der Voraussetzung, dass wir ihn pflegten und seinen Ertrag mehrten. So konnten wir mit zehn Francs am Tag leben.

Lussu ging frühmorgens in den Garten und harkte den Boden, goss die Pflanzen, riss Unkraut aus, säte Radieschen und Salat, errichtete Stützgitter für die Erbsen und die Tomaten. Ich kümmerte mich um die Kaninchen und das Haus, fischte aus den Truhen von Madame Noëlie alte, bunte Stoffstücke und machte daraus Vorhänge und Kissen. Wenn uns Zeit blieb, halfen wir Madame Noëlie und einigen anderen Bauern bei der Heuernte oder gruben die letzten Kartoffeln aus. Am Abend waren wir so müde und erschöpft, dass wir sofort in einen tiefen Schlaf fielen und gar keine Zeit hatten, lange nachzudenken.

Mit unserem körperlichen Einsatz verscheuchten wir die negativen Gedanken. Wenn der Alptraum der politischen Realität wie ein schlafendes, doch allzeit lauerndes Monster zu uns durchdrang, dann schwiegen wir oder sprachen von anderen Dingen.

Unser kleiner Garten vereinnahmte und begeisterte uns wie ein anspruchsvolles, lebendiges Wesen.

In der ersten Zeit hatte uns die Tragödie derart gequält und bedrückt, dass wir abends oft in der Hoffnung einschliefen, wir würden am nächsten Morgen nicht mehr erwachen, so leidvoll und unerträglich erschien uns die Rückkehr zu vollem Bewusstsein.

Als wir dann aber sahen, wie die zarten und doch so robusten Keimlinge den Samen aufbrachen, sich durch die Erde drängten und rasch ihre Blätter öffneten, um die Sonne aufzunehmen und zu genießen, da musste man einfach auch selbst wieder aufblühen. Die Welt dreht sich weiter, sagten uns die rosig-glänzenden runden Radieschen, die nach nur drei Wochen aus dem winzigen Samen geschlüpft waren. Alle Tragödien sind im Grunde genommen bloß die Akte ein und desselben Theaterstücks.

Und Madame Noëlie begleitete unsere spirituelle Genesung als wohlmeinender guter Geist und Quell immerwährender, uralter Weisheit.

Es dauerte einige Zeit, bis wir ihr Vertrauen gewannen, da ihre etwas raue Schale aus der ihr eigenen Schüchternheit resultierte. Doch schließlich offenbarte sie ein großzügiges Herz und eine edle Seele, die in langen, einsamen Mediationen auf den Feldern und am winterlichen Kaminfeuer gereift war.

»Man hat zu leben gelernt«, sagte sie immer, »wenn man gelernt hat, allein zu leben.« Oder wenn man in sich selbst die geistige Kraft gefunden hat, die einem Individuum seine Freiheit gibt.

»Ich war nie in der Kirche«, meinte sie eines Abends, als sie vor dem Kamin kniend mit brennenden Scheitern das Feuer neu entfachte. »Als ich jung war, hatte ich nie Zeit dafür. Und jetzt mag ich die Pfaffen einfach nicht. Wozu braucht man denn die? Ich bin ein Freidenker.«

In ihr lebte die Französische Revolution weiter, als dauerhafte Errungenschaft, die aus ihren geknechteten Vorfahren unabhängige Bürger gemacht hatte und aus dem Land der Großgrundbesitzer das Bauernland, das man selbst bearbeitete.

Leidenschaftlich liebte sie ihren Grund und Boden und das Leben an der frischen Luft. Über ihre Erfahrungen als Hausangestellte in der Stadt, wo sie notgedrungen vier Jahre lang als Köchin in einem Hotel gearbeitet hatte, sprach sie nur mit Abscheu. »Ich ging nie aus«, sagte sie, »nicht einmal am Sonntag. Immer hing ich über den Kochtöpfen, immerzu, in einer Küche im Untergeschoß, von der aus man nicht den geringsten Flecken vom Himmel sah. Stets musste ich das Licht brennen lassen, ich wusste nicht einmal, ob es bewölkt oder sonnig war. Wurde es Frühling, so erfuhr ich das von den Bauern, die von außerhalb ihre Vorräte brachten. In der Allee, erzählten sie, beginnen schon die Mandelbäume zu blühen. Doch vor Angst, der Braten könnte verbrennen und die Soufflees zusammenfallen, gönnte ich mir nicht einmal die eine Stunde, die genügt hätte, mir die Mandelblüte anzusehen. Da ich alles andere als ein Faulpelz war und meine Aufgaben sehr sorgfältig erledigte, bürdete mir meine Herrschaft einfach alles auf, sodass ich kaum eine Minute zum Durchatmen kam.« Madame Noëlie war ganz und gar nicht geizig, wie alle sagten. Sie war nur sparsam, wie es eben ein Bauer ist, der sich etwas Wohlstand schaffen möchte. Uns gegenüber erwies sie sich als äußerst großzügig.

Wir mussten heftige Diskussionen führen, bis sie uns erlaubte, zumindest einen Teil der Gaben, die sie uns mit ihrem schönen, etwas schüchternen Lächeln anbot, zu bezahlen. Ich glaube, sie hätte uns auch das Haus und den Garten geschenkt, wenn wir sie darum gebeten hätten, denn zwischen uns hatte sich eine fast familiäre Zuneigung entwickelt.

Schließlich suchten wir abends auch wieder den Dorfwirt auf, der, wenn alles glattging, seinem Apparat eine fast unhörbare, verzerrt klingende Nachrichtensendung aus London entlockte. Da die französischsprachigen Übertragungen heftig gestört wurden, hörten wir die englischen, und ich fungierte als Übersetzerin. Mit der Zeit kam das ganze Dorf zusammen. Die Aufrufe zum

Widerstand ließen in den verzweifelten Gesichtern wieder Hoffnung aufleuchten. England ließ sich nicht besiegen. Nicht alles war verloren. Der Krieg war noch nicht zu Ende.

Inzwischen aber wurde die Situation in ganz Frankreich immer schwieriger. Die Vichy-Behörden übergaben die politischen Emigranten an die Gestapo. Alle antifaschistischen Ausländer wurden polizeilich gesucht. Der Faschismus war nun auch hier angekommen. Wenn sie ihre persönliche Freiheit bewahren wollten, dann blieb den bekanntesten Exilanten nichts anderes übrig, als Frankreich zu verlassen, so wie sie schon ihr Heimatland hatten verlassen müssen. Dieses Unterfangen erwies sich jedoch als ziemlich schwierig. Unsere Freunde aus Marseille schrieben an Lussu, dass sie versuchten, illegale Schiffspassagen zu organisieren, bisher jedoch ohne Erfolg. Sie forderten seine Anwesenheit vor Ort, um ihnen dabei behilflich zu sein.

So verließen wir dann Madame Noëlie und unser ruhiges und sicheres Asyl und machten uns auf die Reise nach Marseille.

Claudina

Marseille war im Herbst des Jahres 1940 der letzte sichere Hafen Europas, dessen Grenzen der Faschismus andernorts bereits dichtgemacht und verbarrikadiert hatte. Als Folge der deutschen Invasionen sammelten und stauten sich hier hunderttausende Flüchtlinge, die aus allen besetzten Gebieten kamen: Slawen und Deutsche, Franzosen, Skandinavier und abertausende Juden traten einander schon auf die Füße. Für die meisten von ihnen ging es um Leben oder Tod, verzweifelt versuchten sie, eine Passage über das Mittelmeer zu ergattern. Doch wie sollte das gelingen?

Seit einiger Zeit hatten die Reedereien bereits ihren Betrieb eingestellt und es gab nur noch ganz selten Verbindungen nach Korsika oder Nordafrika. Wenn doch, dann wurde jeder einzelne Passagier durch die Vichy-Polizisten oder die deutsche und die italienische Waffenstillstandskommission aufs Strengste überprüft und kontrolliert. An Bord gehen durfte nur, wer in den französischen Kolonien geboren und wohnhaft war. Eine Ausreise per Schiff konnte demnach nur mehr illegal und unter hohem Risiko erfolgen, denn die gesamte Küste wurde flächendeckend durch Polizeiboote und deutsche Streitkräfte überwacht. Und dennoch war die Dringlichkeit, Frankreich zu verlassen, für viele so groß, dass sie unerhörte Geldsummen für den jämmerlichsten Platz auf dem desolatesten Kahn oder Fischkutter boten, der bereit war, die Überfahrt bis Gibraltar zu wagen.

Ausgehend von dieser überhitzten Nachfrage nach illegalen Schiffspassagen setzte die Unterwelt im Hafen von Marseille sofort einen äußerst schwungvollen Handel in Gang. Das war damals eine etwas spezielle Unterwelt mit politischem Anstrich, ein Überbleibsel vergangener Freiheit. Es gab zwei große, miteinander rivalisierende Gruppierungen: den rechten Clan und den linken Clan. Der rechte Clan hatte sich um die Sabianisten formiert (der Korse Simon Sabiani war ein skrupelloser Strippenzieher, ein französischer Farinacci); der linke Clan bewegte sich im Dunstkreis der früheren Arbeiterkammern und der linken Wahlkomitees. Doch die Geschäftsmethoden beider Organisationen unterschieden sich nicht wesentlich voneinander. Solange die Möglichkeit bestand, ein halbwegs taugliches Schiff über das Mittelmeer zu schicken, stopfte man Flüchtlinge darauf und ließ sich die Überfahrt mit Unsummen bezahlen. Die Wucherei war maßlos. Selbst als die Passagen aufgrund fehlender Schiffe und zunehmender Polizeikontrollen gar nicht mehr möglich waren, verkauften die Clans weiterhin Plätze für vorgebliche Überfahrten und forderten dabei stets deren Bezahlung im Voraus. Zum Zeitpunkt der vermeintlichen Abreise hatten sie dann immer eine Ausrede parat, sei es eine Verhaftung, sei es eine Polizeikontrolle oder Probleme, sich das Dieselöl für den Motor zu beschaffen. Wenn die Reisewilligen schließlich erkannten, dass man sie hinters Licht geführt hatte, konnten sie den Betrug verständlicherweise nicht der Polizei melden, da diese ja nach ihnen fahndete. Auch die Entschlossensten mussten auf Vergeltungsmaßnahmen verzichten, um nicht selbst denunziert zu werden. In der Marseiller Kasbah, dem Stadtviertel rund um den Alten Hafen, war es überdies auch hoffnungslos, einen der sogenannten »Organisatoren« aufspüren zu wollen.

Als Lussu in Marseille ankam und von den Genossen beauftragt wurde, die illegale Ausreise für diejenigen unter uns zu organisieren, deren Verbleib in Frankreich am gefährlichsten erschien, sah alles noch ganz gut aus. Kurz zuvor hatte man einen Fischkutter angekauft, der einige Dutzend Flüchtlinge nach Lissabon transportieren sollte. Das Geschäft lag in den Händen von Dr. Bohn, einem Abgesandten der italo-amerikanischen Arbeiterorganisationen.

Dr. Bohn war eine durchaus kultivierte Person. Um die sechzig, gutaussehend, ein stattlicher, kräftiger Mann mit gut geschnittenen Anzügen, majestätischem Antlitz, einem Brustkorb wie ein Kampfringer, ungemein beeindruckend, wenn er sein Jackett öffnete und die Daumen in die Westentaschen steckte. Wo immer er hinkam, zog er alle mit der gewinnenden Selbstverständlichkeit eines Grandseigneurs in seinen Bann. Er sprach gut und viel und verfügte über Charisma. Nach zehn Minuten Konversation mit ihm war aber jedermann klar, dass Bohn der gute Onkel aus

Amerika sein musste, der nach Europa gekommen war, um sich das Geld schnurstracks aus der Tasche ziehen zu lassen. Wegen des Fischkutters verhandelte er gerade mit einem Kerl aus dem linken Clan, einem gewissen Manuel.

Für Lussu stand jedoch bereits nach wenigen Tagen eindeutig fest, dass der Kutter nicht in der Lage sein würde, die Überfahrt zu überstehen, ja nicht einmal auslaufen konnte. Der Gedanke, auch nur einen Cent der im Voraus überwiesenen Summe zurückerstattet zu bekommen, schien illusorisch. Manuel war unantastbar. Er war ein respektierter Geschäftemacher, hatte immer in Marseille gelebt und hatte vor allem einflussreiche Freunde. Wir hingegen waren *métèques*, Fremde, und unser Unterfangen in höchstem Maße illegal.

Mit der Gelassenheit eines Pokerprofis, der am Spieltisch niemals durchblicken lässt, ob er gerade am Verlieren oder Gewinnen ist, akzeptierte Dr. Bohn den Betrug und den Verlust seiner Dollars. »Ist es nicht großartig«, tönte er in seinem wohlklingenden Oxford-Akzent (er hatte in England studiert) und er reckte seine Brust wie ein Bollwerk vor, »ist es nicht großartig, das Leben mit so vielen überraschenden und verrückten Erfahrungen bereichern zu dürfen, die den geistigen Horizont über alle Maßen erweitern und Gefühl und Verstand reifen lassen? Widrigkeiten des Schicksals stärken unseren Charakter ungemein, wenn wir daraus Lehren ziehen können, ohne uns jemals entmutigen zu lassen. Also, auf, auf, und immer fröhlich voran, ohne Blick zurück und ohne Bitterkeit.«

Bohn hatte die Angelegenheit schon abgehakt, doch Lussu bat ihn, Manuel noch einmal in seiner Begleitung als Dolmetscher aufzusuchen. Da Dr. Bohn als Einziger von den dreien ausschließlich Englisch sprach und verstand, würde Lussu übersetzen können, was er wollte. Lussu wusste um die Methoden und kannte die Psychologie der Marseiller Clans. Er hatte die Absicht, Manuel mit den richtigen Argumenten zu knacken, und wollte nicht zuletzt den Einfluss amerikanischer Geldgeber auf künftige Unternehmen ins Treffen führen. Was Lussu dann tatsächlich übersetzte, muss so überzeugend gewesen sein, dass noch am selben Tag ein Großteil des Geldes rückerstattet wurde.

Der Schwarzhandel für illegale Überfahrten nach Nordafrika war zwar inzwischen praktisch zum Erliegen gekommen, dennoch gelang es Lussu und seinen Freunden, nach langer Suche ein Schiff in gutem Zustand ausfindig zu machen. Auf der *Bouline* würden, zusätzlich zu drei Besatzungsmitgliedern, zehn Passagiere Platz finden, wenn sie sich denn etwas zusammendrängten.

Der Kapitän war ein Belgier, der ebenfalls dringend Frankreich verlassen musste. Französische Genossen verbürgten sich für ihn, er sei ein Ehrenmann und verstehe sein Metier. Er schien ziemlich umsichtig zu sein und wollte das Boot bis zum Auslaufen etwas außerhalb von Marseille versteckt halten.

Die Abfahrt selbst würde dann unter ausgeklügelten und höchst komplizierten Vorsichtsmaßnahmen abseits des Hafens vor sich gehen. Lussu aber vereinfachte die Abläufe. Sich an seine Flucht aus Lipari erinnernd, bestimmte er, dass der sicherste Ort der offensichtlichste sei: Das Schiff sollte im Alten Hafen von Marseille vor Anker liegen und auch von dort aus ablegen. Das Geschäft ging über die Bühne, eine Hälfte des vereinbarten Preises würde in Lissabon übergeben werden, die andere Hälfte sofort, um das Boot einsatzbereit zu machen.

Dieses Boot schien die einzige Rettungsmöglichkeit zu sein, und jeden Tag, zu jeweils unterschiedlichen Uhrzeiten, spazierte einer der Reisekandidaten am Alten Hafen vorbei und kontrollierte, ob es noch zwischen den vielen anderen Schiffen vertäut lag und im öl- und müllverschmutzten Wasser schaukelte, gleichmütig gegenüber den Sorgen und Hoffnungen, die wir uns seinetwegen machten.

Als alles bereit und die Abfahrt für den folgenden Tag fixiert war, kehrte der Genosse des morgendlichen Kontrollgangs mit todtraurigem Gesicht zurück: »Die *Bouline* ist nicht mehr da!« Ihr Platz im Alten Hafen war leer, zwischen dem Kutter und dem Fischerboot, die an seiner Seite gelegen hatten, schäumte nur trübes Wasser.

Durch traumhafte Gewinnaussichten verführt, hatte sich der belgische Kapitän überreden lassen, zwanzig andere Passagiere, die mit unserer Gruppe absolut nichts zu tun hatten, an Bord zu nehmen und mit ihnen unverzüglich in See zu stechen. Er hatte dabei Lussus Anweisungen genauestens berücksichtigt: Er war vom Alten Hafen aus gestartet und ohne Zwischenfälle ausgelaufen. Doch Nemesis, die in den allermeisten Fällen menschliches Schicksal zu vernachlässigen scheint, hatte diesmal die Verfolgung aufgenommen. In einem Sturm auf Höhe der Balearen begann die *Bouline*, für die die zwanzig Passagiere eine viel zu schwere Last waren, Leck zu schlagen. Da sie zu sinken drohte, musste sie umkehren und zur Küste hin ausweichen. Hier erspähte und schnappte sie ein französisches Patrouillenboot. Besatzung und Passagiere landeten im Gefängnis.

Als wir die Flucht der *Bouline* entdeckten, hatte Dr. Bohn schon seine Fahrkarten gelöst, um über Spanien nach Amerika zurückzukehren. Seine Zentrale hatte ihn zurückbeordert. Er sollte persönlich berichten, wie es um die Situation der politischen Flüchtlinge in Frankreich stand. Lussu wollte ihn umgehend informieren, und um die Kommunikation zu erleichtern, sollte ich ihn als Dolmetscherin begleiten.

Dr. Bohn war gerade dabei, seine Koffer zu packen.

»Ein Betrug ersten Ranges«, begann Lussu, »so wie damals, als ein polnischer Jude einem reichen Amerikaner die Monumentalstatue Stanislaus Poniatowskis auf dem Hauptplatz von Warschau verkaufte, als wäre sie sein Eigentum gewesen.« Und er erzählte ihm von der Überraschung mit der *Bouline*.

Dr. Bohn hörte uns feierlich und beglückt zu. In seinem langen Leben hatte er noch nie so viele Abenteuer erlebt wie während seines kurzen Aufenthalts in Marseille.

»Eine wertvolle Erfahrung!«, sagte er. »Äußerst wertvolle Erfahrung! Gut und Böse verbinden sich hier auf wunderbare Weise. Ein wahrhaft gelungenes Meisterstück! Marseille, dieser Hafen mit seiner tausendjährigen Zivilisation, zog doch seit jeher schon auch Piraten magnetisch an!«

Er wandte sich teils mir, teils Emilio zu und fuhr fort: »Die größte Weisheit besteht darin, im Unglück Anlass zur Heiterkeit zu finden. Nur Mut, meine Freunde! So ist das Leben eben!«

Da der erneute Anlauf, die Ausreisen zu organisieren, großen Zeitaufwand erforderte, mussten wir unser Leben im Marseiller

Untergrund an vielerlei Gefahrensituationen anpassen. Niemand von uns hatte eine Aufenthaltsgenehmigung und die Polizei von Vichy erwies sich Ausländern gegenüber als unerbittlich.

Unentwegt gab es Razzien in öffentlichen Lokalen; die Straßen wurden oft an beiden Enden blockiert. Um uns frei bewegen zu können, mussten wir nun also gezwungenermaßen Papiere besorgen, die uns als französische Staatsbürger auswiesen. Die Polizei kontrollierte einfach alles, daher konnten wir nicht in Hotels, Pensionen oder möblierten Zimmern übernachten und mussten illegale Unterkünfte in Privathäusern finden. Doch es war nicht leicht, jemanden ausfindig zu machen, der es sich leisten konnte, eine so riskante Gastfreundschaft anzubieten. Und dann gab es noch zusätzliche Komplikationen: den Portier, neugierige Nachbarn oder stets drohende Hausdurchsuchungen durch die Polizei. Wir gewöhnten uns an, immer Französisch zu sprechen, und das meist nur flüsternd. Wie Diebe schlichen wir leise über sämtliche Treppen; bevor wir nach Hause kamen oder ausgingen, spähten wir stets einige Minuten lang lauernd den Eingangsbereich aus; die kritischen Orte im Zentrum mieden wir und in unsere Routen bezogen wir immer auch eine einsame Seitengasse mit ein, denn so konnten wir überprüfen, ob uns jemand verfolgte oder nicht.

Frühmorgens gingen wir aus dem Haus und spätnachts kehrten wir zurück. Um keine Aufmerksamkeit zu erregen, hielten wir uns untertags nie in der Wohnung, in der wir Unterschlupf gefunden hatten, auf. Den ganzen Tag über zogen wir von Café zu Café und tranken enorme Mengen an Limonade und Kaffee-Ersatz. Sämtliche Treffen fanden in Cafés statt, die wir dann oft wechselten, um bloß nicht aufzufallen. Der Herbst zeigte sich ausgesprochen regnerisch und der Winter war außergewöhnlich kalt; es schneite reichlich und der eisige Mistral nahm einem den Atem.

Unser erstes Asyl war das Häuschen zweier Genossen von G. L. in einem Vorort von Marseille: Tonarelli besaß eine kleine Bar einige hundert Meter vom Haus entfernt und Ezio Cervia war ein arbeitsloser Marmorarbeiter.

Eines Morgens – die Wohnungskrise war gerade besonders akut – hatten wir, ich weiß gar nicht wie, zu neunt in diesem

Haus übernachtet. Claudina, Ezios Frau, servierte uns gerade etwas von ihrem kostbaren Malzkaffee (die Lebensmittel waren schon knapp und es fehlte an allem), als Ezio eintrat. Mit seinem schwarzen Filzhut auf dem Kopf, den er weder zu Hause noch draußen jemals abnahm, wirkte er ruhig und unerschütterlich wie die Marmorblöcke seiner Heimat Carrara.

»Die Polizei«, verkündete er, »stellt gerade Tonarellis Bar auf den Kopf und es sieht so aus, als hätten sie die falschen Personalausweise, die er gerade in Arbeit hatte, gefunden. Sie werden in Kürze auch hier auftauchen und das Haus durchsuchen.«

In Windeseile, wie wir es inzwischen gewohnt waren, machten wir uns daran, still und heimlich zu verschwinden, die einen zu Fuß, die anderen mit der Straßenbahn. »Aber es ist doch noch Zeit«, sagte Ezio, der am Küchentisch saß, während Claudina ihm die harte Brotkruste in den heißen Malzkaffee brach. »Frühstückt nur in Ruhe zu Ende. Vor einer Viertelstunde sind die nicht da.«

Während also Tonarelli unter Begleitung der Gendarmerie ins Gefängnis wanderte, bemühten wir uns, eine Unterkunft für die nächste Nacht zu finden.

Am späten Nachmittag waren schon fünf Leute untergebracht und für zwei weitere zeichnete sich eine Lösung ab. Lussu und ich wandten uns schlussendlich an einen französischen Freund, obwohl wir wussten, dass er uns nicht in seiner Wohnung würde unterbringen können. Er war jedoch fest entschlossen, uns zu helfen.

»Ich habe da eine Wohnung«, sagte er, »die ich an eine Familie vermietet habe. Sie behaupten zwar, aus der Tschechoslowakei zu stammen, aber es könnten auch deutsche Spione sein. Ich habe mir dort ein kleines Zimmer vorbehalten. Ihr geht ganz spät dorthin, wenn sie schon schlafen, aber macht um Himmels willen keinen Krach, und dann geht ihr wieder, bevor sie aufstehen, ohne euch blicken zu lassen.«

Er zeichnete uns die Lage und den Grundriss der Wohnung auf, dann übergab er uns die Schlüssel.

Gegen zehn Uhr abends machten wir uns auf den Weg. Als wir gerade durch eine Allee bummelten, trafen wir zwei unserer Genossen, die ebenfalls bei Ezio übernachtet hatten. Sie waren nirgendwo untergekommen und hatten immer noch keine Übernachtungsmöglichkeit gefunden. »Kommt doch mit uns mit«, sagte Lussu. Wie Einschleichdiebe betraten wir im Gänsemarsch die Wohnung: Lussu ging voran, und wir hoben und senkten unsere Füße im selben Rhythmus wie er, sodass sich die vier Schritte wie ein einziger anhörten. Wir machten es uns so gut es ging gemütlich und bemühten uns, kein Wort zu sprechen. Es gab zwar ein paar Zwischenfälle, denn einer der Genossen litt an Schlaflosigkeit, doch zum Glück riefen die Hausbewohner nicht im Kommissariat an, wie wir es einen Moment lang befürchtet hatten. Im Morgengrauen flohen wir von dannen.

Einen solchen Unterschlupf konnte man natürlich nur ein einziges Mal benutzen. Für die folgende Nacht stellte sich das Problem erneut und die Gruppe musste sich trennen.

Das Beste, das wir finden konnten, war ein kleines Landhäuschen eines französischen Freundes außerhalb der Stadt: fünfundvierzig Minuten mit der Straßenbahn und dann noch einmal so lang zu Fuß über schlammige Trampelpfade. Das Häuschen war unbewohnt und unmöbliert. Nur in einem Zimmer stand ein schmales Eisenbett ohne Matratze. Die Tage waren inzwischen so kurz, dass wir meist in stockdunkler Nacht nach Hause kamen und uns oft zwischen den Hecken und Gärten verliefen. Immer wieder regnete es stark und unsere Kleidung war am Abend feucht oder gar nass. Die Nacht verbrachten wir frierend unter einer gemeinsamen Decke, und mit steifen Gliedern zogen wir die feuchten oder nassen Kleidungsstücke am Morgen wieder an. Eines Abends, es goss in Strömen, sahen wir nicht, dass ein kleiner Bach über die Ufer getreten war und unseren Pfad überschwemmt hatte. Wir versanken bis über die Knie im schlammigen Wasser. Am folgenden Tag tropfte es immer noch aus unseren Gewändern. Wenn wir jedoch in die Stadt wollten, war es unerlässlich, ordentlich und anständig auszusehen, wie brave Bürger, die ihren Geschäften nachgingen.

Die meisten Polizisten, insbesondere die französischen, haben ja die fixe Vorstellung, dass jemand, der im Untergrund lebt, in ausgetretenen Schuhen latscht, einen schmutzigen Kragen hat und einen langen Bart trägt. Ein gut gekleideter und gepflegter Mann mit heiterem und frisch rasiertem Gesicht hingegen erregt kaum jemals den Verdacht eines Ordnungshüters. Wenn dann dieses männliche Wesen noch in Begleitung einer gutbürgerlichen Dame auftritt, kommt der Polizist nicht umhin, ihm seine Hochachtung zu erweisen.

Schließlich fanden wir ein Zimmer im Stadtzentrum. Dort befanden wir uns in relativer Sicherheit, da wir uns als Unternehmerpaar aus Lyon ausgaben. Doch eines Abends entdeckten wir auf dem Nachhauseweg, dass wir verfolgt wurden. Wir waren gerade im amerikanischen Unterstützungsbüro gewesen, das nun von Dr. Fry geleitet wurde. Nach der Abreise von Dr. Bohn war es zum Zentrum illegaler Aktivitäten für die in Frankreich befindlichen politischen Flüchtlinge aus aller Herren Länder geworden. Nach außen hin kümmerte sich das Büro (es hatte reguläre Öffnungszeiten, wurde aber, obwohl es unter dem Schutz des amerikanischen Konsulates stand, von der französischen Polizei ausspioniert) um allgemeinen Beistand für Hilfsbedürftige. In Wirklichkeit jedoch bemühte man sich um Unterschlupfmöglichkeiten für politisch Verfolgte und organisierte, wie wir, illegale Ausreisen. Lussu traf sich oft mit Dr. Fry, doch selten in seinem Büro, um nicht ins Visier der Vichy-Wachmänner oder der faschistischen Polizei zu geraten, die ebenfalls das Büro überwachten. An jenem Abend aber war Lussu nicht umhingekommen, umgehend Dr. Fry zu kontaktieren: Ein linker Clan stand im Begriff, einen Betrug zu Ungunsten Freys vorzubereiten, und Lussu sah sich gezwungen, dessen Räumlichkeiten aufzusuchen.

Die Verfolgung hatte vermutlich vor dem Büro begonnen, doch wir bemerkten sie erst in der Nähe unserer Wohnung. Offensichtlich war Lussu erkannt worden und ein Beamter der faschistischen Polizei schickte sich an, seinen Aufenthaltsort ausfindig zu machen. Als wir die Beschattung entdeckten, machten wir einige Umwege, um den Mann abzuschütteln, doch es gelang uns nicht. Es war schon spät und wir konnten nicht ewig durch die Straßen und Gassen des Stadtviertels irren. Schließlich kamen wir zu einer Kreuzung, an der Straßenbahnen fuhren. Wir stiegen in eine überfüllte Tram, verließen sie augenblicklich wieder über die Plattform auf der anderen Seite, um dann auf die nächste Garnitur zu springen, die in die entgegengesetzte Richtung davonfuhr.

Der Verfolger hatte uns verloren. Wir mussten wieder einmal an einen Wohnungswechsel denken. Wir durften nicht mehr länger im Stadtzentrum leben und ständig die meistfrequentierten Straßen benutzen.

Daraufhin zogen wir für einige Tage in ein elegantes Strandhotel am Stadtrand von Marseille. Mit gebürsteter und gebügelter Kleidung, die Haare frisch vom Friseur und mit einem schönen Lederkoffer ausgestattet trafen wir in unserem neuen Domizil ein. Unsere Papiere wiesen uns als korsische Großgrundbesitzer aus. Lussu verteilte großzügig Trinkgelder, wir bestellten ein opulentes Mahl und der Hotelbesitzer bekam sofort den Eindruck, dass wir eine ehrliche und wohlhabende Klientel wären. »Feine Leute«, hörte ich ihn dem Maître d'Hôtel am folgenden Morgen zuflüstern. »Wenn doch nur alle unsere Gäste so wären.« Viele der anderen Gäste sahen tatsächlich nicht so aus, als wären sie so sorgenfrei, wie es unser Auftritt durchaus glauben machte. Da es ein ziemlich teures Hotel war, wohnten hier in der Mehrzahl zahlungskräftige Juden, Franzosen und Ausländer. Hin und wieder kam die Polizei und überprüfte das Hotelregister. Doch wenn sie auf unseren Namen stieß, sagte der Patron nur: »Oh, das sind Franzosen, das sind Korsen, so wie ich.«

Gerne plauderte er mit uns über unsere Ländereien in Korsika. Unsere Dokumente besagten, dass wir Liegenschaften in der Nähe von Carte hätten, wo wir Oliven, Mais, Dreiklee und Kartoffeln anbauten. »Und, wirft das Land was ab?« fragte der Hotelier. »Doch, doch«, brummte Lussu und bemühte sich, so gut es ging, wie ein echter Kapitalist dreinzuschauen. Er sprach wenig und bedächtig, immer mit seiner Pfeife im Mund, ob sie nun brannte oder nicht. Ein allzu langes Gespräch hätte seinen doch deutlich ausländischen Akzent verraten.

Abgesehen von der Suche nach Unterkünften bestand das Hauptproblem für ein Leben im Untergrund darin, über gefälschte Dokumente zu verfügen. Man überlebte nur, wenn man sich als französischer Staatsbürger ausgab. Die Verhaftung Tonarellis, der über französische Genossen immer wieder falsche Papiere beschafft hatte, war für uns ein äußerst herber Schlag gewesen. Kurz danach hatte aber Omero Ferrarin, ein G. L.-Genosse, die entscheidende Idee, aus der unser in der Folge so glorreiches und lange funktionierendes Archiv entstand.

Omero, von Beruf Maler-Dekorateur, war ein mutiger junger Mann, ein ehemaliger, tapferer Spanienkämpfer, der in Marseille mit zwei Gefängnisausbrüchen Furore machte.

Das erste Mal, als er verhaftet wurde (er war noch mit seinen regulären Dokumenten unterwegs gewesen), simulierte er umgehend eine Übelkeit. Er trank ein Glas Wasser, in dem er ein halbes Päckchen Zigaretten aufgelöst hatte, und danach fühlte er sich tatsächlich hundeelend. Er wurde in die Krankenstation überwiesen, wo ein Arzt eine Herzfrequenz von 250 Schlägen feststellte und man ihn für sterbenskrank erklärte. Wenig später jedoch spazierte er vor der Nase der Gendarmen unbeobachtet und seelenruhig durch das Tor der Krankenstation wieder in die Freiheit.

Er war mit einem Fräulein Monti verlobt, auch sie war bei G. L. aktiv. Die Papiere lagen bereit, das Aufgebot war bestellt und sie hätten in den auf seine Verhaftung folgenden Tagen heiraten sollen. Lussu, der das Prinzip vertrat, dass Kühnheit mit Kalkül die beste Vorsichtsmaßnahme sei, riet ihm, am Morgen nach seinem Ausbruch mit Braut und Trauzeugen zum Standesamt zu gehen. Die Polizei würde ihn gewiss überall suchen, aber sicherlich nicht unter den Brautpaaren. Das klappte, wie geplant. Das junge Ehepaar verbrachte vierzehn Tage versteckt im Haus eines Genossen, doch die Flitterwochen dauerten leider nicht allzu lange an. Die Polizei entdeckte das Büro, in dem die junge Ehefrau arbeitete, man beschattete sie und Omero wurde ein zweites Mal geschnappt.

Wieder musste er schnellstens fliehen, noch bevor sie ihn in die Zelle steckten. Omero bündelte all seine Kräfte, und dank eine Reihe waghalsiger Manöver gelang ihm am darauffolgenden Morgen der erneute Ausbruch.

Diesmal gab es keine Flitterwochen mehr. Wenige Tage später veranlasste Lussu seine illegale Ausreise nach Nordafrika.

Die Idee, die dem Archiv zugrunde lag, bestand darin, mit äußerst geringen Hilfsmitteln und in kürzester Zeit jeden Stempel und jedes Siegel aus Gummi oder Metall perfekt nachzumachen.

Unter der Mitarbeit von Fräulein Monti, die eine Eselsgeduld und eine sichere Hand für Kalligrafie hatte, lieferte das Archiv uns allen kostbare und dringend benötigte französische Identitätsnachweise in immer perfekterer Technik.

Wir verrichteten die Arbeit im gastfreundlichen Haus von Fräulein Monti, die selbst gültige Aufenthaltspapiere besaß und daher vor Polizeikontrollen relativ sicher sein konnte. Ihre Wohnung wurde zum allgemeinen Treffpunkt, zu einer Art Carbonari-Außenstelle, in der illegale Ausreisen ausgeklügelt und das Leben im Untergrund organisiert wurden.

Als mit Omeros Verhaftung auch Montis Haus unter Verdacht geriet und wir ausziehen mussten, sollte ich mich auf Lussus Wunsch um das Archiv kümmern. Ich arbeitete intensiv daran, meine Technik zu perfektionieren und nach zwei Monaten konnte ich mich, ohne mich zu blamieren, mit den besten Dokumentenfälschern messen.

Das Archiv wurde in Cervias Haus umgesiedelt. Alle Unterlagen und Geräte passten in eine alte blecherne Keksdose, die der kluge Ezio liebevoll behütete. Er schützte sie vor Feuchtigkeit und Staub, fand die unzugänglichsten Verstecke, damit sie im Falle einer Hausdurchsuchung nicht entdeckt würde. Doch der eigentliche Schutzengel des Archivs war Claudina. Auch sie stammte aus Carrara und hatte die Politik im Blut. »Was sind das bloß für Frauen«, sagte sie immer wieder, »die ihren Männern die Politik verbieten wollen? So ein Leben ohne Ideale hat doch überhaupt keinen Wert!« Während der Zeit des Squadrismo, noch bevor der siegreiche Faschismus sie zwang, ins Ausland zu fliehen, hatte sie aktiv an den politischen Auseinandersetzungen teilgenommen. Sie transportierte Waffen in Gemüsekörben, die sie sich auf den Kopf hievte, und spazierte damit vor den Augen der lauernden Faschisten, für die sie stets einige launige Sprüche parat hielt, davon.

Trotz des Elends, der Gefahren und aller Widrigkeiten um sie herum war sie noch äußerst umtriebig und voller Lebensfreude. Ihr war dieser feine Geist zu eigen, der die Menschen der Lunigiana auszeichnet. Und doch wurde ihr das Herz oft schwer, wenn sie an ihren kranken Mann dachte, der arbeitslos war und spezielle, nicht einzuhaltende Diäten benötigt hätte, oder an ihren einzigen, von ihr vergötterten Bruder, der verlassen und allein in einem Armenhaus in Carrara gelandet war. Arme Claudina, jedes Mal, wenn sie den Brief zur Hand nahm, in dem er ihr mit verzweifeltem Anflug von Heiterkeit beschrieb, wie er in tiefste Einsamkeit und Elend gestürzt war, kamen ihr die Tränen. Ihren Gästen gegenüber zeigte Claudina jedoch stets ein lächelndes Gesicht, immer war sie bereit, noch die letzte Brotkante zu teilen und selbst auf dem Boden zu schlafen, um anderen eine Bettstatt zu bieten.

Den Großteil meiner Tage verbrachte ich im Hause Cervia, in einem kleinen Kabuff hinter der Küche versteckt, im Kampf mit den zu fälschenden Dokumenten. Hunderte Papiere für politische Flüchtlinge verschiedenster Nationen verließen das Archiv. Geduldig imitierte ich Stempel und Siegel ohne Ende, und doch fürchtete ich stets, nicht perfekt genug zu arbeiten und in der Folge einen Genossen ins Unglück zu stürzen.

Oft war ich auch nach stundenlanger aufmerksamer, minutiöser Arbeit nicht zufrieden und begann wieder von vorne, und manchmal wiederholte ich es ein drittes Mal, so lange, bis mir der Schädel brummte und die Hand über diesen schrecklichen Blockbuchstaben und diesen komplizierten und winzigen Wappen zitterte: *Kommissariat von … Rathaus von … Polizei … Polizei …* und erst diese verflixte kleine weibliche Figur der französischen Republik mit ihrem Strahlenkranz und dem Liktorenbündel in der Hand oder gar die Wappen von Panama oder Portugal! Meist musste die Aufgabe dringendst bis zum folgenden Tag erledigt werden, denn da sollte jemand gerettet werden, und ich musste unter allen Umständen vor Tagesende fertig werden. Wenn dann das Dokument nicht perfekt gelänge und bei der Polizei Verdacht erregte, würde der Genosse verhaftet, gefoltert, ins Gefängnis geworfen oder in ein Konzentrationslager überstellt oder gar standrechtlich erschossen werden – und ich wäre schuld daran gewesen!

Claudina, die Zeugin meiner Mühen, umsorgte mich voller Mitgefühl und leistete mir moralischen Beistand. Stunde um Stunde klopfte sie diskret und lugte zur Tür herein. Einen heißen Ziegel unter die Füße? Einen heißen Kaffee? (Ich entdeckte erst später, dass Claudina das Brot für das Frühstück in heißem Wasser aufweichte.) Sie war voller Fürsorge, wenn sie mich mit den vermaledeiten Lettern ringen sah, welche die üppige Erscheinung der Französischen Republik im Kreise umtanzten: *Kommissariat von … Rathaus von … Polizei … Polizei …*

Doch wie groß war die Befriedigung, wenn ich, als abschließende und leichteste Übung, die Unterschrift des Bürgermeisters oder des Kommissars am unteren Rand einer wirklich gelungenen *Carte d'identité* fälschte! Danach legte ich sie Lussu vor, der sie nicht nachsichtig wie ein Ehemann in Augenschein nahm, sondern mit der Strenge eines verantwortungsbewussten Büroleiters prüfte: »Gar nicht so schlecht. Mir scheint, die Letzte war besser. Die Republik schielt und das große D ist zu bauchig. Nein, nein, die geht gar nicht, die musst du noch einmal machen.«

Hin und wieder entsandte mich Lussu mit einem kleinen Teil des Archivs in eine andere Stadt, um ein paar Dokumente vor Ort herzustellen. Aus dem unentbehrlichsten Material machte ich ein Päckchen, das ich griffbereit in der Manteltasche hielt, damit ich mich in einer Gefahrensituation seiner rasch entledigen konnte.

Das Archiv wurde nie entdeckt und funktionierte stets problemlos. Wenn es unter all den Menschen, deren Fotografien durch die alte Keksdose wanderten, dennoch zu Tragödien kam, dann deshalb, weil sie sich nicht der angefertigten Dokumente bedienten. So geschah es dann auch bei Breitscheid und Hilferding, den Anführern der deutschen Sozialdemokratie.

Für diese beiden Männer, die ihr Leben lang gesetzestreu gelebt hatten und nun in einem Alter waren, in dem man sich nur mehr schwer an Neues gewöhnen konnte, glich es einer Revolution, ja einem enorm schwerwiegenden und auch etwas unwürdigen Vorhaben, auf die eigene Identität verzichten zu müssen und sich illegaler Dokumente zu bedienen. Was für uns, die das Leben im Untergrund abgehärtet hatte, eine nebensächliche Formalität war, wuchs für sie zu einer moralischen Bedeutung heran, die sie zögern ließ. Wir hatten sie und ihre Ehefrauen mit Papieren einer Elsässer Gemeinde ausgestattet. Doch sie konnten sich nicht dazu entschließen, das Hotel in Arles, in dem sie unter ihren richtigen Namen lebten, zu verlassen, um sich in einer anderen Stadt anzusiedeln, in der sie nicht erkannt werden würden. Schließlich tauchten französische Polizeiagenten aus Vichy auf, und unter dem Vorwand, sie vor den Deutschen zu schützen, fuhren sie mit ihnen davon und lieferten sie noch am selben Tag der Gestapo aus. Was damals genau geschah, weiß niemand, da auch den Ehefrauen, die sich verzweifelt an die Regierung in Vichy wandten, keinerlei Erklärungen gegeben wurden. Wir erfuhren nur etwas später, dass man Breitscheid per Flugzeug nach Berlin brachte, und dass Hilferding, um nicht dasselbe Schicksal zu erleiden, sich in Paris, noch vor der Überstellung, im Gefängnis mit dem Gürtel am Gitter seines Zellenfensters erhängt hatte. Später dann hörten wir, dass Breitscheid im Konzentrationslager Buchenwald erschossen wurde.

Lussu arbeitete inzwischen weiter an den illegalen Ausreisen der Genossen, für die jeder Tag, den sie länger in Frankreich verblieben, eine Gefahr darstellte. Er verhandelte nicht mehr mit den Hafenclans, sondern schloss Freundschaft mit französischen Gesinnungsgenossen, die Vertrauensleute bei den Schifffahrtslinien der Nordafrika-Route hatten. Über Wochen und Monate wurden unter ständigem Risiko die illegalen Fahrten bis ins letzte Detail ausgeklügelt. Das Archiv lieferte Dokumente, die den Ausreisenden bescheinigten, dass sie an den verschiedensten Orten Nordafrikas geboren und wohnhaft wären. Und sie selbst bereiteten sich sorgfältig mit einem Baedeker und in den Bibliotheken vor. Sie studierten Topografie, Besonderheiten, Industrie, Handel und Landwirtschaft ihrer vorgeblichen Heimat, um bei ihrer Ankunft in polizeilichen Verhören Rede und Antwort stehen zu können.

Als es dann schließlich losging, begleiteten wir sie zu ihrer Abfahrtsstelle und danach verbrachten wir voll Sorge mehrere unruhige und schlaflose Nächte, bis die ersehnte Nachricht eintraf: »Alle gut angekommen.«

So reisten also Cianca und die Pierleonis, Valiani, Garosci und die anderen Genossen ab. In Oran gingen sie an Land und von dort aus gelangten alle auf abenteuerlichen Wegen nach Casablanca. Lussu hoffte, dass sie von Casablanca aus Gibraltar erreichen würden, vielleicht Portugal oder direkt Amerika, da er denen, die noch kein reguläres Visum für die Vereinigten Staaten besaßen, ein Visum für Mexiko beschafft hatte.

Doch die Schwierigkeiten waren noch größer als gedacht, und Wochen und Monate gingen ins Land. Es gelang ihnen einfach nicht, Marokko zu verlassen. Es war schon Mai, und die Genossen hingen immer noch, allen Widrigkeiten der Illegalität ausgesetzt, in Casablanca fest.

Nun beschloss Lussu, einen Befreiungsversuch zu wagen. Er selbst hatte ja nie die Absicht, den Atlantik zu überqueren und sich in Amerika niederzulassen, denn er wollte nahe an Italien bleiben, um bei der ersten sich bietenden Gelegenheit ins Land zu gelangen. Schon seit Kriegsbeginn hegte er zudem einen besonderen Plan für Sardinien. Er würde also wieder zurückkehren, und das so rasch als möglich. Lussu rechnete damit, innerhalb von eineinhalb oder zwei Monaten wieder in Frankreich zu sein.

Ich hätte ihn gerne begleitet, war aber auch bereit, wenn nötig, in Frankreich zu bleiben. Doch Lussu war überzeugt davon, dass ein Ehepaar weniger Verdacht erregte und durchkam, wo ein Einzelner scheitern musste. Er hatte diese Lehre aus den Monaten unseres Lebens im Untergrund in Marseille gezogen. Auch während der großen Razzien, als Kordons von Polizisten im Zuge der Straßensperren alle Papiere unter die Lupe nahmen oder bei den Kontrollen an den Bahnhöfen, wenn die Reisenden einzeln von zwei gestrengen Gendarmen in Augenschein genommen wurden, hatte sich Lussu immer bei mir untergehakt, wir waren als Paar aufgetreten und nie hatten wir besondere Aufmerksamkeit erregt.

Lussu blieb lange unschlüssig, ob auch er die bewährte Route nach Casablanca wählen sollte. Sie war zwar äußerst abenteuerlich, schien andererseits aber die sicherste zu sein. Schließlich waren von siebzehn Reisenden alle angekommen. Oder sollte er vielleicht eher versuchen, über die Pyrenäen und Spanien Lissabon zu erreichen?

Aus zwei Gründen – einem praktischen und einem sentimentalen – entschied er sich für Lissabon.

Die praktische Überlegung bestand darin, dass er von Lissabon aus den Genossen effektiver würde helfen können, da er direkt bei den amerikanischen Behörden und den neutralen Schifffahrtslinien, die noch den Atlantik überquerten, intervenieren würde. Und von Lissabon aus wäre es für ihn gewiss auch problemloser, mit den amerikanischen Freunden bezüglich seiner politischen Projekte zu kommunizieren.

Der sentimentale Grund hieß Franco Venturi. Er war der einzige Genosse, der als Lussus Schutzbefohlener das Ziel seiner Reise in die Freiheit nicht erreichen konnte. Lussu hatte Venturi zur Durchquerung der Pyrenäen und Spaniens geraten. Er und seine Gefährtin überwanden auch glücklich das Gebirge, dann aber verhaftete sie die spanische Polizei aufgrund eines banalen Zwischenfalles, obwohl sie mit regulärem spanischem, portugiesischem und amerikanischem Visum ausgestattet waren. Nach einigen Monaten ließ man die Frau frei und sie konnte sich nach Amerika einschiffen. Unseren Genossen jedoch übergab man den faschistischen Behörden und überstellte ihn nach Italien. Diese Tragödie ging uns auch deshalb so zu Herzen, da wir Franco sehr liebgewonnen hatten.

Nicht zuletzt aus moralischer Verpflichtung beschlossen wir also acht Monate später, exakt denselben Weg nach Lissabon zu nehmen, der für unseren Freund und seine Gefährtin vorgesehen gewesen war. Inzwischen hatte man zwar die Grenzkontrollen verschärft, doch wir waren mit gefälschten spanischen und portugiesischen Visa bestens ausgerüstet.

Joaquina

Am frühen Nachmittag brachen wir von Toulouse auf. Gegen Abend erreichten wir Banyuls, am Fuße der Pyrenäen. Wir trugen Stadtkleidung, da eine Bergsteigerausrüstung sowohl in Frankreich als auch bei unserer Ankunft in Spanien, wenn wir dann mit der Eisenbahn fahren wollten, gewiss Aufmerksamkeit erregt hätte. Und klarerweise konnten wir auch kein Gepäck mitnehmen. Wir hatten also nur eine Tasche mit Schuhen zum Wechseln dabei und Proviant für zwei Tage.

Das Treffen mit dem Führer hatten wir um zehn Uhr abends, nach Einbruch der Dunkelheit, außerhalb des Dorfes vereinbart. Durch einsame Gassen und dann entlang eines Schienenstranges folgten wir schweigend dem schmalen Schatten seines grauen Trenchcoats, der flink und sicher vor uns marschierte; schließlich verließen wir die Bahntrasse und bogen nach links in Richtung Berge ab. Es gab keinen Pfad und der Aufstieg über die Terrassen der Weinberge in fast völliger Finsternis war mühsam. Es hatte zu regnen begonnen. Unser Führer kletterte rasch hoch, wandte sich nie um und sprach kein Wort. Wir gingen ihm schweigend und diszipliniert hinterher. Wir mussten schnellstens außer Reichweite des Dorfes und der Zollstationen an der Straße gelangen. Nach zwei Stunden Tortur blieb er an der Kuppe einer Anhöhe stehen und zeigte uns ein Mäuerchen, auf das wir uns setzten konnten.

»Ihr könnt euch hier ein paar Minuten ausruhen«, sagte er leise auf Spanisch. Er selbst blieb stehen, blickte langsam in alle Richtungen und hörte sich aufmerksam um, schnupperte in der Luft, wie ein Spürhund auf der Suche nach Wild. Wir stiegen weiter und marschierten lange Zeit wie blind, nur darauf bedacht, nicht zu stolpern oder uns aus den Augen zu verlieren. Schließlich erreichten wir einen Unterstand, der viel zu klein für uns drei war. Der Führer kauerte sich nieder und schlief sofort ein. Wir beide zogen es vor, uns draußen hinzulegen und den Morgen zu erwarten. Ein kalter Bergwind war aufgekommen, der nackte Boden war feucht und eiskalt. Wir konnten nicht schlafen.

Es war noch dunkel, als wir uns mit steifen und schmerzenden Gliedern wieder auf den Weg in Richtung Gipfelregion machten. Der Himmel im Tal wurde violett und die Umrisse des Mannes im Trenchcoat vor uns, der Felsen und der Büsche zeichneten sich deutlicher ab. Wir stiegen immerzu aufwärts. Die Vögel begannen mit komplizierten Trillern zu zwitschern, zehnmal, zwanzigmal derselbe Schlag, dasselbe Motiv.

Wir wanderten über gelbes, welkes, vom nächtlichen Dunst feuchtes Gras. Nie sahen wir das Panorama rings um uns, da wir stets in Deckung marschierten, gebückt unter Sträuchern oder in kleinen, durch winterliche Rinnsale entstandenen Gräben. Die Landschaft war ruppig und wild. Sie erinnerte an manch minutiös gepinselte Malerei des 15. Jahrhunderts mit ihren stilisierten Felsen und den dürren und spärlichen Bäumen. Die Junisonne stand inzwischen hoch, Luft und Boden waren trocken.

»Wir sind da«, sagte der Führer und zeigte auf eine kleine Wiese, in deren Mitte sich Felsen, knotige Baumstämme und verwurzeltes Blattwerk zu einem Haufen türmten. »Hier sind wir sicher. Ruht euch im Schatten aus, bewegt euch nicht, lauft nicht herum. Von dort, und dort, und dort«, er zeigte auf die umliegenden Anhöhen, »könnten uns die Wachen sehen. Um diese Zeit machen sie meist ihre Runden. Wir werden am Nachmittag weitermarschieren. Dort unten«, fügte er hinzu und streckte seinen Arm aus, »liegt Spanien.«

Taktvoll und doch bestimmt entfernte er sich in die gegenüberliegende Ecke der Wiese. Er war kein junger Mann, der sich den Erstbesten anbiederte. Alles an ihm, seine große und schlanke Gestalt, sein längliches Gesicht mit den Mandelaugen, die feine Nase, die schmalen Lippen, drückte trotzigen Stolz aus. Er hieß Francisco, stammte aus Aragon und war ein ehemaliger Offizier der republikanischen Armee. Vor dem Bürgerkrieg hatte er als Schmuggler gearbeitet.

Wir gingen zu ihm hin, wollten ihn einladen, sich zu uns zu setzen und den Proviant mit uns zu teilen. Er saß zusammengekauert im Schatten, doch er nahm nichts an. In einer Hand hielt er ein Stück Brot und in der anderen eine Broschüre. Weitere Schriften lugten aus seinem Brotbeutel hervor: *Theorie und Praxis des Marxismus, Engels und die Demokratie, Anmerkungen zur spanischen Revolution …*

»Du solltest ein Buch schreiben«, bemerkte Lussu, »*Marx und die Pyrenäen …*«

Francisco aus Aragon lächelte bescheiden. »Ich versuche bloß, mich zu bilden.« Doch er war schon gebildet. Er hatte bereits seine vorgefestigten Meinungen zur Politik seines Landes und wusste, wie es um den Lauf der Weltgeschichte stand. In kurzen Sätzen, die er fast unwillig formulierte, entwickelte er gesellschaftspolitische Entwürfe und weltumspannende Theorien.

Wir legten uns ins Gras, um uns etwas auszuruhen, er jedoch las ganz versunken weiter. Ab und zu blickte er auf und starrte vor sich hin, er ließ wohl seine Lektüre auf sich wirken.

Wir marschierten noch einige Stunden weiter. Gegen Abend verließen wir die Gräben und das Gebüsch. Wir kamen in offenes Gelände und wanderten über eine große grüne Wiese hinab. Zum ersten Mal eröffnete sich uns ein großartiges Panorama. Die Berge gingen hier unvermittelt, ohne Vorgebirge, in die katalanische Tiefebene über. Man sah ihre üppige Vegetation, rötlich schimmernde Dörfer, weiße Straßen und silberne Wasserläufe. Links, im Hintergrund, schimmerte türkis das Meer.

»Spanien«, sagte Francisco feierlich. »Jetzt haben wir den Aufstieg geschafft, es geht nur noch bergab.«

In der Mitte einer Wiese sprudelte eine Quelle, die eine kleine Mulde gebildet hatte, und als Rinnsal abfloss. Aus dem klaren Wasser wuchsen die kräftigen Stängel und die runden Blätter einer saftigen und nahrhaften Kresse hervor. Wir setzten uns zu einer bukolischen Mahlzeit an den Bach. Im abnehmenden Licht blickten wir gedankenverloren und ergriffen auf die fruchtbare spanische Ebene hinab.

»Spanien«, wiederholte Francisco, der Aragonese. Wenn es ihm sein Stolz nicht verboten hätte, hätte er wohl »armes Spanien« gesagt. Reglos betrachtete er die schöne Ebene, doch litt er sichtlich. Wir konnten ihn gut verstehen, auch wir hatten von manchen Gipfeln ein Stück unseres Landes gesehen. Dort ist der

Feind, dort drüben, und er allein diktiert die Gesetze. Er umhüllt mit einem Trauerflor all das, was einem lieb und teuer ist.

Auch beim Abstieg erwies sich Francisco als perfekter Begleiter. Über Felder, Gräben und Hecken gingen wir in der Dunkelheit abwärts, ohne auf Wege zu achten, ohne je zu zögern, dem Ziel entgegen, bloß Häuser, Straßen und Dörfer mieden wir. Nachdem wir ein Maisfeld durchquert und auf einem Baumstamm einen schäumenden Bach überwunden hatten, kamen wir gegen vier Uhr morgens in einen dichten Schilfwald. Francisco blieb stehen. »Wir sind da. Der nächste Führer wird euch hier abholen. Ich warte auf ihn, dann kehre ich in die Berge zurück. Ruht euch etwas aus.«

Ich schlief eine halbe Stunde lang tief und fest, danach war meine Müdigkeit wie von Zauberhand verschwunden. Lussu besprach sich schon mit einem Neuankömmling, einem kleinen Mann mit flachem Gesicht und Filzhut. Er sah wie ein harmloser Handelsreisender aus. »Das ist Carmelo.«

Der vor Sonnenaufgang aufkommende Wind ließ das hohe Schilf über unseren Köpfen rauschen und Francisco sprang auf die Beine. »Ich muss jetzt gehen, damit ich noch Deckung habe, bevor es Tag wird. Heute Nacht werde ich wieder in Frankreich sein.«

Er drückte uns die Hand, und sein grauer Trenchcoat verschwand rasch zwischen den Schilfreihen.

Wie ging es dann mit Francisco, dem Mann aus Aragon, weiter? Nach vielen weiteren tollkühnen Touren wurde er ein paar Monate später von Francos Polizei geschnappt. Es hieß, er sei im Gefängnis gelandet, andere behaupteten, man hätte ihn in Barcelona erschossen. Mehr konnten wir nicht in Erfahrung bringen.

Barcelona trug noch deutliche Spuren aus der Zeit der Revolution. Tausende mit Gewehren und Pistolen bewaffnete Polizisten versahen ihren Dienst. Die ärmlich gekleideten Menschen auf den Straßen zeigten vom Hunger gezeichnete Gesichter, schlimmer als in Frankreich, wo das Elend erst seit knapp einem Jahr herrschte. Während jedoch in Frankreich die Schaufenster der Geschäfte keinerlei Waren des täglichen Bedarfs oder gar Entbehrliches ausstellten, war es erstaunlich, wie einladend hier Lebensmittel in den Vitrinen der Wurst- und Käsehandlungen feilgeboten wurden.

Wenn man einige Tage später an derselben Auslage vorbeikam, erkannte man, dass unverändert, am selben Platz und in derselben Menge, dieselben Schinken, Vorspeisen, Würste und Käsestücke lockten. Doch die Preise waren astronomisch hoch, und die hungrige Menge, die an diesen Geschäften vorbeizog, konnte sich nicht einmal den Luxus eines bescheidenen *Boccadillo* mit Salami leisten. Mit typisch spanischem Stolz blieb man aber auch nicht mehr einfach nur zum Schaufensterbummel stehen.

Lussu ging nie außer Haus, da ihn sein Spitzbart unter all den rasierten Gesichtern der Spanier allzu deutlich als Ausländer auswies, und es daher einem Ordnungshüter sehr wohl in den Sinn kommen konnte, seine Dokumente zu kontrollieren. Ich jedoch flanierte mehrmals über die Ramblas und durch die Stadt. Eines Morgens geriet ich in eine prunkvolle Prozession, die vom Hafen in Richtung Kathedrale unterwegs war. Es war ein nicht enden wollender Zug von Priestern, Mönchen, Nonnen, Jungen und Mädchen in Verkleidung, Masken, fahlem Glitzerzeug und verblichenem Goldwerk, von Kirchenfahnen mit Heiligenbildern und bunten sakralen Holzfiguren, die auf den Schultern ihrer Träger wogten. Alle franquistischen Behördenvertreter, die militärischen wie zivilen, waren anwesend: der Gouverneur im Frack, die Generäle, in enganliegende Galauniformen gezwängt, mit ihren durch Orden gepanzerten Brustkörben; der Bischof in protzigem Chormantel, unter dem mit Fransen besetzten taumelnden Baldachin, den vier Männern in Tuniken trugen; die Kardinäle in Purpur und Spitze; die Stiftsherren, Priester und kleinen Dorfpfarrer; hinterdrein ein Dutzend Masken, wie man sie vom Karneval in Nizza kannte, riesige monströse und groteske Köpfe aus Pappmaché, die junge Männer tänzelnd vorbeitrugen; danach Knaben und Mädchen, drollig in bunte Lumpen gekleidet, mit ausgebleichten Bändern, Fransen und Quasten. Auch sie gehörten zur Prozession, denn ihnen folgten, demütig und weißgekleidet, die Töchter Mariens mit ihren Kerzen in Händen. Eine ehrwürdige Schwester, deren Halswülste über das Kinnband quollen, führte sie an. Außer den maskierten Kindern, die ordentlich Spaß zu haben schienen, schritten alle bedächtig, stumm und würdevoll vorüber, wie Dantes Heuchler hielten sie die Augen zu

Boden gerichtet. Aber es lag etwas in der Luft, etwas, das bleiern über ihnen schwebte. Um die Prozession herum blieb wüstenhafte Leere und ich erkannte, dass ich als Einzige stehengeblieben war, um sie zu betrachten. Alle anderen Passanten eilten rasch die Bürgersteige entlang, sahen geradeaus mit absolut gleichgültigem Gehabe, wie es nur Spanier vermögen. Nicht einmal die frechsten Straßenjungen zeigten Interesse an den Gehängen der Generäle, dem bischöflichen Baldachin oder den Masken aus Pappmaché. Es herrschte allgemeines Schweigen. Man hörte nur das dumpfe Schlurfen des elendslangen Tausendfüßlers und manchmal einen feierlichen Singsang, der da und dort in der Prozession angestimmt wurde. In dieser eisgekühlten Atmosphäre vermittelte das Spektakel ein äußerst zwiespältiges, fast schon unanständiges Gefühl. Ich spürte, wie ich angesichts dieser stolzgeschwellten und doch aus der Zeit gefallenen Menschen errötete.

Francos Regierung war in Katalonien nicht besonders populär. Sogar der Besitzer unseres Hotels, ein wohlhabender Mann, der immer auf Seiten der Nationalisten gestanden war, und dessen Sohn einer der Überlebenden des Raquete-Corps war, jammerte lauthals über die aktuellen Zustände. Er sprach recht gut Französisch und plauderte sehr gerne mit uns. Natürlich war er gegen die Republikaner, die ihm einen Gutteil seines Vermögens entzogen hatten, doch auch Franco hatte nicht alles zu seiner Zufriedenheit erledigt: die herrschende Unordnung, Korruption und der Handel, der nicht in Gang komme; die Industrie, die ihre Arbeit nicht wiederaufnehme; der Hunger, das mangelnde Geld, die extrem hohen Preise, der Nepotismus, die Betrügereien. Jeden Tag würden vierzig oder fünfzig Republikaner aus ihren Zellen, in denen sie dahinvegetierten, herausgeholt und dann erschossen, aber was nütze das? Das Land sei verarmt, gelähmt, zerstört und Franco habe nichts getan, um das Leben der Spanier wieder in normale Bahnen zu lenken. Sehen Sie sich doch unsere Katalanische Tiefebene an, wie fruchtbar sie ist, wie reich! Die Bauern schuften wie Sklaven, um das Land zu bestellen, aber es kommt nichts dabei heraus, kein Obst, kein Gemüse, Brot gibt es keines; man weiß nicht, was man sich zwischen die Zähne schieben soll.

Er war ein Mann, der ein gutes Gespräch zu schätzen wusste, doch wir hielten es in seinem Hotel kaum aus. Wir waren schwer verärgert, denn Carmelo, diese durchtriebene und schleimige Kanaille, hatte sich nicht an unsere Absprachen gehalten. Es war ausgemacht gewesen, dass wir in Barcelona in einem Privathaus wohnen sollten, um uns nicht polizeilich anmelden zu müssen. Er jedoch hatte uns in das erstbeste Hotel, dessen Besitzer er überhaupt nicht kannte, gebracht, und natürlich hatten wir unseren gefälschten Pass vorweisen und die Formulare ausfüllen müssen, die dann der Behörde übermittelt wurden. Lussu bestand daher darauf, noch am selben Abend aus Barcelona abzureisen und Carmelo versprach, am Nachmittag zu uns zu kommen. Er wollte uns seine Adresse nicht verraten, schwor jedoch, dass er in jedem Fall kommen würde. Aber er kam nicht. Auch am folgenden Tag nicht. Und alleine konnten wir uns nicht auf den Weg machen, denn nur Carmelo wusste, wie und wo die portugiesische Grenze zu überqueren war.

Als wir am dritten Tag zum Frühstück erschienen, sagte der Hotelbesitzer zu uns: »Die Polizei hat mich angerufen. Man wünscht, dass Sie im Präsidium vorsprechen und einige Fragen beantworten.«

»Das machen wir«, sagte Lussu, »im Laufe des Tages gehen wir ins Präsidium.«

Wir dachten, dass Carmelo inzwischen kommen würde und wir nach Madrid aufbrechen könnten. Doch Carmelo kam wieder nicht und während des Abendessens näherte sich der Besitzer erneut: »Die Polizei hat schon wieder telefoniert. Man bittet Sie, ins Präsidium zu kommen.«

»Sicher«, sagte Lussu. »Wir machen das morgen früh.«

Carmelo ließ sich aber auch am darauffolgenden Morgen nicht blicken. Gegen Mittag klopfte jemand an die Tür unseres Zimmers.

»Herein«, sagte Lussu. »Jetzt schneid' ich diesem Carmelo aber die Ohren ab.«

Doch es war der Patron.

»Die Polizei hat noch zwei Mal angerufen. Es wäre wirklich gut, wenn Sie sich jetzt melden würden.«

Lussu gestikulierte etwas in meine Richtung und sofort verstand ich den Hinweis.

»Schreib deinen Brief zu Ende«, sagte ich. »Ich muss sowieso nach draußen, dann erledige ich das.«

Ich ging also mit dem Besitzer zum Empfang hinunter und ließ mir erklären, wo das Präsidium war. »Aber das ist ja fürchterlich kompliziert«, bemerkte ich, »da finde ich ja niemals mehr zurück. Wären Sie wohl so freundlich …«

»Aber mit Vergnügen«, sagte der edle Caballero und trat mit mir auf die Straße.

»Noch etwas«, fuhr ich fort »wie soll ich mich denn verständlich machen? Ich kann doch kein Wort Spanisch. Und Sie sprechen so perfekt Französisch, könnten Sie mir da …«

»Aber sehr gerne … es ist mir eine Ehre …«

So betrat ich an der Seite dieses allseits bekannten Konterrevolutionärs, dem Vater eines *Raquetes*, das Büro des Hauptkommissars.

»Sie sind Madame Anna Laskowska?«, fragte der Polizist und blickte auf, um mich mit der Passfotografie, die tatsächlich mein Bild zeigte, zu vergleichen.

Ich nickte.

»Polin?«

»Ja.«

»Katholikin?«

»Natürlich.«

»Arierin?«

»Sehen Sie mich doch an!«

»Und Ihr Mann?«

»Doktor Jean Laskowski.«

»Arisch? Katholisch?«

Ich wandte mich an den Hotelbesitzer, um seine Bestätigung zu erlangen.

»Und wie sind Sie nach Spanien eingereist?«

»Mit dem Zug.«

»Welchem Zug?«

»Dem, der von Cerbère um drei Uhr nachts abfährt und in Barcelona um zehn Uhr morgens eintrifft.«

»An welchem Tag?«

»Vor drei Tagen.«

»Aber Ihr Name steht auf keiner Liste der Reisenden, die die Grenze passiert haben!«

»Sie werden bloß vergessen haben, uns aufzuschreiben«, sagte ich. »Wir haben fast die ganze Zeit über geschlafen, vielleicht wollten sie uns nicht wecken. Wir waren todmüde! In Frankreich ist es uns so übel ergangen! Und das, nach all den Erfahrungen in Polen. Können Sie sich vorstellen wie gefährlich es dort war? Das Gut meines Vaters liegt in der Nähe von Lublin, in dem Teil Polens, der jetzt von den Bolschewiken besetzt ist. Vater und Mutter … sie wollten lieber bleiben … alles ungewiss … und jetzt … das Haus … man spricht von Erschießungen … diese Bolschewiken …«

Nach einer Viertelstunde, in der wir uns vieles anvertraut hatten, waren wir ein Herz und eine Seele.

»Sie haben aber nicht die Absicht, in Spanien zu bleiben?«

»Wir haben hier einige Tage Halt gemacht, um diese wunderbare Stadt zu besichtigen. Aber wir fahren heute Abend noch ab. Der Dampfer, der von Lissabon kommt …«

»Nun gut, Madame Laskowska«, sagte der Kommissar und reichte mir meinen Pass, den er beängstigend lange in den Fingern gehabt hatte. Er war nicht wirklich gut gemacht; er hatte einige kleinere Schwächen, die mir jetzt wie monströse Fehler erschienen. Ich machte mich schnell aus dem Staub, da ich befürchtete, er würde es sich anders überlegen.

Nun mussten wir ernsthaft aus Barcelona abreisen, Carmelo hin, Carmelo her. In Madrid würde man weitersehen. Gegen sechs Uhr abends kam der verdammte Kerl schließlich doch noch zum Hotel, frisch und fröhlich tauchte er auf. Ungerührt hörte er sich Lussus Vorwürfe an, dann zeigte er uns drei Fahrkarten dritter Klasse nach Madrid. »Wir fahren um elf«, sagte er, »es wäre aber besser, wenn wir sofort aufbrechen, damit wir noch einen Platz bekommen. Wir reisen dritter Klasse, denn da herrscht mehr Gedränge und die Polizei kann das kaum kontrollieren. In der ersten und zweiten Klasse ist das anders.«

Von Gedränge in diesem Zug zu sprechen, war etwas untertrieben. Es ging drunter und drüber, im wahrsten Sinne des Wortes. Bis in diese Waggons würde sich sicher kein Polizist vorwagen, hier kam man nur vorwärts, wenn man über die Leiber der Mitreisenden kletterte. Als wir in Madrid ordentlich durchgerüttelt ausstiegen, gerieten wir dann doch noch in eine Passkontrolle. Aber alles verlief gut.

Carmelo wollte sich schon wieder aus dem Staub machen, um irgendwelche Geschäfte zu tätigen. Uns wurde klar, dass er diese Reisen auch für Schwarzmarkt- und Schmuggelgeschäfte nutzte. Für den Marxismus interessierte er sich nicht im Geringsten. Lussu war sehr hart zu ihm und zwang ihn, uns zum Bahnhof zu begleiten. Zu dritt fuhren wir nach Badajoz. Wir waren noch einmal vierundzwanzig Stunden unterwegs und durchliefen eine weitere, aber erneut recht oberflächliche Passkontrolle.

Die Ankunft in Badajoz enttäuschte unsere Erwartungen nicht.

Bei schwüler Hitze, die einem den Atem raubte, erreichten wir am Nachmittag die malerische kleine Stadt mit ihren mittelalterlichen Stadtmauern und den maurischen Stadttoren. Der Anführer einer Schmugglerbande, ein schwergewichtiger, korpulenter Hotelier, nahm uns in Empfang. Seine Frau, ebenfalls recht beleibt und äußerst gastfreundlich, kochte uns ein üppiges Mahl, das die Tochter des Paares, Joaquina, servierte.

Joaquina war ein unerhört liebenswertes Geschöpf. Ihre Augen glichen schwarzen Sternen und ihre Haare waren glatt und glänzend. Sie besaß eine so überschäumende Lebensfreude, dass man Energie schöpfte, wenn man sie bloß ansah. Mit einem roten Schal, der durch die Bewegungen ihrer braunen, runden Arme und ihrer feingliedrigen dunklen Finger unaufhörlich flatterte, wirbelte sie durch das Haus. Inmitten der immergrünen Pflanzen und knallbunten Blumen im maurischen Patio ähnelte sie einem weiblichen Flaschengeist aus »Tausend und einer Nacht«. Sie erzählte uns freimütig von ihrer Familie, ihrem Leben, dem Bräutigam, den sie noch nicht hatte, von dem sie jedoch genau wusste, wie er aussehen sollte (Spanier müsste er sein, groß und schlank, stolz und mutig, und *guapo!* – sie küsste schnalzend ihre Finger –, klar, aber vor allem ein Spanier!), und vom Bürgerkrieg, der in Badajoz ganz besonders blutig verlaufen war. Die Stadt sei die erste gewesen, die Francos Afrikatruppe überfallen habe, als der Widerstand der Republikaner noch nicht organisiert gewesen war. Die Marokkaner seien in die Stadt gestürmt und hätten die nahezu unbewaffneten Verteidiger mit ihren riesigen Messern abgeschlachtet und entsetzliche Grausamkeiten verübt: Achttausend Arbeiter und Männer aus dem Volk waren auf dem Hauptplatz eingeschlossen – dort, auf dem Platz, an dem ihr vorbeigekommen seid – und alle wurden mit Maschinengewehren niedergemäht. Erst am darauffolgenden Tag hatte die entsetzte Bevölkerung die Leichen bergen und begraben können. Was für ein grausamer Krieg – Krieg, nicht Bürgerkrieg, denn Franco habe ja nur mithilfe ausländischer Söldner gewonnen. Die überlebenden Republikaner seien dann in den Untergrund gegangen (einige hätten versucht, nach Portugal zu gelangen, doch die portugiesische Polizei habe sie zurückgeschickt). Sie selbst sei eine von vielen mutigen Frauen und Mädchen gewesen, die sie mit Lebensmitteln und Kleidung versorgt hätten. Mit der Zeit seien viele heimlich in die Stadt zurückgekehrt und warteten nun, nach Rache dürstend, ab.

»Der Tag wird kommen, er wird kommen. Es dauert nicht mehr lange«, sagte Joaquina.

»Eine Zunge tötet mehr Menschen als ein Schwert«, sagte Lussu. »So ist es zumindest in meinem Land.«

»Aber nicht in meinem«, antwortete Joaquina kühn. Sie öffnete eine Schublade und entnahm ihr zwei Pistolen.

»Geladen?«, fragte Lussu.

»Ja.«

»Na, dann habe ich mich wohl getäuscht«, meinte Lussu.

Zwei Stunden später waren wir dicke Freunde und machten Pläne, wie wir sie nach Lissabon schleusen würden (ein Grenzübertritt über Schmugglerpfade war ein Kinderspiel für sie), damit sie einige Tage mit uns verbringen könnte. Wir rechneten damit, dass wir spätestens in einem Monat wieder in Badajoz vorbeikommen würden.

Bei Einbruch der Dunkelheit (es war immer noch drückend schwül und die stehend heiße Luft erinnerte an den afrikanischen Ghibli) erschien der stattliche Vater Joaquinas mit seiner Zigarre im Mund, einem großen Sombrero und mit Spazierstock. »Es ist Zeit, aufzubrechen. Ich werde vorausgehen und ihr folgt mir mit etwas Abstand. An einer bestimmten Stelle werde ich stehen bleiben und mit einem kleinen alten Mann mit Baskenmütze sprechen. Geht ihm nach, er ist der Führer, der euch nach Elvas begleitet.«

Bis zu den letzten Häusern des Städtchens trabten wir diesem ausgefuchsten Geschäftemacher hinterher. Er musste eine sehr geschätzte Persönlichkeit sein, da ihn die Passanten ehrerbietig grüßten und er als Antwort majestätisch zwei Finger an die Krempe seines Sombreros führte. An einem verwaisten Abschnitt der Straße blieb er stehen und ein kleiner Mann trat aus dem dichten Gebüsch. Er war schmächtig und schlecht gekleidet. Der Unterschied zwischen seiner armseligen Gestalt und dem beeindruckenden Mannsbild, das ihm gegenüberstand, war so groß wie zwischen seiner staubigen Mütze und dem ausladenden Sombrero von Joaquinas Vater. Der Hotelbesitzer kehrte um, seine fette Zigarre stak wieder zwischen den Zähnen, und er verabschiedete uns mit einem fast unsichtbaren Zwinkern. Wir aber gingen hinter dem kleinen Mann weiter.

Nun war es Nacht geworden, doch der Himmel blieb sternenklar und es war nicht völlig dunkel. Wir verließen die Straßen und Steige und marschierten am Rande der unlängst gemähten Felder. Es roch gut nach Stroh und Heu und es herrschte tiefste Stille. Der kleine Schmuggler glitt auf seinen zerrissenen Espadrilles leise dahin.

Plötzlich hielt er an, lauschte aufmerksam, dann ging er schlagartig zu Boden und forderte uns durch Handzeichen auf, uns ebenfalls niederzuwerfen. Aber es war ein falscher Alarm. »Es ist nichts«, murmelte er. Bevor er aufstand, schlug er mit den Armen um sich, als wollte er sich nicht vom Boden lösen.

Diese Geschichten wiederholte er fünf- oder sechsmal.

»Wie heißt du?«, fragte Lussu.

»Eleuterio«, antwortete er.

»Bist du diese Strecke schon oft gegangen?«

»Oft.«

»Seltsam«, kommentierte Lussu. »Man würde meinen, dass du, anstatt zu gehen, eher schwimmst. Hast du etwa Angst?«

»Angst, ich?« Eleuterio reagierte beleidigt. Doch sofort bereute er seinen vorlauten Mut.

»Früher einmal haben sie uns bloß angehalten und uns die Ware abgenommen. Aber jetzt sind sie brutaler und schießen sofort. Die Zeiten haben sich geändert. Wenn ein Wachmann einen Schmuggler erschießt, machen sie ihn gleich zum Sergeanten«, fügte er jammernd hinzu.

»Gibt es viele Leute, die wie wir hier nach drüben wollen?«

»Früher waren es viele. Jetzt nur mehr wenige. Es ist schwierig, sehr schwierig, über die Grenze zu kommen. Heilige Maria, Mutter Gottes!«, und schon tauchte er wieder ab.

Der arme Eleuterio war nicht mehr jung, in seinem Geschäft alterte man überdies sehr rasch. Die Anspannungen solcher Touren machten ihm das Leben zusehends schwer und er war sich seiner nicht mehr sicher. Wir baten ihn, unsere kleine Tasche zu tragen, er aber weigerte sich strikt.

»Nein, nein, sobald ich einen Grenzer nur sehe, werde ich mich sofort allein davonmachen. Und wenn sie mich dann mit der Tasche sehen, wissen sie sofort, dass ich mit euch unterwegs war, und dann gnade mir Gott!« Er sprach galizischen Dialekt, der dem Portugiesischen ähnelte und nicht leicht zu verstehen war.

Der arme Eleuterio war kein Schmuggler von Format. Er war ein fantasieloser, entscheidungsschwacher kleiner Fisch, der von seinen Bossen ausgenutzt wurde und den man üblicherweise für ein halbes Kilo Kaffee oder zwei Kilo Zucker auf lange nächtliche Märsche aussandte. Menschenschmuggel überstieg seine Fähigkeiten, er zauderte und war verschreckt. Bei jedem Geraschel warf er sich weiterhin nieder. Hin und wieder verlief er sich und zwang uns zur Umkehr, um sich besser zu orientieren.

»Aber den Weg kennst du schon?«, fragte Lussu irritiert.

»Doch, doch, den bin ich oft gegangen, aber seitdem sie an die zwanzig Mal auf mich geschossen haben, sehe ich nicht mehr so gut wie früher.«

Vor uns tat sich eine weite bewirtschaftete und freie Ebene ohne Bäume auf und im Hintergrund eine Reihe von Hügeln, auf denen da und dort Lichter von Dörfern und Weilern flimmerten.

»Elvas liegt dort, bei den etwas größeren Lichtern auf der linken Seite«, sagte Eleuterio.

»Aber wo führst du uns dann hin? Wir gehen in die falsche Richtung.«

»Wir müssen Umwege machen, viele Umwege, um den Posten der Finanzpolizei und der Gendarmen auszuweichen.«

»Du hattest von vier Stunden gesprochen, jetzt sind wir schon seit sieben Stunden unterwegs.«

»Wir werden vor Tagesanbruch ankommen, verlassen Sie sich darauf. Vor Morgengrauen sind wir in Portugal.«

Ein nicht weit entferntes Geräusch ließ uns in einen Graben springen. Diesmal war es keine Einbildung. Man hörte tatsächlich ein Gepolter von Schritten. Finanzer oder Gendarmen? Nein, wir hatten Glück; es handelte sich um eine Gruppe von Schmugglern, die aus der entgegengesetzten Richtung kamen. Auch zwei Frauen gehörten dazu. Eleuterio trat an sie heran und tuschelte mit ihnen. Er gestikulierte und schien wie von einem jähen Energieschub elektrisiert. Wir sahen, wie er hektisch eine Tasche seiner Jacke leerte, sich eine Handvoll Tabak nahm und zum Mund führte. Jetzt kaute er, er hatte sein Selbstvertrauen wiedergefunden.

»Wir können hinübergehen«, sagte er, »hier gibt es keine Patrouillen.«

Wir überquerten einen kleinen Bach, indem wir von einem Stein zum andern hüpften und uns gehörig nassspritzten, dann nahmen wir den Marsch in Richtung der Lichter von Elvas wieder auf. Wir schritten eiliger aus, denn der Morgen war nicht mehr fern. Als wir in Sichtweite eines großen Bauernhofs mit mehreren Gebäuden kamen, begann sich der Himmel schon aufzuhellen.

»Wir sind da«, murmelte Eleuterio. »Hier erwarten sie uns. Wir sind in Portugal.«

Doch das Bauernhaus war verriegelt und niemand wartete auf uns. Eleuterio tänzelte unsicher herum und wir spürten die Gefahr, da wir unschlüssig im Freien standen und jeden Augenblick die Leute aus ihren Häuser kommen konnten.

»Kennst du hier jemanden?«, fragte Lussu. »Können wir nicht in eine Scheune gehen?«

»Ich weiß es nicht, ich weiß nicht«, stammelte Eleuterio. »Ich kenne hier niemanden, die werden schon kommen. Es hat keinen Sinn, wenn ich auch hierbleibe. Ich muss zurück, sonst bin ich zu spät dran.« Er versuchte, sich davonzustehlen.

»Du wirst schön hierbleiben«, sagte Lussu und hielt ihn auf, »bis du uns jemanden vorgestellt hast, der sich um uns kümmert. Willst du uns etwa schlechter behandeln als deine Schmuggelware?«

»Aber ich weiß doch nichts«, wimmerte der arme Mann. »Wozu soll ich hierbleiben? Wenn sie kommen, werden sie euch schon sehen. Ich bin spät dran, ich muss zurück.«

»Zuallererst musst du ein Versteck für uns finden«, sagte Lussu.

»Können Sie nicht unter diesem Baum hier warten? Es hat doch keinen Sinn, wenn ich hierbleibe?« lamentierte er dickköpfig. »Wenn die Polizei mich schnappt, bin ich dran.«

Doch Lussu war unerbittlich und versprach ihm zum vereinbarten Lohn ein gutes Trinkgeld, wenn er einen Portugiesen fände, der unsere Pesetas wechseln und uns eine Fahrgelegenheit nach Lissabon besorgen könnte.

Nach langem Zögern führte uns Eleuterio in einen Stall, wo uns eine magere Kuh gleichgültig beschnupperte. Dann schwor er beim Schutzheiligen von Badajoz, dass er sofort wiederkommen würde und eilte davon. Die Stalltür schloss er sorgfältig hinter sich zu.

»Der kommt nicht wieder«, sagte ich.

»Ich glaube auch nicht, dass wir den in unserem Leben noch einmal zu Gesicht bekommen werden«, meinte Lussu.

Nach drei anstrengenden, schlaflosen Nächten waren wir einfach nur müde. Und die Situation war alles andere als klar. Wie sollten wir uns aus dem Schlamassel retten? Wir beherrschten weder die Sprache, noch kannten wir das Land, wir hatten nur ein bisschen portugiesisches Kleingeld und keine Papiere mehr. Der polnische Pass war nun unbrauchbar geworden, da die Einreisevermerke fehlten. Die portugiesische Polizei würde uns nach der ersten Kontrolle umgehend über die Grenze zurück und in die Hände der franquistischen Polizei schicken.

Die Zeit verging, und Eleuterio kam nicht zurück.

Plötzlich hörten wir Schritte, die sich näherten, eine Stimme direkt vor unserem Tor sprach portugiesisch.

»Jetzt haben sie uns«, dachten wir und blickten uns an. Lussu versteckte die Pässe rasch unter dem Stroh in einer Ecke. Jean Laskowski und Anna Laskowska waren vorläufig zu Grabe getragen. Sie waren über zwei Grenzen hinweg bis nach Portugal gekommen. Aber wie würde es nun mit ihnen weitergehen?

Das Tor öffnete sich und ein großgewachsener, hemdsärmeliger junger Mann mit üppig Brillantine im Haar tauchte vor uns auf. Hinter ihm stand Eleuterio.

»Guten Tag«, sagten wir emotionslos.

»Guten Tag«, sagte der Neuankömmling auf Portugiesisch.

»Eleuterio«, fragte Lussu, »ist das der Freund, der auf uns warten sollte?«

»Nicht wirklich«, murmelte das Männlein. »Das ist ein Junge, der hier in der Nähe wohnt und auch ein bisschen in meinem Gewerbe tätig ist. Er wird euch die Pesetas in portugiesisches Geld wechseln und ein Taxi suchen, das euch nach Lissabon bringt.«

Der junge Mann bestätigte auf Portugiesisch seinen guten Willen, uns zu helfen. Lussu nahm die Verhandlungen in einem recht verständlichen neo-lateinischen Esperanto auf. Die Pläne bezüglich des Taxis waren recht vage. Ja, vielleicht in Elvas, wenn man jemanden auf die Suche schickte, möglich, dass ein Fahrer bereit sei, aber es ist alles andere als leicht, das Benzin, die schlechten Straßen, die Fahrgenehmigung … Bezüglich des Geldes gebe es keine Probleme. Geben Sie mir die Pesetas, und ich bringe Ihnen Escudos. Lussu übergab ihm eine kleine Summe und der Junge machte sich rasch davon.

Der Stall füllte sich inzwischen mit Männern, die uns wie seltene Tiere betrachteten. Einige von ihnen blickten ziemlich finster. Woher kommt ihr? Was macht ihr? Wo wollt ihr hin? Spanier? Amerikaner? Habt ihr Hunger? Ja, ziemlich. Daraufhin brachten sie uns eine Schale mit frischer Milch und ein schönes Stück Weißbrot, wie wir es seit eineinhalb Jahren nicht mehr gesehen hatten. Wollt ihr nach Lissabon? Aber Lissabon ist weit weg. Mit dem Automobil? Das kostet aber viel Geld. Habt ihr viel Geld?

Der Junge kehrte zurück.

»Oh ja, hier seid ihr sicher«, sagte er mit seinem spitzbübischen breiten, einschmeichelnden Lächeln. »Das sind alles Freunde. Hier, Ihre Escudos.«

Den Wechselkurs hatte er, jenseits aller Bankgepflogenheiten, höchst fantasievoll ausgelegt.

»Und wie viel schulde ich für Brot und Milch?«, fragte Lussu ironisch.

»Ach, das geben wir euch so!«, sagte der Portugiese mit einer großzügigen Geste. »Sagen wir dreißig Pesetas.«

»Jetzt muss ich aber wirklich gehen.« Eleuterio schien sich beruhigt zu haben und fuhr mit dem Handrücken über seinen milchigen Schnurrbart. Er streckte die Hand aus, wartete auf das versprochene Handgeld. Lussu gab es ihm und schon schlich er sich, einem Marder gleich, davon.

»Was ist jetzt mit dem Taxi?«, fragte Lussu.

»Nun ja, wir werden einen Jungen nach Elvas schicken, der soll sich umsehen«, sagte der Portugiese. »Man muss ihm etwas Geld geben«, fügte er fast verschämt hinzu, was ihm aber nicht gut zu Gesicht stand.

»Wie viel?«

»Ich weiß nicht genau, wissen Sie, für uns ist es riskant, nach Elvas zu gehen. Dort wimmelt es von Polizisten, Zöllnern, Soldaten. Das überlasse ich ganz Ihnen. Ich weiß nicht. An die fünfzig Pesetas?«

Lussu holte fünfzig Pesetas aus der Brieftasche und der Gauner steckte sie rasch in seine Tasche.

»Aurelio«, rief er. Ein wunderhübscher, ungefähr siebzehnjähriger Junge mit ebenmäßigem Gesicht trat vor. Sein Blick war traurig, die Kleidung, die er trug, bestand aus Lumpen.

»Lauf nach Elvas und hol den Fahrer vom Hauptplatz. Sag ihm, er soll herunterkommen, weil ich mit ihm sprechen will.«

Es dauerte eine Ewigkeit, bis der pomadisierte Halunke sich wieder sehen ließ und uns vom Ausgang des Gesprächs mit dem Fahrer berichtete. Er habe alles getan, um ihn zu überreden, er würde es machen, weil er eben sein Freund sei, das Auto sei aber alt, das Benzin teuer, doch für einen persönlichen Gefallen …

»Lass mich mit dem Fahrer sprechen«, sagte Lussu.

Um Gottes willen, nein, der Fahrer habe Angst, sich zu kompromittieren, er wolle keinesfalls direkt verhandeln, er mache es nur aus alter Freundschaft zu ihm …

»Also, wie viel verlangt er?«

Die Verhandlungen erwiesen sich als langwierig und kompliziert, kurz gesagt: In diesem Räubernest erleichterte man uns um unser ganzes Geld, wir hatten nur mehr ein paar wenige Escudos übrig. Aurelio begleitete uns den ziemlich weiten Weg bis an die Stelle, wo das Taxi warten sollte.

Das Taxi stand auch da, und unser Herz schöpfte wieder Hoffnung. Doch die Enttäuschung folgte auf dem Fuß.

»Nach Lissabon?«, rief der Fahrer grob und beinahe empört aus. »Aber wer hat denn von Lissabon gesprochen! Ich sollte euch zehn Kilometer die Hauptstraße entlangfahren. Doch wenn ihr keine gültigen Papiere habt, dann fahr ich gar nicht erst los, weil die Polizei alle Autos kontrolliert und ich nicht riskieren will, dass man mir das Auto beschlagnahmt.«

Es nützte alles nichts. Er startete und verschwand in einer Staubwolke.

Aurelio sah uns mit ernster Miene an, sein Mitleid konnte er nicht verbergen.

»Du kennst doch den Ort und die Situation«, sagte Lussu zu ihm. »Was rätst du uns, wie können wir nach Lissabon kommen?«

»Ein Taxi findet ihr sicher nicht.« Er sprach ein schönes Spanisch. »Kein Fahrer wird euch mitnehmen.«

»Du wusstest das, nicht wahr?«

»Ja.«

»Und warum hast du uns das nicht früher gesagt?«

»Ich konnte nicht. Ich hätte Schwierigkeiten bekommen.«

»Deine Leute sind hinterlistige Betrüger.«

»Ich weiß.«

»Und nun?«

»Ihr könnt nur eines tun. Ihr könnt den Autobus nehmen, den Linienbus von Elvas nach Lissabon. Aber natürlich nicht von Elvas aus. Sie würden euch sofort verhaften. Ihr müsst durch den Wald gehen und sieben oder acht Kilometer weiter oben die Hauptstraße erreichen. Ihr müsst nur winken, dann bleibt der

Bus stehen. Es gibt einen am Nachmittag, vielleicht schafft ihr es noch, den zu erreichen.«

»Kommst du mit uns mit?«

»Ich kann nicht. Sie haben mir gesagt, dass ich sofort zurückmuss.«

»Und wenn du nicht zurückgehst, was passiert dann?«

»Wer weiß!« Er zuckte etwas hochmütig, aber auch traurig mit den Achseln.

»Hör zu, Aurelio, ich kann dir nur ein paar hundert französische Francs anbieten, weil sie uns sonst alles abgenommen haben. Aber ich schicke dir mehr aus Lissabon.«

»Nein, nein«, sagte Aurelio bestimmt, »es geht nicht um Geld. Wenn Sie etwas für mich tun wollen, dann finden Sie einen Platz für mich, an dem ich arbeiten und ehrlich mein Geld verdienen kann, in Lissabon oder sonst wo, bloß weit weg von hier.«

»Ich werde alles tun, um dir zu helfen, damit du hier rauskommst.«

»Klar, Sie haben gut reden«, sagte Aurelio bitter, »aber dann werden Sie es doch wieder vergessen.«

»Ich werde es nicht vergessen«, bekräftigte Lussu.

Wir machten uns auf den Weg in Richtung Hügel, hinein in den Eichenwald. Die Mittagssonne brachte sogar den Schatten zum Glühen. Wir waren todmüde. Aurelio marschierte vorne weg, stumm und stolz, hin und wieder blieb er stehen, um sich mit einem dünnen Strick die Reste seiner Espadrilles zusammenzuschnüren.

»Du bist doch Spanier«, sagte Lussu.

»Sicher. Spanier. Ich bin kein Portugiese.«

»Was machst du dann bei diesen Banditen? Hast du keine Verwandten oder Freunde auf der anderen Seite?«

»Ich hatte nur einen Bruder. Er war Leutnant in der Republikanischen Armee. Er wurde in Madrid erschossen. Ich musste über die Grenze fliehen. Dann haben diese Portugiesen mir angeboten, für sie zu arbeiten.«

»Das ist sicher hart.«

»Hart?«, er zuckte mit den Achseln. »Sie haben keine Ahnung, Sie können nicht wissen, wie das ist: diese nächtlichen Touren durch das Dickicht, wenn die Grenzer dir hinterherschießen; wie man die Flüsse im Winter durchquert, wenn einem das Wasser bis zur Brust steht und man sich dann stundenlang durchnässt im eiskalten Wind hinter einem Strauch versteckt. Und immer nur die Lumpen anziehen, die andere vor mir weggeworfen haben. Sehen Sie sich meine Espadrilles an, sie wollen mir kein neues Paar geben. Wie soll ich damit durch die Nacht marschieren? Mit diesen hier stolpere ich andauernd, ich verletze mir die Füße, trau mich nicht einmal mehr, richtig zu laufen.« Er verstummte für einen Moment. »Aber darum geht es gar nicht. Es geht darum, dass ich das alles für nichts und wieder nichts mache. Das ganze Risiko nehme ich für zwei Kilo Tabak oder Kaffee auf mich. Ich würde das und noch viel mehr gern für einen anderen Zweck, für ein Ideal, machen. Ich habe wirklich vor nichts Angst. Aber ich möchte für ein Ideal arbeiten und etwas riskieren. Wie mein Bruder.«

»Sag mir deinen Namen und gib mir eine Adresse, unter der ich dir schreiben kann; aber keine von diesen Leuten, für die du arbeitest. Ich werde dir aus Lissabon schreiben.«

Schließlich gelangten wir zur Hauptstraße. Wir lehnten uns an einen Eichenstamm und warteten ab. Wir sahen wie erschöpfte, hungrige, obdachlose Vagabunden aus. Und das waren wir ja auch. Doch wir mussten uns einen Ruck geben und das Aussehen ehrbare Bürger annehmen, um im Autobus nicht aufzufallen. Wir schüttelten den gröbsten Staub aus unseren Kleidern und spuckten auf die Schuhe, um sie zum Glänzen zu bringen; ich kämmte meine Haare, lackierte die Nägel, legte ein wenig Puder und Lippenstift auf und zog Handschuhe an. So sah ich wieder recht passabel aus, Lussu, mit seinem unrasierten Bart, etwas weniger, doch als Paar konnten wir durchgehen.

Der Autobus kam, als wir nicht mehr auf ihn gehofft hatten. Und er blieb auf unser Zeichen hin tatsächlich stehen. Auf Wiedersehen, Aurelio, du lieber Junge. Wir werden dich zu uns nach Lissabon holen. Wir werden dich nicht vergessen.

(Und wir konnten diesen großzügigen Burschen, der uns so geholfen hatte, auch nicht vergessen. Von Lissabon aus schickten wir ihm Briefe und Geld für die Reise, für einen Anzug und ein paar Schuhe. Seinen Ausbeutern gelang es jedoch, ihm alles zu entwenden. Nachdem wir das erfahren hatten, entsandten wir jemanden, der ihn suchen und mitnehmen sollte. Diese Person kam leider zu spät. Zwei Nächte zuvor war Aurelio bei einem Grenzübertritt von der spanischen Polizei verhaftet worden.)

Tief in die gepolsterten Sitze des Autobusses versunken, überließen wir uns einem Gefühl von Glückseligkeit. Das Geld hatte gerade noch für zwei Fahrkarten gereicht. Uns blieben nur wenige tausend französische Francs und ein paar Escudos.

Links und rechts brausten ununterbrochen Korkeichenwälder, endlose Olivenhaine und frisch gekalkte, strahlend weiße Bauernhöfe vorbei. Eichen, Olivenhaine, weiße Bauernhöfe. Bauernhöfe, Olivenhaine, Eichen.

Wir kämpften gegen den übermächtigen Schlaf an und bemühten uns, Haltung zu bewahren, doch die Lider wurden schwer und der Kopf fiel uns auf die Brust.

Lissabon. Heute Abend um neun werden wir in Lissabon sein.

Dona Carolina

Der Autobus hielt diesseits des Tejo-Deltas. Um nach Lissabon zu gelangen, musste man die Fähre nehmen. In der Hoffnung, dass das bisschen Kleingeld, das wir retten konnten, für die Überfahrt reichen würde, gingen wir den anderen Passagieren nach und stiegen zu. Es dunkelte schon, obwohl wir die längsten Tage des Jahres erlebten. Es war also ziemlich spät.

Angestrengt dachten wir nach, wo wir die Nacht verbringen konnten. Ohne Dokumente und ohne Geld kam ein Hotel nicht infrage. Das amerikanische Büro, mit dem Lussu in Kontakt stand und wo man ihm Geld hinterlegt hatte, war natürlich geschlossen. Aber wir erinnerten uns an eine Adresse. Da gab es doch diese portugiesische Familie, die einige Monate hindurch unseren Freund Calosso beherbergt hatte.

Es war elf Uhr abends, als wir eintrafen. Wir mussten das Taxi warten lassen, da wir es nicht bezahlen konnten. Die Hausherrin musterte uns unfreundlich, wir waren aber auch, erschöpft und wenig präsentabel, aus heiterem Himmel hereingeplatzt. Nein, sie könne uns unter keinen Umständen übernachten lassen, sie habe die ganze Familie im Haus, kein einziges Sofa sei verfügbar. Ob sie denn jemanden wisse, der uns aufnehmen könnte? Nun ja, das sei schwierig. Vielleicht Bekannte von Calosso? Wo hatte er denn sonst noch logiert? Nein, sie wisse nichts von anderen Unterkünften. Doch als er bei ihr wohnte, sei er immer wieder zu einer Frau essen gegangen, sie müsse suchen, vielleicht finde sie die Adresse. Sie rief nach ihrer Bedienerin. Erinnerte sie sich vielleicht? Ja, sie glaubte sich zu erinnern. Könnte sie uns denn mit dem Taxi dorthin begleiten? Warum nicht? Und könnten Sie uns auch noch für heute Abend ein paar Escudos gegen französisches Geld wechseln? Die gute Frau schwankte und zögerte. Mein Mann ist außer Haus, ich weiß nicht, was ich Ihnen sagen soll. Am Ende ließ sie sich dann doch noch erweichen.

So kamen wir schließlich in eine Gasse der Unterstadt und

stiegen ein dunkles Treppenhaus, in dem es seltsam roch, empor, bis hinauf zum dritten Stock. Eine etwas schwabbelige, runzlige alte Frau empfing uns mit freundlichem Blick. Als sie dann noch erfuhr, dass wir Freunde von Calosso waren, entlud sie sich in lautstarker, uferloser zärtlicher Zuneigung. Sie umarmte uns, küsste uns auf beide Backen und herzte uns erneut. »Der liebe, liebe Signor Umberto! Die liebe, liebe Dona Clelia! Ihre Freunde sind unsere Freunde. Ach, ist das schön!! Ich bin Dona Luisa. Das ist Dona Giulia. Und Sie, mein Lieber, wie heißen Sie? Lieber, lieber Signor Emilio! Und Sie, meine Liebe? Dona Joyce? Wie schön Sie sind, wie schön! Was für eine schöne Haarfarbe Sie haben! Was haben Sie für ein Glück, Signor Emilio! Was haben Sie für ein Glück, Dona Joyce. Ich bin überglücklich, überglücklich bin ich, Sie umarmen zu dürfen!«

Zwei nahe Verwandte, die man nach einem Schiffbruch zehn Jahre lang für tot gehalten hatte, hätten nicht warmherziger und liebevoller empfangen werden können.

Doch was die Schlafgelegenheit betraf, herrje, wo sollte sie uns schlafen lassen? Das Zimmer dort, das schönste, war durch einen Caballero besetzt, einen sehr ehrenwerten Mann. Auch die anderen Zimmer waren alle besetzt. Was konnte man da tun, herrjemine, was nun? Uns reiche ein Sofa, ein Lehnstuhl, ein Sessel, sagten wir aus blanker Angst, um diese Uhrzeit wieder auf der Straße zu landen. Nun gut, aber es ist wahrscheinlich eine Schande, das anzubieten, mir blutet das Herz, dass ich euch nicht besser unterbringen kann, es gibt da einen Alkoven mit einem kleinen Sofa im Speisezimmer, aber für zwei reicht das nicht aus. Das reicht, das reicht, sagten wir. Wir waren so schlapp, dass wir kaum mehr stehen und sprechen konnten. Dona Luisa umarmte uns noch einmal innig, küsste uns wiederholt auf die eine und die andere Wange. Dona Giulia tat es ihr gleich, sodass wir, von Müdigkeit übermannt, willenlos in diesem Ozean der Gefühle versanken.

Was sind das doch für nette Leute, diese Portugiesen, dachten wir ganz benebelt und schon im Halbschlaf. Diese Dona Giulia, ach, und auch Dona Luisa, die beiden waren einfach herzallerliebst. Nach einem letzten, zärtlichen Gutenachtwunsch an unsere

Gastgeberinnen fielen wir in einen tiefen Schlaf. Unsere Kleidung hatten wir gar nicht erst ausgezogen.

Was mich in Lissabon in den ersten Tagen am stärksten beeindruckte, waren weder die einzigartige Vollkommenheit der *Praça do Commércio* noch die pompöse Weitläufigkeit der *Avenida da Libertade*, auch nicht die strahlende Schönheit der blauen Majoliken an den Hausmauern. Es war nicht die heitere und zugleich majestätische, unbekümmerte wie imperiale Atmosphäre der Hauptstadt dieses kleinen Landes, das alles mit leichter Hand vergessen ließ, nur nicht die Tatsache, dass es als erstes die Weltmeere erobert hatte.

Es waren die Konditoreien und die Märkte.

Mir wurde schwindelig von diesen übervollen Tabletts mit Windbeuteln, Vol-au-vents, Fondants, Marzipan, den Bergen von Ananas, Mangos und Riesenpfirsichen, den Sträußen von Perlhühnern, Fasanen, Drosseln, den Türmen aus Muscheln, Forellen, Langusten, Austern; und all das war in Reichweite, zu moderaten Preisen, ohne lange Warteschlangen, ohne Lebensmittelmarken. Man musste nur zur Theke gehen und sagen: »Ich hätte gern das und das.« Allein der Anblick dieser Fülle verursachte mir heftige Magenkrämpfe, da mein Organismus seit langer Zeit nur mehr an spartanische Verpflegung gewöhnt war.

Als Pensionsgäste bei Dona Luisa fühlten wir uns ziemlich wohl. Sie überschüttete uns weiterhin morgens und abends mit zärtlichen Zuwendungen, und versorgte uns auch sonst äußerst zuvorkommend. Sie überließ uns das Esszimmer, sie tischte üppige Speisen auf und vor allem war keine Rede davon, uns bei der Polizei anzumelden, wie es das Gesetz vorschrieb. Sie hatte nicht einmal nach unserem Nachnamen gefragt.

Inmitten all dieser gastfreundlichen Euphorie gab es dennoch einige Misstöne. Ein paar Anomalien, die man nicht allein der Besonderheit der portugiesischen Zivilisation, die uns im Übrigen recht fremd war, zuschreiben konnte. Andere Länder, andere Sitten, so heißt es wohl. Doch wie sollte man zum Beispiel erklären, dass das Zimmer des Caballeros, das er selbst höchstens ein oder zwei Stunden am Tag nutzte, gleichzeitig auch Dona Giulias Raum war? Und dann gab es da noch so einige Mädchen, die von

Dona Luisa beherbergt wurden. Und außerdem viele Caballeros, die zu recht ungewöhnlichen Uhrzeiten ihre Aufwartung machten. Alle waren sie gewiss ganz ehrenwert, Dona Luisa hatte es uns versichert, und in Portugal ist es auch Sitte, sehr spät abends Besuche zu machen, vor allem im Sommer. Diese ehrenwerten Besucher kamen aber außergewöhnlich oft und zahlreich, wir sahen immer neue Gesichter und hörten immer neue Stimmen. Also beschlossen wir, uns von dieser großzügigen Gastgeberin zu verabschieden und die liebevolle Unterkunft zu verlassen. In diesem Bordell hatte unser Freund Calosso einen ganzen Monat lang seine Mahlzeiten eingenommen und den Beruf der liebenswürdigen alten Dame wohl gar nicht wahrgenommen. Er ist nun einmal ein lupenreiner Intellektueller – das mag vielleicht vieles erklären.

Durch Vermittlung portugiesischer Freunde zogen wir anschließend zu Dona Carolina. Auch sie war bereit, uns ohne obligate polizeiliche Meldung aufzunehmen.

Dona Carolina war eine reizende junge Frau, die über eine eigene Wohnung verfügte. Sie war die Tochter eines Tejo-Fischers und einer *Varina*, einer jener Fischverkäuferinnen, die mit vollgefüllten Körben auf dem Kopf barfuß durch die Straßen Lissabons zogen und mit an- und abschwellenden Geschrei ihre Ware anpriesen. Dona Carolina war von Beruf Mätresse. Sie gehörte so zu einer recht verbreiteten Klasse von quasi-verheirateten Frauen. Im portugiesischen Bürgertum ist es nämlich durchaus üblich, dass sich ein Mann mit Familie in einem anderen Stadtviertel eine Zweitfamilie einrichtet und seine Zeit zwischen Ehefrau und Quasi-Ehefrau aufteilt, die beide jeweils zu ewiger Warterei auf ihren Pascha verdammt sind. Carolina war noch fast ein Kind, als sie ein reicher Sardinendosenfabrikant nach Lissabon brachte. Er ließ sie eine Wohnung und Möbel nach ihrem Geschmack aussuchen und überwies ihr tausend Escudos im Monat. Jeden Nachmittag kam er zu Besuch, auch jetzt noch, nach achtzehn Jahren. Abgesehen von seinen ehelichen Pflichten gegenüber seiner gesetzlich Angetrauten, mit der er zahlreiche Kinder hatte, war er Carolina ein durchaus treuer Ehemann.

Dona Carolina konnte weder lesen noch schreiben, da der reiche Fabrikant sich nicht darum gekümmert hatte, den Geist seiner Haremsdame zu bilden. Sie aber war von Natur aus der Welt so zugewandt, dass dies den Abgrund ihrer Unwissenheit ausglich. Ihre Wohnung war hübsch eingerichtet, sogar ihre weiß und himmelblau gekachelte Küche, ein wahrer Blickfang mit dem großen, schmucken Kamin, war immer sauber und ordentlich. Zudem kleidete sich Carolina äußerst geschmackvoll. Sie nähte ihre Kleider selbst, eine Schneiderin hätte es nicht besser gemacht. Sie war eine hervorragende Köchin und verstand es, die Speisen kunstvoll und dekorativ ansprechend auf Tabletts zu platzieren. Doch vor allem ihre Gestik und ihre Sprechweise waren voll edler Würde und stiller Grazie. Nie plapperte sie Unsinn. Wenn sie sich an einem Gespräch nicht beteiligen konnte, schwieg sie bescheiden lächelnd. Eingedenk ihrer ärmlichen Herkunft unterstützte sie ihre vielköpfige Familie, wie sie nur konnte, und sie hatte eine fixe Klientel armer Leute, die ohne ihre Hilfe verhungert wären.

Unter ihren Schützlingen befand sich eine fünfzigjährige Poetin, die trotz ihrer verschlissenen Kleidung noch immer vornehm wirkte. Von Kindheit an hatte sie eine unwiderstehliche Berufung zur Dichtkunst verspürt und dieser Berufung wegen auf eine Heirat verzichtet. Da sie jedoch andererseits einer Adelsfamilie entstammte, hatte sie auch Arbeit und Geldverdienen als unvereinbar mit ihrer Würde betrachtet. Ein einziges Mal hatte sie eine Anstellung als Gesellschaftsdame einer reichen Marchesa angenommen, natürlich nur unter der Voraussetzung, nichts anderes tun zu müssen, als vorzulesen, Konversation zu betreiben und mit der Edelfrau in der Kutsche spazieren zu fahren. Eines Tages aber hatte die Marchesa sie unsäglich brüskiert: Sie hatte ihr einige Wollknäuel in die Hände gelegt und sie gebeten, ihr ein Jäckchen zu stricken. Kurz und gut, sie wollte sie zur Arbeit anhalten, sie behandelte sie wie eine Dienstbotin. Entrüstet hatte die Dichterin die Villa verlassen. Mutterseelenallein und stets vom Hunger geplagt verfasste sie weiterhin patriotische Hymnen und klassizistische Sonette. Sie lebte von einunddreißig Escudos im Monat, die ihr ein Verwandter gnadenhalber überwies, unter der Voraussetzung, dass sie sich niemals bei ihm blicken ließ. Doch sie hatte auch ihre guten Seiten und intelligent war sie allemal. In erster Linie aber war sie stolz, und Carolina musste all ihr Taktgefühl aufbringen, um ihr einen Teller Suppe oder ein belegtes Brötchen zukommen zu lassen, obwohl sich die Pupillen der armen Dichterin schon angesichts einer Scheibe Brot gierig weiteten. Meist aber ließ sie sich doch herab, etwas anzunehmen, bedankte sich etwas hochnäsig und hielt noch einen Augenblick inne, bevor sie ihre Zähne in den ersten Happen schlug. Als Gast bei Tisch sah sie sehr wohl, wie Dona Carolina sich abmühte und in ihrer weißblauen Küche Hilfe benötigt hätte, doch sie regte keinen Finger, um ihre Wohltäterin zu unterstützen. Der Standesdünkel hatte ihren Sinn für Moral derart verkümmern lassen, dass sie jedwede Arbeit für unstatthaft hielt, es jedoch durchaus als annehmbar empfand, bei einer Kurtisane um Brot zu betteln.

»Die arme Frau«, sagte Carolina mit nachsichtigem Lächeln. »Sie ist nun einmal, wie sie ist. Man muss sie so nehmen und kann nur Mitleid mit ihr haben.«

Carolina war glücklich, wenn sie anderen helfen konnte, das lag in ihrem Wesen. Sie war nicht religiös und in diesem bigotten Land, in dem sich jeder rechtschaffene Bürger in der Heiligen Messe sehen lassen musste, hatte sie eine instinktive Abneigung gegen die Priester entwickelt. »Was machen die schon, um den armen Leuten zu helfen?«, fragte sie mit ihrem sanften Lächeln. »Sie bringen den Armen bei, dass man die Steuern zu zahlen hat, dass Arm und Reich nebeneinander existieren müssen, dass man nichts ändern darf, dass man sich nur christlich dreinschicken soll, wenn man kein Geld hat, um sich Brot zu kaufen. Wie ist es bloß möglich, dass es immer noch Kinder gibt, die mit sechs Jahren zu arbeiten beginnen müssen, um dann mit zehn an Tuberkulose zu sterben?« Carolina hatte einige dieser barfüßigen und in Lumpen gehüllten kleinen Racker unter ihre Fittiche genommen. Noch vor Tagesanbruch standen diese Knaben vor den Druckereien der Tageszeitungen in der Schlange, um die allerersten druckfrischen Pakete zu ergattern. Dann stürmten sie in Richtung diverser Tramway-Endstationen und gut besuchter Kaffeehäuser davon, während sie mit der ganzen Kraft ihrer kleinen, durchdringenden Stimmen die Schlagzeilen in die Welt hinausposaunten.

Eines Tages sah ich, wie sie einem vielleicht fünf Jahre alten Jungen eine Tasse Milch eingoss. Er war strohblond, hatte weit aufgerissene Augen und zwei rote Flecken an der Wange. Er sah wie ein bemalter Gipsengel in einer Dorfkrippe aus. »Mir scheint, er ist krank, was meinen Sie?«, sagte Carolina und legte das glühend heiße Händchen des Kindes in meine Hand. »Der ist schwindsüchtig«, rief ich, »sehen Sie nicht, dass er fiebert? Er braucht jetzt gutes Essen und gute Luft.« »Ja, das wäre schön.« Carolina lächelte. »Er ist der Zweitälteste von fünf Geschwistern, das kleinste Schwesterchen ist gerade ein paar Tage alt. Die Mutter ist seit zwei Monaten verwitwet, also muss er jetzt mit dem Brotverdienen anfangen. Er verkauft Zeitungen, ist aber noch so klein und die größeren Jungen sind immer schon vor ihm da. Durch das viele Schreien hat er auch noch seine Stimme verloren.« »Gibt es denn keine Hilfsorganisationen, kostenlose Sanatorien oder etwas Ähnliches?« »Er kann sich gratis untersuchen und sich vom Arzt all die schönen Arzneien geben lassen, die er bräuchte, um sich auszukurieren. Aber gesund werden hierzulande nur die Reichen.« »Wenn das so weitergeht«, warf ich ein, »stirbt dieses Kind.« »Ja. So ist es«, sagte Carolina. Sie streichelte den Kopf des kleinen Engels, der stumm und reglos dastand, mit schrecklich ernster Miene, wie es nur die ganz kleinen Kinder vermögen. Sein Blick schien uns zu sagen: »Hinterm Mond ging's mir doch so gut. Warum nur muss ich hier auf Erden leben?«

Als Hilfe für die einfachen Arbeiten im Haushalt hatte Carolina ein Mädchen eingestellt. Sie war ein armes Ding, kränklich und nachlässig gekleidet, nie tat sie den Mund auf, nur manchmal lächelte sie schüchtern. Sie schlief in einer fensterlosen Abstellkammer und kämmte sich selten. Wir wohnten schon mehr als einen Monat lang bei Carolina, als sie mir sagte: »Wenn Eure Exzellenzen (in Portugal sind alle Menschen Exzellenzen, ich nannte auch Carolina Exzellenz) nichts dagegen einzuwenden haben, wird Sie in Hinkunft meine Schwester bei Tisch bedienen; ich kann mich dann besser um die Küche kümmern.« Herausgeputzt und mit frisch gestärkter Schürze erschien am Abend tatsächlich die bescheidene Magd im Speisezimmer und trug die dampfende Suppenschüssel mit einem sanften Lächeln auf den bleichen Lippen herein.

Sie war eine von Carolinas jüngeren Schwestern, die es nicht, wie die Älteste, verstanden hatte, die gesellschaftliche Stufenleiter zu erklimmen. Es entsprach der herrschenden Ordnung und einer hierarchischen Logik, dass sie das Dienstmädchen war und ihre Schwester eine angesehene Frau und Herrin. Das schien beiden von Natur aus vorgegeben zu sein, und sie verstanden sich wunderbar. Die eine war eine gute Herrin, die andere eine gute Dienerin. Sie hielten sich strikt an ihre jeweilige Stellung.

Doch Carolina erkannte wohl, dass mich diese Situation erstaunte, und sie begann, ihre Schwester sehr zu loben, um sie in meinen Augen aufzuwerten. »Wissen Sie«, sagte sie mir einmal, »sie ist sehr krank, deshalb sieht sie so schlecht aus. Sie hat die Syphilis und muss sich zweimal die Woche eine Spritze geben.« Ich war fassungslos, zumal Carolina mir dies mit einem zufriedenen Lächeln mitteilte, als hätte sie gesagt: »Meine Schwester ist sehr gebildet, sie hat einen Universitätsabschluss.« In freundlichem Plauderton ließ sie sich über die Details der Krankheit und deren Behandlung aus. Ihr Lächeln konnte ich mir erst ein paar Tage später erklären, als einige Freunde, die seit vielen Jahren in Portugal lebten, mir klarmachten, dass diese Krankheit eine Luxuskrankheit war, eine Angelegenheit feiner Leute, und durchaus als *chic* galt. Die Armen sterben an hunderten Übeln, doch normalerweise nicht an der Syphilis. Für die Tochter des Tejo-Fischers und der *Varina* bedeutete diese Pest der Bourgeoisie eine Art Auszeichnung, sie war der Beweis, dass ihre Liebschaften sehr vornehm waren, und dass sie ihr Bestes gab, um in den Glanz der bürgerlichen Klasse zu gelangen.

Ich sprach inzwischen recht flüssig Portugiesisch, da ich unseren zwangsweise verlängerten Aufenthalt dazu genutzt hatte, die Universität zu besuchen und ein bisschen die portugiesische Literatur zu studieren. Die wunderbare Lyrik der modernen portugiesischen Dichter, die im Ausland unbekannt und im eigenen Land wenig verbreitet war, begeisterte mich ungemein. Ich hatte ganz regulär unter meinem richtigen Namen inskribiert und legte auch öffentliche Prüfungen ab, da ich mir sicher war, dass die Polizei, selbst wenn es ihr in den Sinn gekommen wäre, mich aufzuspüren, mich nicht in den Hörsälen der Universität suchen würde. Abgesehen davon spielte sich unser Leben in strengster Illegalität ab. Falls man uns schnappen sollte, liefen wir Gefahr, direkt an die faschistischen italienischen Behörden ausgeliefert zu werden.

Angesichts des portugiesischen Volkscharakters, der dem der Spanier so diametral entgegengesetzt erschien, durfte man dennoch keinesfalls vergessen, dass das portugiesische Regime eine faschistische Diktatur war, wenn auch eine etwas spezielle Diktatur. So verschlossen, hochmütig, fremdenfeindlich, furchtlos und, bei entsprechender Gelegenheit, grausam die Spanier sind, so sanft, offenherzig, gastfreundlich, aber nicht leicht durchschaubar sind die Portugiesen. Ihre melancholische Grundstimmung, die sie *Saudade* nennen, und die man vielleicht als Sehnsucht nach der Unendlichkeit definieren könnte, speist sich aus dem Erbe eines kleinen Volkes, das in einem Anfall von Genialität ein immenses Imperium erschuf, anschließend jedoch wieder zu eben jenem kleinen Volk zusammenschrumpfte. Im Gegensatz zu den Spaniern haben die Portugiesen eine unüberwindliche Abneigung gegenüber jeglichem Blutvergießen. Sogar das Töten eines Stieres bei der Corrida und, aus noch triftigerem Grund, das Ausweiden von Pferden sind gesetzlich verboten. Als einmal ein spanischer Matador eine Sondergenehmigung zur Tötung eines Stieres erhalten hatte, hätte die entsetzte Menge ihn fast gelyncht. Miterleben zu müssen, wie die lange Klinge zwischen den Schulterblättern des vor Schmerz fast irre gewordenen Tieres verschwand, war für die Menschen unerträglich gewesen. Der portugiesische Stierkampf hingegen ist ein edles Schauspiel: Im Sattel seines Rassepferdes, das alle Kunststücke der hohen Reitkunst beherrscht, erscheint der Reitersmann in historischem Kostüm auf dem Platz. Wenn dann der Stier (dessen Hörner mit ledernen Kappen bedeckt sind) zum Angriff übergeht, weicht der Reiter ihm mit einem möglichst geschickten Manöver aus und setzt ihm währenddessen zwei ganz leichte Banderillas in die Schulter. Nach zehn Minuten verlässt der Stier die Arena, und Stallburschen massieren ihm sofort heilende Salben auf die unbedeutenden Verletzungen, damit er nicht allzu arg leiden muss.

Es ist offensichtlich, dass ein Volk dieser Gemütslage nicht im Geringsten zu blutigen Revolutionen tendierte. Die dennoch häufigen Palastverschwörungen, Militärputsche und Staatsstreiche, die stets unter Aufbietung aller Uniformen und Artillerie stattfanden, endeten niemals in Massakern. Die Erschießung eines einzelnen Bürgers konnte das ganze Volk dermaßen in Aufruhr versetzen, dass die Regierungen im Allgemeinen auf radikale Maßnahmen verzichteten. Auch Diktator Salazar hatte sich dieser nationalen Befindlichkeit anpassen müssen. Er ließ niemanden hinrichten und begnügte sich damit, seine erbittertsten Gegner in das tropische Klima Timors zu verbannen, in der Hoffnung, dass sie im Laufe der Zeit durch Parasitenbefall oder Fleckfieber ums Leben kämen. Ihm war, im Unterschied zu den anderen Diktatoren Europas, auch jeglicher Sinn für Theatralik fremd. Während man in Frankreich, Spanien, Italien und Deutschland in öffentlichen Räumlichkeiten und in den Straßen mit unzähligen Konterfeis der herrschenden Diktatoren in allen Posen und Perspektiven belästigt wurde, hing in Lissabon nirgendwo auch nur die kleinste Reproduktion der Gesichtszüge Salazars. Er hielt keine öffentlichen Reden, er eröffnete weder Bauwerke, noch besuchte er Ausstellungen. Unverheiratet, keusch, genügsam und arbeitswütig verbrachte er seine Zeit zwischen seinem bescheidenen Haus und dem Büro im Ministerium. Um Popularität kümmerte er sich nicht, er verspürte nicht das Bedürfnis, den Hampelmann zu spielen, um die Menge zu unterhalten. Als braver Jesuit konzentrierte er sich auf die Substanz und nicht auf den äußeren Anschein. Was hätte ihm auch die Zustimmung einer Mehrheit gebracht? Im kapitalistischsten Land Europas, in dem sogar die Eisenbahnen und Tramways privatisiert waren und ein Großteil des Landes nur wenigen Familien gehörte, stützte sich seine Regierung auf die Minderheit der Besitzenden, auf die Herren aller Reichtümer und aller Macht. Dom Manuel Gonçalves Cerejeira, der Kardinal Primas Portugals, war sein einziger Freund; ihn kannte er schon seit seinen Studienjahren in Coimbra.

Doch trotz all dieser entschärften Bedingungen herrschte hier, wie schon erwähnt, immer noch eine faschistische Diktatur und das durften wir niemals außer Acht lassen. Die Polizei war zwar nach außen hin diskret, aber äußerst hinterhältig. Zugegeben, sie verzichtete auf Straßenrazzien und man drang nur in Folge präziser Hinweise in Wohnungen ein. Der Sinn für Gastfreundschaft ist in Portugal so tief verwurzelt, dass die Verhaftung eines Ausländers an einem öffentlichen Ort einen halben Aufstand auslösen konnte. Man muss aber wissen, dass der eigentliche Chef der politischen Polizei aus Deutschland stammte und in Gestapomethoden geschult war. Unter Berücksichtigung der Atmosphäre im Land vermied er zwar jeden Skandal, organisierte jedoch diskret und effizient heimliche Entführungen und ließ die von ihren Ländern meistgesuchten Antifaschisten kurzerhand im Taxi an die spanische Grenze bringen. Dieses Los betraf in erster Linie Spanier und Franzosen. Es war also unerlässlich, umfassende Vorsichtsmaßnahmen zu treffen.

Lussu arbeitete immer noch an der Abreise der Freunde aus Casablanca. Er organisierte ihnen mehr oder weniger legale Dokumente für die Ausreise und reguläre für die Einreise nach Amerika sowie Schiffspassagen auf den äußerst selten gewordenen Dampfern, die noch ihren Dienst taten. Unter den Emigranten aller Nationen, deren Anzahl hundertmal höher war als die der verfügbaren Plätze, herrschte natürlich ein wilder Kampf um diese Fahrkarten.

Da er wenig außer Haus ging und in den Ämtern sämtliche Beamten vor Angst schlotterten, wenn sie nur daran dachten, er könnte in ihrer Anwesenheit geschnappt werden, beauftragte Lussu mich damit, in allen möglichen Büros vorstellig zu werden, um zu bitten und zu betteln, um zu insistieren, erneut zu bitten und tausend triftige Gründe vorzutragen, damit Visa und Schiffspassagen ausgestellt würden. Bei diesen Bittgängen lernte ich so manches von emigrierten Genossen anderer Länder. Einige waren unschlagbar. Sie wussten, wie man unnachgiebig auf einer Angelegenheit beharrte, bis der Gegner mürbe war. Nichts entmutigte sie, weder ein Rüffel noch Drohungen noch Demütigungen. Sie klopften immer als Erste an die Tür und gaben als Letzte ihre Belagerung auf. Hatte man sie mit Schmähungen überschüttet, gingen sie eine halbe Stunde später frisch und fröhlich wieder zum Angriff über. Ich sah ihnen mit großer Bewunderung zu. Vor allem die Frauen verstanden es, wenn sie ihre Geschichten erzählten, ein Taschentuch in Windeseile vollzuheulen. Am besten konnten es die, deren Schicksal am wenigsten dramatisch erschien.

Einige unserer Freunde in Casablanca besaßen kein gültiges Visum für Amerika, denn nicht nur einer hatte seines im Laufe der abenteuerlichen Reise von Algerien nach Marokko verloren und benötigte ein neues. Inzwischen gewährten die Vereinigten Staaten jedoch überhaupt keine Visa mehr und Lussu hatte sich daher an die mexikanische Botschaft gewandt. Es war etwas heikel, Duplikate für bereits ausgestellte Pässe zu beantragen oder dies gar ein drittes Mal zu versuchen, wie es bei Omero der Fall war. Seinen ersten Pass hatten ihm echte Polizisten gestohlen, den zweiten hatten ihm falsche Ordnungshüter abgenommen. Anlässlich der dritten Anfrage begann der Botschafter Mexikos, Lussu ziemlich misstrauisch zu mustern, da er den Verdacht hegte, es mit einem gewerbsmäßigen Händler von mexikanischen Pässen zu tun zu haben. Ranghohe Persönlichkeiten mussten für Lussu Garantieerklärungen abgeben, doch schlussendlich konnte er alle Freunde mit den notwendigen Papieren ausstatten.

Unklar blieb, wie die Genossen von Casablanca aus den Atlantik überqueren sollten. Anfangs hatte Lussu versucht, ein Schmugglerboot aufzutreiben, um die Freunde über Lissabon leichter nach Amerika einschiffen zu können. Das hatte jedoch nicht geklappt.

Inzwischen waren Monate vergangen. Wir wollten dringend nach Frankreich zurück, um danach die Einreise nach Italien in Angriff zu nehmen. Lussu hatte einen Plan, den er schon seit langem hegte: Er wollte nach Korsika und von dort aus nach Sardinien, wo die Situation besonders günstig schien. In Sardinien, glaubte er, wäre es möglich, den Aufstand gegen das faschistische Regime und die deutschen Verbündeten zu wagen. Es könnte der Beginn einer breiter angelegten nationalen Aktion sein.

Um diese Idee umzusetzen, brauchte es umfassende finanzielle Mittel. Lussu hatte daher kurz nach der Ankunft in Lissabon seinen Freunden in den Vereinigten Staaten geschrieben und ihnen seine Projekte dargelegt. Die USA waren das einzige Land, in dem die italienischen Emigranten problemlos Geld sammeln konnten. Besagter Brief war der englischen Zensur in die Hände gefallen, er hatte Interesse erweckt, man hatte ihn fotografiert und nach London übermittelt. Wenige Tage später lud man Lussu zu einem Kurzbesuch nach London ein, um das Problem an Ort und Stelle zu diskutieren. Lussu zeigte wenig Begeisterung für diese Reise. Angesichts des herrschenden Kriegszustandes zwischen beiden Ländern dachte er, dass der Aufenthalt eines italienischen Politikers in Großbritannien dessen Glaubwürdigkeit in Italien beeinträchtigen könnte. Don Sturzo und Sforza hatten nicht zuletzt deshalb England in Richtung Amerika verlassen. Er sah zwar sehr wohl eine Möglichkeit für die Zusammenarbeit in Hinblick auf eine aufständische Aktion in Italien, doch nur unter der Bedingung, dass man im Vorfeld und öffentlich Italien die Integrität seiner Grenzen aus der Zeit vor der faschistischen Machtübernahme sowie politische Autonomie für den Wiederaufbau garantieren würde. Er stellte in diesem Zusammenhang auch die koloniale Frage als gesamteuropäisches und nicht nur italienisches Problem zur Diskussion und zudem einen demokratischen Ausgleich mit den Balkanstaaten. Ich will an dieser Stelle auf jene Themen, über die Lussu vielleicht einmal ein Buch schreiben wird, nur kurz hinweisen, damit die Leserschaft unsere Irrfahrten verstehen kann.

London drängte auf eine baldige Abreise, eventuell in geheimer Mission und unter falschem Namen. Lussu informierte die einflussreichsten Exponenten der italienischen Emigration in Amerika und diese autorisierten ihn zu handeln, wie er es für angebracht hielt.

»Wenn wir bei dieser Geschichte nur den allerkleinsten Fehler machen«, sagte Lussu, »besteht die Gefahr, dass wir zu britischen Spionen werden. Hier handelt es sich um ein politisches Problem, und das muss auf politischer Ebene gelöst werden. Wenn es nicht zu lösen ist, dann nehmen wir unseren Kampf gegen den Faschismus und gegen den Krieg mit unseren eigenen Mitteln und selbstbestimmt, so wie früher, wieder auf. In aller Freundschaft. Die Sache geht uns zwar alle etwas an, aber wir kämpfen als Italiener, und die Briten als Briten.«

Aus London kam folgende Antwort: »Wir versuchen, die gewünschten Erklärungen zu erlangen. Ihre Anwesenheit ist jedoch unumgänglich. Kommen Sie, nur für ein paar Tage.«

Lussu rührte sich nicht vom Fleck. Unsere Freunde in Casablanca befanden sich immer noch in Gefahr und wir waren schließlich ihretwegen nach Lissabon gereist.

Während der Wartezeit setzte Lussu kurzfristige Flugreisen nach Gibraltar und nach Malta durch, um die Möglichkeiten alliierter Unterstützung für einen eventuellen Aufstand in Sardinien zu sondieren.

Endlich trafen auch die fehlenden Dokumente für die Schiffspassagen nach Mexiko ein. Es ging auf Weihnachten zu und fast alle unsere Freunde waren aus Casablanca abgereist. Lissabons blauweiße Majoliken und immergrünen Alleen erstrahlten im Licht der Wintersonne. Am 24. Dezember unternahmen wir einen Ausflug nach Sintra, der Fürstenstadt mit ihren prunkvollen Palästen und herrlichen Parkanlagen, die schon Byron, etwas übertrieben, als schönsten Garten Europas besungen hatte. Wir wollten uns abends, nach unserer Rückkehr, gerade zu Tisch setzen, da klingelte es an der Tür und Dona Carolina führte einen unserer deutschen Genossen herein. Auch er kümmerte sich um illegale Ausreisen.

»Ich habe euch eine dringende Nachricht zu übermitteln«, sagte er mit einem etwas weniger überzeugenden Lächeln als üblich.

»Das kannst du auch nach dem Essen tun«, meinte Lussu. »Jetzt setz dich erst einmal zu uns.«

Carolina hatte sich angesichts des Festtages besonders ins Zeug gelegt. Ihr Kaffee war, wie immer, ebenfalls unübertrefflich.

»Nun«, sagte unser Gast, »es geht um Folgendes. Gestern hat die Polizei Mayer verhaftet …«

Mayer war ein deutscher Jude, ein geschickter Geschäftemacher, der sich fleißig darum bemühte, die Beamten des portugiesischen Staatsapparates zu schmieren, um an taugliche Dokumente zu kommen. Seit langem hatte er uns versprochen, reguläre Aufenthaltsgenehmigungen zu besorgen, die freilich nicht im polizeilichen Melderegister aufscheinen würden.

»Sie haben ihn nach einer äußerst peniblen Hausdurchsuchung sofort verhaftet. Unter anderem haben sie eure Fotografien für die Aufenthaltsbewilligungen gefunden. Mayer hat anfangs versucht, irgendwelche Geschichten aufzutischen, aber dann – wir wissen nicht, was sie ihm während des Verhörs angetan haben –, dann hat er alles erzählt. Wir haben es heute Abend von einem befreundeten Beamten erfahren. Und jetzt sucht euch die Polizei.«

»Weiß Mayer, wo wir wohnen?«, fragte Lussu.

»Nein, aber es ist nicht ausgeschlossen, dass er euch an der Tür gesehen hat. Er wohnte doch in dieser Gegend.«

Am nächsten Morgen packten wir die Koffer. Ich umarmte Dona Carolina und sagte ihr, dass sich eine einzigartige Gelegenheit ergeben hätte und wir nach Amerika reisen würden. Lussu ließ sich seinen Oberlippenbart und den Spitzbart schneiden, ich änderte meine Frisur, wir wechselten unseren Kleidungsstil und zogen zu einer ehrbaren Brasilianerin, die uns als Pensionsgäste aufnahm. Gegen einen Preisaufschlag war sie auch bereit, auf eine polizeiliche Meldung zu verzichten.

Mitte Jänner erhielten wir die Nachricht, dass all unsere Freunde aus Casablanca abgereist waren. Uns fiel ein tonnenschwerer Stein vom Herzen.

Mit neuen Namen und englischen Pässen ausgerüstet gingen wir wenige Tage später zum Flughafen und bestiegen das Flugzeug nach Southampton.

Soldatinnen

Lissabon und London unterschieden sich wie Tag und Nacht: Terpsichore, die Muse des Tanzes, verwandelte sich schlagartig in Melpomene mit ihrer weinenden Maske. Wir stürzten aus dem Frieden in den Krieg. Jeder Stein in London erinnerte an den Krieg. Überall sah man Risse in den Mauern, abgedeckte Häuser, leere Fenster, häufig Schutthaufen eingestürzter Gebäude; ganze Stadtviertel waren dem Erdboden gleichgemacht, als hätte der Riese Antaios alles umgepflügt und das Häusermeer mit seiner Scholle verwechselt. Doch durch die Ruinen bewegte sich ein geschäftiges, höchst lebendiges, bewusst heiteres Volk. Kein Ereignis konnte die Moral dieser Leute erschüttern. Das spürte man sofort. Uniformen prägten das Straßenbild. Man sah nur Uniformen. Das betraf fast alle Männer und einen Gutteil der Frauen: A. T. S. (Auxiliary Territorial Service), die Frauenabteilung des Heeres in ihrem khakifarbenen Dress, W. A. A. F (Women's Auxiliary Air Force), die Luftwaffenabteilung in Himmelblau, die Wrens, der weibliche Marinedienst im Dunkelblau der Matrosen und andere, kleinere Hilfstruppen wie die Fannies (First Aid Nursing Yeomanry), die man schon im Ersten Weltkrieg aufgestellt hatte. Sie lebten als Soldatinnen nach militärischem Reglement in Kasernen und übernahmen zuverlässig schwierige Aufgaben, wie etwa den Großteil der Luftabwehr Londons. Die *Fannies* waren vielleicht unabhängige Frauen, doch dies nur in ihrer Freizeit, nachdem sie gewissenhaft ihre harte und mühevolle tägliche Arbeit mit Opferbereitschaft, Mut und Sinn für militärische Pflichten erfüllt hatten: nicht besser und nicht schlechter als die Männer.

Wir wohnten in St. James, dem nobelsten Viertel der Stadt, in einem düsteren Hotel für vornehme Leute. Das Haus war in bequeme kleine Appartements aufgeteilt, doch wir fühlten uns hier nicht wohl. Ich kann es nicht erklären, aber zwischen diesen Mauern herrschte eine verdrießliche und traurige Atmosphäre, die einem die Luft abschnürte. Das Zimmermädchen hatte ein hinterhältiges Getue, der Portier war dumm und versoffen. Der Kaffee schmeckte nach einem Gemisch aus Strychnin und Blausäure und das Essen war entsetzlich. Es mangelte keineswegs an den Grundzutaten, denn es fehlte an nichts, und es wurde alles üppig aufgetragen. Es lag wahrscheinlich einfach an der typisch britisch-aristokratischen Abneigung, Speisen geschmackvoll zuzubereiten. Die Straßen waren grau, der Himmel farblos und sogar die schönen Parkanlagen so überlaufen, dass man sie nicht genießen konnte. So sehr ich all meine angelsächsischen Vorfahren, die mir doch ausreichend nordisches Blut vererbt haben sollten, um Beistand rief, ich fühlte mich schrecklich fremd. Es lässt sich nicht leugnen: Vaterland und Heimat entstehen im Kopf, mit Abstammung und Rasse haben sie nichts zu tun.

Inzwischen war längst keine Rede mehr von ein paar Tagen, von einem nur ganz kurzen Aufenthalt! Lussus Verhandlungen zogen sich schleppend in die Länge. Da er die Zeit zwischen einer Anfrage und deren Beantwortung besser nutzen wollte, beschloss er nach zwei Wochen, nach Amerika zu fliegen, um dort mit seinen Freunden Kontakt aufzunehmen. Er reiste erneut unter falschem Namen und in geheimer Mission ab.

Ich selbst blieb in England, um mich auf ein revolutionäres Leben im Untergrund vorzubereiten. Falls sich das Sardinienprojekt tatsächlich umsetzen ließe, wollte ich Lussu eine kompetente Mitstreiterin sein. Ich besuchte also eine Militärschule für Radiotelegraphie, um das Morsen und die Handhabung von Radiosendern und Empfängern zu erlernen. Das Langweiligste für mich war das Morsen, an dem ich hart und bis zur Verblödung arbeitete. Tagelang saß ich mit meinem Kopfhörer da und transkribierte das nie enden wollende und monotone Ticken der langen und kurzen Signale. Interessant fand ich jedoch, wie die Apparate funktionierten. Oft blieb ich bis spätnachts im Labor, zerlegte die Geräte und setzte die einzelnen Teile wieder zusammen. Als es mir schließlich nach tagelanger Arbeit gelang, alle Elemente zusammenzubauen, als ich nach unzähligen Lötvorgängen einen Apparat rekonstruiert hatte und zitternd den Stromkreis schloss, war ich zuerst sicher, dass es zu einer Katastrophe kommen würde.

Doch dann vernahm ich, als ich den Kopfhörer ans Ohr hielt, auf einmal die fernen Klänge einer amerikanischen Bigband. Mir war, als hätte ich ein Königreich erobert!

Die Zeit war jedoch viel zu kurz, um mir wirklich ernsthafte Kenntnisse in Radiotechnik anzueignen. Ich musste mich damit begnügen, die wichtigsten Grundlagen zu erlernen.

In dieser Schule wurden auch hunderte junger Polen, Franzosen, Skandinavier, Belgier und Holländer ausgebildet. Anschließend sollten sie sich mit dem Fallschirm oder über den Seeweg wieder in ihre Heimatländer einschleusen und dort würden sie mithilfe ihrer Radioapparate zu den bereits operierenden Partisanenformationen Kontakt aufnehmen. Frauen wurden in der Regel nicht ausgebildet. Um nicht allzu sehr aufzufallen, trug ich die Uniform der *Fannies*, die in dieser Schule teilweise als Fahrerinnen oder Sekretärinnen ihren Dienst verrichteten. Das klappte ganz gut.

Die *Fannies* rekrutierte man generell aus Frauen und Fräuleins der Aristokratie oder des Besitzbürgertums. Wenn Thackeray ein Jahrhundert später gelebt hätte, hätte er ihnen gewiss ein Kapitel in seinem *Book of Snobs* reserviert. Sie waren alle von hoher vaterländischer Gesinnung durchdrungen. Ihre militärischen Pflichten erfüllten sie ernsthaft und selbstbewusst, sie passten sich dem Kasernenleben an mit allem, was an niederen Diensten und Ungemach dazugehörte, elegant und gut gelaunt. Unser Fräulein Leutnant war eine höhere Tochter mit viel Taktgefühl und beeindruckendem Organisationstalent. Sie speiste mit den Männern in der Offiziersmesse. Wir niederen Chargen hatten eine eigene Frauenkantine, doch unser Essen, das wir aus den gemeinsamen Küchen holten, entsprach dem der männlichen Soldaten. Den Köchen und Küchenjungen wäre es niemals in den Sinn gekommen, uns etwa aus ritterlichem Geist in irgendeiner Weise zu bevorzugen. Wir waren Soldaten wie alle anderen auch, und den kleinsten Extra-Wunsch zu äußern wäre von jedermann als außerordentlich geschmacklos empfunden worden. Im Turnus spülten wir das Geschirr und erledigten die Reinigungsarbeiten. Unsere Uniform hatte stets tadellos zu sein, die Krawatte war Pflicht. Da ich eine Sonderstellung genoss, war ich vom militärischen Gruß befreit und musste zu den Offizieren nicht *Sir* sagen.

Alle meine Mitstreiterinnen hatten ausgezeichnete Manieren und waren sehr aufgeschlossen. Uneingeschränkt galten alle Regeln der Höflichkeit und dieses *Leben-und-leben-Lassen*, das die Engländer so meisterhaft beherrschen, wurde ausnahmslos respektiert. Es gab keine Sticheleien, keine Feindseligkeiten, keine Missstimmungen. Ich wurde außerordentlich gut behandelt. Trotzdem fühlte ich mich wie ein Fisch an Land. Ich war einfach keine Engländerin, im Gegenteil: Nie hatte ich mich so wenig als Engländerin gefühlt. Wenn meine *Fannies* abends oder morgens dem Herrgott ein Gebet schickten, dann gewiss, um ihm dafür zu danken, dass sie als Engländerinnen auf die Welt gekommen waren. Viel zu groß war der Abgrund zwischen ihrer festgefahrenen, konservativen, vom Inseldasein geprägten Welt mit ihrem beschränkten Horizont unter dem kosmopolitischen Lack (Wem nützt es denn, wenn man zwar um den ganzen Globus reist, doch überall nur Menschen kennenlernt, die Abendkleider tragen, und man zudem in Hotels wohnt, in denen jeden Morgen und an jedem Breitengrad *bacon and eggs* serviert werden?) und unserem stürmischen und abenteuerlichen Universum voller Rebellion und hochgesteckter Ziele. Diese eleganten und neumodischen Frauen kamen mir wie Überlebende einer vorsintflutlichen Ära vor. Unsere Beziehungen blieben daher auch recht oberflächlich. Wir sprachen nicht viel miteinander, zumal die Kunst der Konversation in England, außer bei einer Minderheit von Exzentrikern, nicht sehr verbreitet ist.

Worüber plaudert man denn unter wohlerzogenen Engländerinnen? Über sich selbst darf man nicht sprechen, das wäre äußerst geschmacklos. Spräche man über andere, wäre es Neugier oder Anmaßung. Tagesaktuelle Probleme waren ausgeschlossen, denn würde man bei einem Thema besondere Kenntnisse vorweisen können, sähe es so aus, als möchte man sich aufblasen und protze mit Bildung jenen gegenüber, die weniger wissen. Die einzigen Argumente, die man in der guten Gesellschaft Englands sorglos vorbringen kann, sind Golf, Gartenbau und die Krankheiten von Jagdhunden. Da ich diesbezüglich völlig unkundig war, musste ich notgedrungen schweigen. Meine *Fannies* blickten mich stets etwas ratlos an und wussten nicht, was sie mit mir anfangen sollten.

Als ich durch einen Intensivkurs den Mindestanforderungen

in Übermittlung und Empfang von Morsezeichen genügte, brach ich mit einem ultramodernen, tragbaren Gerät, einem Modell, das man während des Krieges für Partisanenverbände in ganz Europa tausendfach abwarf, an die schottische Grenze auf. Von dort aus sollte ich nach einer praktischen Einführung eine Probe meines erworbenen Könnens abliefern.

Ich wohnte bei einer englischen Familie, einem Ingenieur und einer reizenden und sehr netten Hausfrau. Beide waren feurige Patrioten, die der Reserve der Territorialverteidigung angehörten. Man merkte schon, dass sie etwas unter der kriegerischen Untätigkeit litten, die ihnen die absolute Ruhe ihres Wohnortes aufzwang. Es gab keine Bombardements und die Wahrscheinlichkeit einer Landung feindlicher Bodentruppen war äußerst gering. Ein einziges Mal hatte es in der Gegend bisher eine militärische Aktion gegeben. Ein Flugzeug war im Knattern der Luftabwehrbatterien dröhnend über den stillen Himmel geflogen. Eine Gruppe aufgeregter Bauern eilte herbei und verkündete, man hätte Fallschirmspringer in ein Waldstück herabgleiten gesehen. Der Kommandant der Territorialverteidigung gab allen einsatzfähigen Männern Befehl, sich am Dorfplatz in Kriegsausrüstung, mit Helm und verfügbaren Waffen, zu sammeln. Man leitete eine Fahndung nach den neuesten Kriegsanweisungen ein, doch die Einsatzkräfte drangen ergebnislos bis in die Mitte des Waldstückes vor. Später erfuhr man dann, dass die Bauern die weißen Wölkchen der Abwehrgranaten für Fallschirme gehalten hatten und das Flugzeug überdies zur Flotte der RAF gehörte.

»Wir sind leider kein kriegerisches Volk«, sagte mein Gastgeber eines Tages mit Bedauern in seiner Stimme. Ich erzählte ihm gerade von den Duellen, die ich als Studentin in Heidelberg miterlebt hatte. Hierbei polsterten sich adelige Junkersprösslinge erst schützend den Körper aus und säbelten sich danach ihre Wangen wie Beefsteaks auf. »Das Übermaß an Zivilisation hat uns verweichlicht. Blut finden wir schrecklich. Ich bin überzeugt, dass blutige Rituale wie diese Duelle der deutschen Studenten oder auch die spanischen Stierkämpfe ein Volk zu militärischer Tapferkeit erziehen und es mit der nötigen Grausamkeit vertraut machen, die man als guter Soldat braucht.«

»Vielleicht«, wagte ich zu sagen, »wären Gladiatorenkämpfe noch effizienter.« Doch die Hausherrin protestierte. Sie hatte irgendwo gelesen, dass in den Zirkusarenen auch christliche Märtyrer zerfleischt worden waren.

»Sehen Sie«, fuhr der Ingenieur fort, »um unsere Rekruten an den Anblick und den Geruch von Blut zu gewöhnen, müssen die Sergeanten sie sogar in Schlachthäuser führen, wo sie sie mit Ochsen- und Schweineblut bespritzt werden, bevor es dann zum Exerzieren geht.«

»Sieh an«, sagte ich. Ich war mir nicht sicher, ob ich über diese so merkwürdige Geschichte meines Gastgebers lachen oder ernsthaft den psychologischen Scharfsinn der Militärbehörden loben sollte. Doch den Zeitungen entnahm ich später, dass man diese Methode der künstlichen Brutalisierung in einigen Abteilungen probehalber eingeführt hatte. Die blutbespritzten jungen Rekruten wurden im Laufschritt auf ebenfalls blutüberströmte Pappkameraden gehetzt, während die Ausbilder blutrünstig riefen: »Macht Hackfleisch aus ihnen! Reißt die Hunnenbrut in Stücke!« Nach nur wenigen Versuchen beendete man das Experiment, da es kaum erzieherische Resultate erzielte, dafür enorme Probleme mit der anschließenden Reinigung der Uniformen schaffte.

So saß ich denn allein mit meinem Apparat, den ich auf den Namen Bettina taufte, in meinem Zimmer, bereitete den Code vor, stellte die Wellenlänge ein und steckte den Strom an. Nachdem ich den Sender reguliert hatte, begann ich, die hunderte Kilometer entfernte Station, die mich hören sollte, zu rufen. Dann lauschte ich am Empfänger und versuchte unter den Musikstücken, den Stimmen, dem tausendfachen Ticken aus aller Welt den erwarteten Rückruf auszumachen. Ich dachte daran, dass ich diese Arbeit in Kürze in Sardinien ernsthaft betreiben würde. Als ich die ersten drei Buchstaben, die ich erwartete, deutlich hören konnte und den chiffrierten Dialog aufnahm, erschien mir dies wie ein Wunder. Es blieb aber noch die Ungewissheit, ob ich die mir übersandten Mitteilungen auch entschlüsseln würde. Doch dann entnahm ich diesem Gewirr von Vokalen und Konsonanten einzelne Wörter und schließlich ganze Sätze, die zwar vor Fehlern nur so strotzten, aber größtenteils verständlich waren. So übte ich ununterbrochen, eine ganze Woche lang. Meine Ausbildner in der weit entfernten Station erklärten schließlich, dass sie mit mir zufrieden seien. Daraufhin kehrte ich nach London zurück.

Meine Ausbildung war damit jedoch keineswegs abgeschlossen. Ich drang noch in die chemischen Mysterien von Geheimtinten und Reagenzien, wie sie auch die Zensur verwendet, ein und besuchte einen Spezialkurs, in dem es um Chiffrieren und verschiedene Kodierungssysteme ging. Nach den modernsten Richtlinien für einen künftigen Guerillakampf und die umfassende Verteidigung in einem besetzten Gebiet übte ich mich auch im Gebrauch von Feuerwaffen. Unsere Trainingsstätte war ein düsterer, großer Keller, wo von links und rechts, von vorne und hinten, aus den Fenstern und den Untergeschoßen automatisch lebensgroße Pappfiguren schnellten. Mit der Waffe in der Faust musste man sich gegen diese gleichzeitigen Angriffe wehren. Während meiner Übungen riskierte nicht nur einer meiner Ausbildner sein Leben.

Unter Anleitung eines dicken, rundlichen und gutmütigen Londoner Polizisten erlernte ich auch die Grundlagen der Ersten Hilfe. Ich weiß nicht warum, doch ich hielt ihn für einen Henker im Ruhestand. Vielleicht deshalb, weil er mir eines Tages – ich hatte wohl etwas über die Barbarei von Hinrichtungen verlauten lassen – sehr ausführlich die technischen Details einer Exekution in England dargelegt hatte.

»Der Tod tritt augenblicklich ein«, erklärte er mit seinem freundlichen Lächeln, als beschriebe er ein ländliches Fest in einer frühlingshaften Landschaft. »Es kommt nicht zu einem Erstickungstod, sondern zum Bruch der Zervikalwirbel durch die Schlinge, die mit mathematischer Genauigkeit vorbereitet wird, damit sie absolut präzise auf die tödlichste Stelle trifft. Basierend auf den Angaben zu Größe und Gewicht des Patienten, die penibelst kontrolliert werden, berechnet man vor jeder Exekution mit wissenschaftlicher Akribie die benötigte Länge des Strickes und die Tiefe des Falles, damit der Tod umgehend eintritt.« Der Ex-Henker war ein großartiger Mann. Mit der Frau, die gemeinsam mit mir den Kurs absolvierte, gipsten wir ihm Arme und Beine ein, wir verbanden ihn wie eine Wurst, wir klemmten ihm Arterien ab und rollten ihn auf den Rücken, um ihn dann durch künstliche Beatmung zu reanimieren. Der Kurs dauerte nicht lange, doch er war überaus lehrreich.

Mittlerweile war Lussu von seiner Reise zurückgekehrt. Diesmal durchbrach er die Verzögerungstaktik der vorgelagerten Behörden und nahm direkt Kontakt mit britischen Regierungsmitgliedern auf. Die Gespräche erwiesen sich als verheißungsvoll und eine hochrangige Persönlichkeit erklärte optimistisch: »Es besteht durchaus die Möglichkeit, dass Sie sie überzeugt haben. Sie werden sehen, Sie bekommen die Erklärungen für Ihr Land.«

Um den Kriegsverlauf stand es indes gerade ganz schlecht. Singapur war unrühmlich gefallen, Tobruk ebenso. Doch diese Katastrophen kratzten nicht einmal an der Oberfläche des angelsächsischen Phlegmas. Die Briten nahmen die Niederlagen mit so unglaublicher Ruhe hin, mit einer derart traumwandlerischen Sicherheit, wieder die Oberhand zu gewinnen, dass man schier an ihnen verzweifeln konnte. Sie ähnelten Rhinozerossen, denen eine Mücke verzweifelt versucht, die Epidermis zu durchstechen.

Für Lussu bedeutete die prekäre militärische Lage eine zusätzliche Hürde, da die britische Regierung nun noch deutlicher zögerte, umfangreiche Garantien für ein bislang feindliches und im Krieg befindliches Volk abzugeben. Man könnte dies, hieß es, als Anzeichen von Schwäche interpretieren.

Zweimal behandelte das Kriegskabinett in seinen Sitzungen Lussus Vorschlag. Doch die Antwort war, wenn schon nicht eindeutig negativ, so auch nicht gerade positiv. Der Moment sei unpassend, man müsse abwarten. Die englische Regierung könne sich diesbezüglich in keinerlei Weise öffentlich deklarieren.

Lussu spürte, dass die Warterei nichts mehr brachte. Es war sinnlos, noch länger in England zu bleiben. Fast ein Jahr war vergangen, seitdem wir Frankreich verlassen hatten. Wir waren zutiefst betrübt, dass sich die Hoffnung auf alliierte Unterstützung für eine Aktion in Sardinien nun in Luft aufgelöst hatte. Trotzdem musste man die Umsetzung des Plans versuchen, wenn es sein musste, mit unseren eigenen geringen finanziellen Mitteln. Manche Freunde, die Lussu stets loyal und hartnäckig unterstützt hatten, wollten noch immer nicht aufgeben und meinten, die britische Regierung werde die Nützlichkeit dieser Italien betreffenden

Deklarationen noch einsehen und es sei angebracht, in London abzuwarten. Doch Lussu betrachtete die Antwort als endgültig negativ und wollte nach Frankreich zurückkehren. Falls die Garantien zu einem späteren Zeitpunkt gewährt würden, wäre das Projekt rasch umgesetzt, man habe es ja in allen Details schon abgeklärt. Und da er auch beschlossen hatte, unter diesen Umständen keinerlei finanzielle Unterstützung anzunehmen, beglichen wir alle Ausgaben für unseren Londoner Aufenthalt bis auf den letzten Penny selbst. Das Leben in London war teuer, besonders in dem Viertel, in dem man uns die Unterkunft besorgt hatte, die ursprünglich von den Briten bezahlt werden sollte. Italienische Emigranten, die in London lebten, halfen uns aus der Patsche. Mit diesem Geld hätten wir in Frankreich gut und gerne drei Jahre lang leben können.

Als wir abreisten, waren wir verzweifelt. Nie habe ich Lussu so leiden sehen wie in jenen Tagen. Man zwang ihn, auf ein Unternehmen zu verzichten, das er über Jahre vorbereitet hatte. Die Zustände auf dem italienischen Festland stimmten ihn pessimistisch und er war felsenfest davon überzeugt, dass eine Revolte gegen den Faschismus und den Krieg nur durch einen Aufstand in Sardinien möglich sei. Und dennoch war nicht alles vergebens gewesen. Lussu hatte es geschafft, die Anliegen des italienischen Antifaschismus von einer zweitrangigen Ebene der Spionage, Sabotage und defätistischen Propaganda, die in Händen des *Intelligence Service* lag, zu einer politischen Frage zu erheben, die mit nationaler Würde und Fairness verhandelt wurde.

Wir flogen nach Plymouth und verbrachten dort eine Nacht.

Als wir am Abend am Kai entlangspazierten, dachte ich an meine Großmutter mütterlicherseits, die in dieser Stadt gestorben war und die ich als junges Mädchen noch kurz vor ihrem Tod besucht hatte. Sie war eine typische Engländerin und trotz ihres italienischen Ehemannes und der vierzig Jahre, die sie in Italien verbracht hatte, war sie stets unbeirrbar eine Engländerin geblieben. Sie selbst schmunzelte wohl über diesen ausgeprägten Hang zum Inseldasein, da in ihrem wächsernen Gesicht mit den schlohweißen Haaren ihre tiefliegenden Augen immer noch heiter und ironisch aufblitzten.

»In meiner viktorianischen Epoche«, sagte meine Großmutter, »als unsere gute Königin in ihrer von acht isabellfarbenen dicken Rössern gezogenen Kutsche durch London fuhr, hatte unser Inselstatus noch Niveau. Wir gaben unser Bestes, die anderen Völker zu verachten, doch wir ignorierten sie nicht. Im Gegenteil, wir bemühten uns, sie kennenzulernen, ihre Fehler ausfindig zu machen, um sie mit unseren Tugenden zu vergleichen. Aber man weiß ja, wohin das führt: Ein Kennenlernen führt dazu, dass man sich schätzen lernt. Heutzutage jedoch ist unser Inseldasein reichlich vulgär geworden, es speist sich aus dem Desinteresse an allem, was nicht englisch ist. Seht euch doch bloß unsere Touristen an, wie sie durch fremde Hauptstädte streunen, hochnäsig und in schlampiger Kleidung, die man zu Hause als gerade ausreichend für den Besuch in einem Schweinestall einstufen würde. Ihr ganzes Gehabe zielt darauf ab, den Vergesslichen in Erinnerung zu rufen, dass sie eine Kolonie mit primitiven Ureinwohnern besuchen.«

»Unser berühmtes britisches Phlegma«, fuhr meine Großmutter fort, »unser traditioneller Gleichmut ist im Grunde nichts anderes als geistige Faulheit. Dieselbe geistige Faulheit, die unsere Architekten dazu bringt, unsere Städte zu verunstalten, indem sie über ganze Straßenzüge hinweg zwanzig, dreißig, fünfzig von der Dachgaupe bis zum Gartentor perfekt und grässlich gleiche Häuser bauen. Wäre es denn so kompliziert, wenn man ein kleines bisschen variierte – hier ein etwas weniger spitzes Dach, dort ein geändertes Türformat, einen andersfarbigen Lack auf den Fensterläden? Man müsste sich einfach nur um ein bisschen Fantasie bemühen! Doch diese kleinen Anstrengungen vermeiden wir tunlichst. Warum kleiden sich denn unsere Frauen im Allgemeinen so schlecht und kochen noch schlechter? Um nicht ihre Fantasie spielen zu lassen! Geistige Faulheit! Und unser Phlegma, das nach außen hin als Resultat unserer langerprobten Willensstärke, einer Zähmung unserer Impulse, als Kampf und schließlich Sieg erscheint, ist dies wohl alles auch, in erster Linie aber handelt es sich um eine Form von Trägheit. Wir haben entdeckt, dass unser Gleichmut langfristig weniger anstrengend ist als eine rasche Reaktion. Er macht viel weniger Mühe. Und so halten wir ihn aus Faulheit hoch. Außerdem haben wir erkannt, dass dieser Gleichmut uns einen leichten Vorteil verschafft, eine taktische Überlegenheit, die ein kleines bisschen illoyal, aber sehr bequem im Umgang mit sensibleren und schüchternen Menschen ist. Die feinfühligen Seelen bleiben ja immer ein wenig unsicher, ein bisschen naiv.«

Diese und andere Weisheiten wiederholte die alte Dame nicht nur einmal und sie prägten sich meinem jugendlichen Gedächtnis ein.

Im trüben Licht, das dem Morgen vorangeht, bestiegen wir in Plymouth eine majestätische Sunderland, die noch träge im grauen Meer schaukelte. Unter eindrucksvollem Gedröhne aus Propellern und Motoren und aufschäumenden Wassermassen hob sie ab. Das wunderbare, voll bewaffnete Wasserflugzeug verfügte über acht Mann Besatzung. Die jungen und nach Einsätzen gierenden Kerle hofften brennend darauf, während der Reise auf feindliche U-Boote, Schiffe oder Flugzeuge zu treffen, um sie anschließend auf dem Meeresgrund zu versenken.

Doch ihre Hoffnungen wurden enttäuscht. Die Reise verlief ohne kriegerische Zwischenfälle. Über einem dichten Wolkenmeer überflogen wir den Golf von Biscaya, erst über der portugiesischen Küste klarte der Himmel auf und zeigte ein flimmerndes und durchsichtiges Blau. Das Tejo-Delta. Lissabon, die Weiße Stadt. Was Dona Carolina wohl gerade machte? Kümmerte sie sie noch um die fiebrigen Straßenjungen und die Dichterinnen mit ihren 30 Escudos im Monat?

In einem großen Bogen Richtung Westen entfernten wir uns von der Küste. Es stand nicht dafür, die Neutralität Portugals zu verletzen. Das Meer schimmerte türkis; ein leichter Wind streichelte sanft über seine Fläche; es herrschte tiefster Frieden. Es gab keinerlei Hinweis auf ein deutsches Patrouillenboot am Horizont, kein noch so bescheidener Ausguck eines Miniatur-U-Bootes tauchte auf. Wir hatten Pech.

Jetzt ging es nach Osten. Schon sah man den Rachen beider Kontinente, der das Mittelmeer umschließt. Hier, auf der rechten Seite, lag Tanger, linkerhand Algeciras. Und der vorstehende Stoßzahn war Gibraltar.

Im Monat Juli ist Gibraltar gewiss einer der deprimierendsten Orte der Erde. Hier war es höllisch schwül und die afrikanische

Sonne brannte unbarmherzig auf bereits erhitzte Menschen, wimmelnde Uniformen und schweißglänzende Haut herab. Hier lebten ausschließlich Männer. Kurze Leinenhosen und aufgekrempelte Ärmel verbargen kaum ihre behaarten Arme und Beine. Kein Farbtüpfelchen, kein geblümtes Kleidchen, kein weibliches Gesicht. Fast keines. Die Gattinnen der englischen Militärs durften diese Festung, in der es an Platz mangelte, nicht betreten. Und die wenigen einheimischen Frauen hielten sich meist in den Häusern auf und standen, nach spanischem Brauch, unter nicht ganz ungerechtfertigter, misstrauischer Beobachtung ihrer Männer und Brüder.

»Wenn man hier mit einer Frau einen Spaziergang unternimmt«, meinte Lussu, »fühlt es sich an, als wäre man mit einem Tiger an der Leine unterwegs.«

Nicht nur abends traf man auf Horden schwankender und grölender Matrosen in verschiedensten Stadien der Trunkenheit. Waren sie völlig besoffen, landeten sie in der Arrestzelle, da kannten die Offiziere keinen Pardon. Gewiss, der Suff ist etwas Schreckliches. Sollte es aber einen Ort auf der Welt geben, an dem man besondere Nachsicht gewährt, wenn Menschen ihre Langeweile im Schnaps ertränken, dann müsste dieser Ort Gibraltar sein.

Dieser kahle Felsen, eingezwängt zwischen dem feindlichen Spanien und dem unsicheren Meer, beherbergte in seinem Inneren eine Unmenge an Kanonen und seine Küste hatte man umfassend vermint. Der einzige Zeitvertreib der eingepferchten Soldaten bestand darin, am Kai sitzend in der Sonne zu rösten. Hier verfiel jedermann umgehend in tiefste Depression. Sogar die staubigen Bäume und Sträucher im Park, rund um die herrische Büste des Eisernen Herzogs, sahen verlassen und traurig aus. Und das Meer ließ keinerlei Gedanken an weiche Algen, runde Muscheln und eine aus weißem Schaum entstiegene Venus aufkommen, es zeigte sich einzig und allein als perfide Spielwiese des Krieges, voller Tücken und Hinterhalte.

Wir mussten mehrere Tage warten, doch eines Abends gingen wir an Bord eines hübschen Piratenkutters, eines kleinen grauen Schiffes mit leichter Flugabwehrkanone, starken Maschinengewehren und einer voll ausgerüsteten Besatzung von fünfunddreißig Mann.

Der Kommandant und seine drei Offiziere, in tadellos weißes, frisch gestärktes Leinen gewandet, begrüßten uns gastfreundlich und boten uns und weiteren vier Passagieren Gin und Whisky an. Der Kommandant stellte mir seine winzige Kabine zur Verfügung, in der sich, neben einem bunten Sammelsurium verschiedenster Gegenstände, Kakerlaken in allen Größen tummelten. Die Mannschaft schlief in Hängematten an Deck. In der Nacht wurden die Motoren angelassen, das Schiff erzitterte und verließ den Hafen.

Als ich am Morgen an Deck kam, glaubte ich zu träumen. Wo war das Schiff, das ich am Abend zuvor betreten hatte? Jetzt war es nicht mehr grau, sondern braun. Man konnte sich auch tatsächlich nirgendwo anlehnen, ohne sich mit frischem Lack zu beflecken. Die Kanone war verschwunden, an ihrer Stelle lag ein Haufen Säcke; die gut getarnten Maschinengewehre waren praktisch unsichtbar. Die Besatzung, nun in Hemdsärmeln und nachlässig gekleidet, hatte jeglichen militärischen Anschein verloren und sah wie eine Horde von Schwammtauchern aus. Oder wie Piraten, denen das Glück noch niemals hold gewesen ist. Die Offiziere unterschieden sich in nichts von ihren Männern. Wir Passagiere passten uns der Umgebung entsprechend an und ähnelten bald barfüßigen Schiffsjungen. Das kühne Kriegsschiff hatte sich in eine friedliche Tartane verwandelt. Am Mast flatterte ein Lappen von ungewisser Farbe, der eventuell an eine portugiesische Fahne denken ließ.

Sollte jedoch irgendein U-Boot oder ein feindliches Flugzeug ungehörige Neugier zeigen, würde man in wenigen Sekunden den an seinem Seil unter dem Mast liegenden *Union Jack* hissen, die beiden Mündungsfeuer in Position bringen und die bis an die Zähne bewaffnete Mannschaft würde zu ihren Gefechtsständen springen.

»Was halten Sie von unserem Fischkutter, Madame Dupont?«, fragte mich in einem zögerlichen Französisch der Erste Offizier, der die Tarnungsarbeiten geleitet hatte und mit dem Resultat sichtlich zufrieden war. »Das ist ein braves, kleines Schiff, es hat schon viele tapfere Einsätze überstanden.«

Man nannte ihn den Professor, da er in Cambridge in Biologie promoviert hatte. Er war Wissenschaftler, aber auch ein

Mann der Tat, der mit demselben Enthusiasmus den Korsaren gab, mit dem er sich auf das Studium von Embryonen einer gewissen Fischspezies, die nur in einigen Gebirgsbächen der Pyrenäen lebten, spezialisiert hatte. Wenn er nicht seinen Dienst versah, erzählte er ausführlich von geflügelten Reptilien, von mit Zähnen bewaffneten Vögeln und dem Ursprung des Lebens, und anschließend schweiften wir von der Biologie ab und versuchten uns an einer Erklärung der Welt. Doch die Seekrankheit ließ uns nach dem dritten Tag wieder auf den Boden der Tatsachen zurückplumpsen. Es war einer dieser tückischen Winde aufgekommen, die auch im Juli das Mittelmeer aufpeitschten. Der Himmel verfinsterte sich, die Brecher trugen bereits weiße Mähnen. Am fünften Tag fegten die Wellen über das Deck.

Einer der vier Mitreisenden war so schweigsam, dass man ihn nicht einordnen konnte. Die drei anderen waren Franzosen. Der erste, ein großer, knochiger und arroganter Kerl, wurde von den Genossen Herzog genannt. Der zweite, ein unbekümmerter und intelligenter Proletarier, hatte sich zum Ausgleich dafür Dritter Stand getauft. Und dem dritten war nichts anderes übriggeblieben, als sich Klerus zu nennen.

Als das Schiff zu tanzen begann, verschwand Herzog als Erster von der Bildfläche. Dann verdrückte sich Klerus, ihm folgten der Schweigsame und Dritter Stand. Lussu fühlte sich ebenfalls nicht besonders wohl, doch er bemühte sich, mit dem Kommandanten gemeinsam zu essen. Der wiederum war froh wie ein Schneekönig, weil das schlechte Wetter die Gefahr, auf Deutsche zu treffen, bannte.

Inzwischen konnten wir schon nicht mehr auf die überschwemmte Brücke gehen und saßen eng aneinandergedrückt in der winzigen Bordmesse. Wenn es ums Schlafen ging, wurde es dramatisch. Wir waren zu acht, da die Offiziere jeweils zu zweit Wache hielten. In den beiden winzigen Kabinen schliefen jeweils einer im Liegebett und einer auf dem Boden; vier waren also verstaut. Zwei legten sich auf die Bänke in der Messe, das machte sechs. Einer auf dem Boden unter dem Tisch: sieben. Doch der achte? In der ersten Nacht versuchte Klerus, es sich auf dem Tisch einzurichten, indem er sich an beiden Seiten festhielt. Doch das

Rollen des Schiffes ließ ihn erst von einer Seite zur anderen taumeln, bis ihn dann das Stampfen auf seine Kameraden, die auf den Bänken lagen, warf. Wir richteten einen Turnus ein, trotzdem schliefen wir selten, und je mehr Tage und Nächte zwischen Wachen, Seekrankheit und angelsächsischem Essen vergingen, desto mehr blaue Flecken hatten wir im Gesicht. Unsere Wangen fielen ein und unsere Piratenkleidung, wenn sie vorher etwas eng gewesen war, wurde bequemer. Die Moral blieb immer aufrecht, doch aufgrund der fortschreitenden Ermattung wurden das Geplauder und die Witze deutlich schwächer.

Schon seit ein paar Tagen hätten wir wieder an Land sein sollen. Wir hatten einen Treffpunkt mit einem unter dem Kommando eines Polen stehenden Segelschiff verabredet, das uns während der Nacht an die französische Küste bringen sollte. Doch aufgrund des Sturmes traf keines der Schiffe pünktlich an Ort und Stelle ein. Beide Kähne irrten schaukelnd umher, fuhren vermutlich ganz nah aneinander vorbei, ohne sich je zu finden. Zwar hatten beide Kapitäne Radiogeräte an Bord, doch wir befanden uns auf einem Kriegsschiff und die Einhaltung des militärischen Reglements war sakrosankt. Es war Teil der Vorsichtsmaßnahmen, dass die zwei Schiffe die jeweils andere Wellenlänge, auf der die Nachrichten übermittelt wurden, nicht wussten: So funkte jeder einzeln für sich nach Gibraltar und Gibraltar leitete die Befehle wiederum an die Kapitäne weiter. Wie man sieht, war es ziemlich schwierig, sich aufeinander abzustimmen.

Die Götter und der Generalstab erwiesen sich schließlich doch noch als gnädig, und so sahen wir eines stürmischen Abends das große, weiße Segel eines Fischerbootes, das vom Wind unbarmherzig gepeitscht wurde, über schaumgekrönte lange dunkelblaue Wellen auf uns zuschießen. Trotz des spritzenden und schwappenden Salzwassers eilten wir alle aufgeregt an Deck. Je näher das große Schiff kam, desto deutlicher erkannten wir Trauben von Menschen, die sich an den Wanten und an der Reling festhielten und sich jubelnd nach vorne beugten.

Der polnische Kapitän hatte an der französischen Küste vierzig Landsleute, die vor den deutschen Kerkermeistern geflüchtet waren, an Bord genommen. Und für diese vierzig Polen bedeutete der Anblick unseres Schiffes Rettung und die Hoffnung auf ein neues Leben.

Die Annäherung beider Schiffe bei so gewaltigem Wellengang dauerte lange und war mühsam. Schließlich wurden die vierzig an Bord gehievt, und Lussu und ich, Klerus und Herzog wechselten auf den Segler.

»Alles Gute, Dupont! Leben Sie wohl, Madame Dupont«, riefen unsere britischen Freunde vom Schiff aus und winkten uns zum Abschied stürmischer, als es ihr traditionelles Phlegma erwarten ließ. Sie hatten zum allerersten Mal eine Frau mit an Bord gehabt. Und wir, wir wollten nun wieder in die Höhle des Löwen zurückkehren.

»Schickt mir nach Friedensschluss eine Postkarte! Eine Postkarte!«, rief der Professor, der mit den Händen ein Sprachrohr bildete, in das Getöse des Wellengangs.

»Ja! Ja!«, brüllten wir mit weit ausholenden Gesten. »Auf Wiedersehen!«

Mit vollen Segeln glitt unser Schiff in Windeseile davon.

Bei Einbruch der Nacht beruhigte sich das Meer langsam. Wir machten dem Kapitän unsere Aufwartung in seiner Kabine. Diese war zwar nicht größer als eine Schuhschachtel, doch wie eine Admiralskajüte mit Karten tapeziert und voll nautischer Instrumente.

»Polen ist wieder erwacht«, sagte Lussu und drückte ihm die Hand.

Der Pole, der stets eine strenge, ernste Miene zur Schau trug, vielleicht auch nur, um seinen jungen Jahren mehr Autorität zu verleihen, lächelte dünn und schien sich wohl sicher zu sein, dass Monsieur Dupont in Wirklichkeit ein Landsmann war. Da aber Diskretion in diesem Fall als erste Regel galt, antwortete er nicht.

Mitten in der Nacht (das Meer war ruhig und wir standen gerade an Deck) kam ein Matrose auf uns zu. In gebrochenem Französisch flüsterte er: »Befehl des Kapitäns. Geht in den Laderaum. Absolute Ruhe. Keine Zigaretten, kein elektrisches Licht. Befehl des Kapitäns.«

Wir verschwanden im Dunkel unter der Falltür. Die Maschinen schwiegen, das Schiff hörte zu schwanken auf, es glitt jetzt weich über das glatte Meer, das Segel hing schlaff herab.

Als wir wieder an Deck durften, zeichneten sich vor dem schwarzen Himmel die hellen Felsen der provenzalischen Küste ab. Es nieselte. Vorsichtig ließen die Matrosen ein Ruderboot ins Wasser, schweigend stiegen wir zu. Die Ruderblätter tauchten langsam und still ins Nass, und nach einem kraftvollen Zug hoben sie sich, ohne zu schwappen, wieder tropfend heraus. Riesige phosphoreszierende Quallen bildeten fantastische Muster im finsteren Wasser.

Man sah die ruhige Bucht und den kleinen Strand, wo das Boot im weichen Sand landen konnte.

Wir waren in Frankreich.

Die Bürgermeisterin

Es war stockdunkel, es regnete und wir konnten uns nur schwer orientieren, zumal wir die Umgebung überhaupt nicht kannten. Es galt, die Hauptstraße zu finden, die von Marseille nach Cassis führte.

Wir trennten uns von Herzog und Klerus und kletterten die unwegsame, felsige, mit Brombeersträuchern bewachsene Küste hinauf.

Nachdem wir eine Weile zwischen Sträuchern und Steinen umhergeirrt waren, erblickten wir die Umrisse eines großen, in den Hang gebauten Hauses. An der Stelle, wo wir uns befanden, gab es weder Ein- noch Zugänge, an der Seite ging eine Treppe hoch, die offensichtlich vor das Haus führte. Dort würde es sicher eine Zufahrtsstraße geben. Wir eilten auf Zehenspitzen hinauf. Was mochte hinter der Mauer sein? Die Finanzwache? Bauern mit leichtem Schlaf? Wir waren fast oben angekommen, als ein Hund laut in die Nacht hinein zu bellen begann. An Umkehr war nicht mehr zu denken. Im Laufschritt überquerten wir den Platz vor dem Haus und machten uns über die Einfahrt davon. Der Hund bellte wütend weiter und würgte heftig an der Kette, die ihn jedoch zurückhielt.

Schweigend wanderten wir über die Hauptstraße, lauschten gespannt auf jedes Geräusch. Wir wussten, dass die Straße von der Finanzwache observiert wurde. Als wir die ersten Häuser von Cassis erreichten, hockten wir uns zum Schutz vor dem einsetzenden Regen unter ein Piniengestrüpp. Es schien vernünftiger, den Ort erst nach Tagesanbruch zu durchqueren.

Kurze Zeit später hörten wir ein leises Geräusch. Das waren zweifelsfrei Schritte, die sich der Straße entlang näherten. Es waren keine Stimmen zu vernehmen, doch hin und wieder blitzte in der Dunkelheit das Licht einer elektrischen Stablampe in Richtung unseres Unterstandes auf. Das musste die Finanzwache sein. Wir rührten uns nicht, rissen aber die Augen auf, um die beiden Schatten, die sich näherten, besser ausmachen zu können.

Das Licht der Stablampe schien uns direkt ins Gesicht.

»Dupont!«, rief eine bekannte Stimme. Es war Klerus, der ebenfalls die Idee gehabt hatte, sich hier bis zum Morgen zu verstecken. Der durchfrorene Herzog trabte hinterher.

Schließlich hörte der Regen auf und bei Tagesanbruch lichtete sich auch der Himmel. Erschöpft, hungrig, nass und zitternd vor Kälte machten wir uns so gut es ging zurecht und marschierten los. Wir fragten eine Gruppe von Arbeitern, die auf dem Weg zur Frühschicht war und uns neugierig musterte, nach dem Weg zum Bahnhof, der einige Kilometer außerhalb des Ortes liegen musste. Und da wir seit langem gewohnt waren, uns auf Englisch zu bedanken, verabschiedeten wir uns von ihnen, müde und gedankenlos, mit einem reichlich unpassenden »*thank you*«. Zum Glück waren diese Männer keine Kollaborateure.

Nach einem nicht enden wollenden Marsch erreichten wir den Bahnhof und setzten uns an einen Tisch des Café-Restaurants. Eine geschminkte und attraktive Kellnerin, die wie eine gutmütige, anspruchslose Gunstgewerblerin aussah, fragte uns, was wir wünschten.

»Einen Ersatzkaffee«, sagten wir und unterdrückten unser Magengrummeln. Wir hatten keine Lebensmittelkarten und konnten daher nicht einmal um ein Stück Brot bitten. In Frankreich war die Rationierung der Lebensmittel strengstens reglementiert.

Wehmütig kramte ich einige winzige Pillen aus meiner Tasche hervor, die jedoch einen hohen Vitamingehalt enthielten, wie man uns in Gibraltar versichert hatte. Es war vorhersehbar gewesen, dass wir uns einige Tage lang keine Nahrung würden beschaffen können. Wenn wir diese Pillen schluckten, hatten sie uns gesagt, würden wir jedenfalls nicht Hungers sterben.

»Wann fährt denn der nächste Zug nach Marseille ab?«, fragten wir Madame.

»Um zwei«, antwortete sie. »Essen die Herrschaften hier zu Mittag?«

»Was gibt es denn Gutes?« Wir versuchten, uns wählerisch zu geben und dachten an die Marken, die wir nicht besaßen.

»Hören Sie«, sagte sie und trat in ihrer Wolke aus Veilchenparfüm näher, »der Patron macht heute eine Bouillabaisse mit

Safran und Langusten, wie vor dem Krieg. Soll ich für Sie mitbestellen? Das kostet hundert Franc zusätzlich pro Kopf.«

Gott sei Dank, hier nahm man Schwarzgeld an. Wir waren gerettet.

Da wir drei oder vier freie Stunden vor uns hatten, spazierten wir zwischen sattem Grün und rötlichen Pinienstämmen über die mittlerweile sonnengewärmten Felsen langsam den Hügel hinauf. Die Provence ist ja wirklich wunderschön. Und uns Italienern auch so vertraut. Ihr Himmel ist unser Himmel, der weiche Tonfall ihrer Sprache ähnelt dem Tonfall unserer Sprache, ihre Weine sind unsere Weine, und selbst der Papst in Avignon trank sie ebenso gerne wie die aus den *Castelli Romani*. Wie wäre es denn, wenn man Aix-en-Provence mit seinen Renaissancebrunnen und Palästen aus gelbem Stein auf einen Hügel in Umbrien oder in die Marken verlegen würde, um der Stadt den perfekten Rahmen zu geben?

Bald lagen wir im Duft von Rosmarinsträuchern und schöpften neue Kraft. Zuversicht und Vertrauen erfüllten unsere Herzen. Wir hatten uns entschieden, nach Frankreich zurückzukehren, und wir hatten es geschafft. Nun wollten wir unsere Fühler wieder nach Italien ausstrecken und waren sicher, dass es uns gelingen würde, heimlich nach Sardinien zu reisen. Wir waren glücklich. Die Aussicht auf eine Bouillabaisse mit Langusten trug nicht unerheblich zu unserer guten Laune bei.

Nachdem wir in Marseille, Toulouse, Nizza, Lyon, Grenoble und Hochsavoyen endlich wieder Kontakt mit unseren politischen Freunden aufgenommen hatten, fuhren wir in die Alpen. Lussu hatte schon einige Zeit zuvor beschlossen, dass wir uns nach der Ankunft in Frankreich einen Monat Urlaub in den Bergen gönnen würden. Den hatten wir auch bitter nötig.

Wir fuhren nach Huez, einem Bergdorf im Departement Isère auf 1.800 Meter Seehöhe. Dort unternahmen wir lange und anstrengende Wanderungen, die uns einfach nur glücklich machten.

Wir erforschten das Massiv der Grandes Rousses, ein wald- und vegetationsarmes, jedoch sehr wasserreiches Gebiet. Bis hinauf auf 2.500 Meter gab es Almweiden mit niederem und dichtem

Gras, dann nur mehr Felsen, Felsen und nochmals Felsen, aus denen jedoch das Quellwasser fröhlich heraussprudelte. Zwischen den Steinen tröpfelten Wässerchen, Bachläufe stürzten in tosenden Wasserfällen über glattgeschliffenen Fels herab oder blubberten in Mulden und Becken. Und Seen, Seen in allen Größen und Tiefen, mit flachen und ruhigen Uferzonen oder von steilen Felsen und trügerischen Gletschern düster umgeben. Der königlichste dieser Seen war zweifellos der *Lac Noir*. Zwischen hochaufragenden Felsstürzen lag er da, wie eine breite Wanne, tief versunken in den Eingeweiden des Berges. Da sich in dieser Bastion kein Lüftchen regte, zeigte sein ruhiges, eiskaltes Gletscherwasser keinerlei Kräuseln. Seine schwarze Farbe und seine Undurchdringlichkeit verliehen ihm in der absoluten Stille dieser lebensfeindlichen Gipfel einen unsagbar bösartigen Charakter. Es schien, als warte er nur auf furchtlose Abenteurer, die sich in sein totes und kaltes Königreich vorwagten, um sie hinterrücks in seine reglosen Abgründe zu ziehen.

Abgemagert und wie sonnenverbrannte Eidechsen verbrachten wir wundervolle Tage. Wir suchten ständig neue überraschende Fernblicke, wir erkundeten Felsspalten, entdeckten Alpenblümchen und bewunderten die Gletscher im Spiegel stiller Mühlgräben. Doch nach zwei Wochen überaus spartanischer Verpflegung in unserer Pension waren wir so ausgezehrt, dass uns der Hunger wieder ins Tal trieb. Betrübt, ein so wunderschönes Gebiet verlassen zu müssen, unternahmen wir einen letzten Ausflug in das Massiv, das den Grandes Rousses gegenüberlag. Wir waren fest entschlossen, am nächsten Tag abzureisen.

Die Anhöhen, die wir nun bestiegen, erwiesen sich jedoch als überaus bezaubernd. Hier gab es Bäume, Obst- und Blumenwiesen, ganz anders als in den unwegsamen und kargen Grandes Rousses. Im Zick-Zack des ausgeholzten Pfades ging es bergauf, immer bergauf, einen fast vertikalen Steilhang entlang, an den sich schattenspendende Buchen, Lärchen und Tannen klammerten. Als wir nach mehreren Stunden aus dem Wald traten und haltmachten, um die Aussicht zu bewundern, waren wir überwältigt: das Tal der Romanche, die rötlichen Felsen der Grandes Rousses im Sonnenlicht, das von glitzernden Gletschern gekrönte Massiv der Meije! Wir waren am höchsten Punkt des Pfades angelangt; ein Holzkreuz zeigte eine verblichene Inschrift: 1.701 m.

Von hier aus erblickte man nun auch die dahinterliegenden Hänge: ein weitläufiges grünes Amphitheater aus Almweiden, Tannen und sanften Lärchen, das die majestätischen grauen Türme des Grand Arnault überragte. Zu unseren Füßen duckte sich zwischen Roggen- und Kartoffelfeldern ein kleines Dorf. Ein hübsches Dorf, durch und durch ländlich, mit breiten Häusern aus massivem Stein, mit geräumigen Heuschobern, wohlhabenden Bauern. Hier gab es keine Hotels für Feriengäste oder Spuren städtischen Lebens.

Der Empfang durch die Bewohner entsprach dem reizenden Anblick. »Guten Tag! Guten Tag!«, riefen die Landleute, die vor den Häusern Holz hackten oder mit Heu und Stallmist beladene Maulesel antrieben: »Was ist das heute doch für ein schöner, sonniger Tag!«

Wir waren angenehm überrascht, da wir an mürrisches Gehabe anderer Bauern gewöhnt waren, die in jedem Fremden nur den unerwünschten Bittsteller auf der Suche nach einem Ei oder hundert Gramm Butter sahen.

Ein Mädchen empfing uns freundlich im Dorfwirtshaus: »Essen? Aber sicher. Wartet nur auf Maman, sie wird euch etwas Gutes kochen! Bleibt ihr über Nacht? Warum nicht, Maman wird euch ein Zimmer vermieten.«

Zur Mittagsstunde am nächsten Tag hatten wir schon das ganze Dorf kennengelernt und hatten um einen Spottpreis ein Bauernhäuschen gemietet, das aus einer riesengroßen Küche und einer Kammer bestand. Es war das höchstgelegene Haus des Dorfes und sie nannten es daher das »Schloss«, obwohl es nicht die geringste Ähnlichkeit mit einem Schloss aufwies. Über der Eingangstür stand die Jahreszahl 1818.

Etwa sechzig Menschen lebten in diesem Dorf. Zehn Familien, alle waren miteinander verwandt. Es handelte sich um eine autonome Gemeinde mit eigenem Bürgermeister, eigener Schule und eigener Kirche, in der der Priester jedoch höchstens ein- oder zweimal im Jahr eine Messe las.

Es war eine wohlhabende Gemeinde. Sie verfügte über weitläufige Almen, auf denen das Vieh gemeinsam weidete, und ausgedehnte Wälder, aus denen jeder Bewohner das Brennholz holte, das er benötigte. Die Äcker lagen rund um den Dorfkern, jeder hatte seine Felder in der Nähe des eigenen Hauses. Obwohl sie diese, im Gegensatz zu Almen und Wäldern, noch nicht kollektiviert hatten, schienen sie auf dem besten Weg dahin zu sein. Alle arbeiteten eng zusammen und tauschten vernünftigerweise Arbeitskraft und Gerätschaften untereinander aus. Es gab keine Ausgebeuteten, da jede Familie den eigenen Besitz mit eigenen Händen bewirtschaftete. Und wenn sie während der großen Arbeiten manchmal junge Burschen, meist aus Sozialeinrichtungen, ins Haus nahmen, dann behandelten sie sie nicht besser oder schlechter als ihre eigenen Kinder.

»Die Kinder anderer Leute«, sagte die Frau des Bürgermeisters, »müssen wie eigene behandelt werden. Sind wir nicht alle gleich? Alle müssen arbeiten, wer etwas hat und auch wer nichts hat.«

Ihre Kinder erzogen sie gut. Nie hörte ich in diesem Dorf ein Kind weinen (das jüngste Mitglied der Gemeinschaft war vier Jahre alt). Gut genährt und gut gepflegt gingen sie bis zum fünfzehnten Lebensjahr in die Schule und mussten weder Haus- noch Feldarbeiten verrichten. Nach dem Unterricht machten sie ihre Hausaufgaben und spielten miteinander. Erst mit fünfzehn begannen sie, die Eltern zur Arbeit zu begleiten. Einige lernten noch weiter und besuchten im Tal die Oberschulen. Im Dorf gab es zwei Schüler, die sich auf ihr Abitur vorbereiteten und einen Absolventen der Fakultät für Naturwissenschaften in Grenoble. Tagsüber bestellte er seine Äcker, abends schrieb er an seiner Dissertation.

Auf den Feldern schufteten die Frauen ebenso hart wie die Männer. Sie verrichteten alle Arbeiten, mit Ausnahme der allerschwersten wie Heumahd oder Aufladen von Säcken. Mit ihren Ehemännern teilten sie sich die Verwaltung des Familienvermögens. Sie hatten nur zwei oder drei Kinder, blieben kräftig und wirkten nicht so abgerackert wie die armen Mütter allzu kinderreicher Familien. Sie fühlten sich den Männern nicht unterlegen und sie waren es auch nicht.

»Das ist ja ein mustergültiges Dorf«, sagte ich zur Bürgermeisterin, einer sehr weisen Frau. Auch sie verrichtete noch Feldarbeiten, doch ihre Kräfte ließen schon etwas nach und so traf man sie inzwischen oft in der Küche an, wo sie neben dem Ofen saß und Wäsche stopfte oder einen Korb Gemüse putzte. Oder sie spann an einem altertümlichen Spinnrocken die Wolle ihrer Schafe, die sie selbst geschoren, gewaschen und kardiert hatte. Mit ihrer schwarzen Kittelschürze, dem blassen Lächeln und ihren gewellten silbernen Haaren sah die Bürgermeisterin sehr vornehm aus.

»Ja, es geht uns recht gut, Madame Valéry«, antwortete sie. »Wir haben, was wir brauchen. Sie dürfen aber nicht glauben, dass das immer schon so gewesen ist. Noch vor dem letzten großen Krieg war das Dorf arm, sehr arm sogar. Sehen Sie diese Steinreihen, diese Grenzzeichen oben auf dem Berggipfel? Mein armer Papa mähte das Gras dort oben. Zwei Stunden Fußweg hinauf, eine Stunde für den Rückweg, und dann musste das ganze Heu mit dem Esel abtransportiert werden. Es gab nur einen einzigen reichen Mann im Dorf, einen gewissen Monsieur Delaire, der sich das schöne Haus, das Sie dort drüben sehen, bauen ließ. Er war reich und machte die anderen arm. Er hatte von der Gemeinde die Almweiden gepachtet und überließ sie uns zu überhöhten Preisen. Er drängte uns dazu, viel Vieh zu kaufen. Er selbst handelte für uns die Verträge aus und lieh uns das Geld, damit wir die Tiere bezahlen konnten. Doch der Zinssatz seiner Kredite war hoch und bedeutete für uns eine starke Belastung. Irgendwann konnten wir die Schulden nicht mehr bezahlen, also beschlagnahmte er unser Vieh. Er war unser Herr geworden und die Gemeinde litt seinetwegen. Seine Kinder waren überheblich und hatten nur Verachtung für uns übrig, wenn sie mit ihren Grammophonen und ihrer modischen Kleidung aus der Stadt herauffuhren. Dann starb Monsieur Delaire, und seine Kinder, die das Dorf ja verabscheuten, zogen endgültig von dannen. Erst seit kurzem ist eine seiner Töchter, notgedrungen, wieder zurückgekehrt. Sie hat jetzt gar nichts mehr und arbeitet wie wir als Bäuerin. Haben Sie diese Frau, die mit den beiden armen, schwachsinnigen Jungen herumspaziert, gesehen? Das sind ihre Söhne. Wenn ich sie so sehe, sage ich nur eines: Gottesurteil.«

Mit ihren blassen Fingern zog die Bürgermeisterin am weißen, an manchen Stellen schwarz gepunkteten Wollfaden, als hätte sie die Absicht, an der Geschichte eines Schicksals zu spinnen.

»Damals«, sagte sie, »zu Zeiten von Monsieur Delaire, verließen viele den Ort. Die Jungen suchten sich eine Arbeit in der Stadt. Sie machten es wie alle anderen auch. Es gibt hier Dörfer, die heute noch verlassen sind; auf ihren Feldern wuchert das Unkraut und die Dächer zwischen den Hausmauern stürzen ein. Die Stadtleute sagen immer: Die Bauern tun nicht gut daran, ihr Land aufzugeben, sie sollten die Äcker und Felder nicht verwahrlosen lassen. Aber ist es denn nicht natürlich, dass man dorthin gehen will, wo das Leben besser ist? Wenn das Leben in der Stadt nun einmal leichter ist und man mehr verdient als in den Bergen? Konnte man es ihnen verübeln, dass sie in der Stadt leben wollten? Jetzt, da es uns hier gut geht und wir wie in einer großen Familie zusammenleben, verlässt niemand mehr das Dorf. Auch die Jungen, die außerhalb studieren, kommen herauf, sobald sie einige Tage frei haben. Und kaum sind sie da, nehmen sie Harke und Sense zur Hand oder die Axt, um Holz zu machen. Ich habe meinem Sohn nie gesagt: Du musst Bauer werden. Und auch sein Vater hat ihm freie Wahl gelassen. Aber er ist zu uns zurückgekommen, er hat hier geheiratet und teilt unser Leben.«

Immer wieder führte ich lange Gespräche mit der Bürgermeisterin und mit anderen Frauen des Dorfes. Inzwischen waren wir in die großen Familien aufgenommen worden. Die beiden vom Himmel gefallenen Korsen waren keine Fremden mehr.

Wie alle anderen hatten auch wir das Recht, Brennholz im Wald zu hacken, und Lussu kehrte von jedem Spaziergang mit Holzscheiten oder Reisigbündeln beladen zurück.

Ich kümmerte mich um das Haus. Wir ließen auch unseren künstlerischen Talenten freien Lauf und dekorierten die Wände unseres »Schlosses« mit Malereien und Zeichnungen.

Doch eine derart idyllische Existenz konnte für uns nicht von Dauer sein. Es gab Wichtigeres zu tun. Ende September fuhren wir wieder hinunter nach Marseille.

Unser altes Marseille! Hier fühlten wir uns inzwischen beinah schon ein bisschen heimisch. Claudina, Ezio und das Archiv befanden sich immer noch kampfbereit an Ort und Stelle, und ich nahm meine Aktivität als Fälscherin wieder auf. Oft fuhr ich nach Lyon, nach Toulouse, an die schweizerische und an die italienische Grenze, da Lussu unbedingt einen Weg finden wollte, um illegal nach Italien einreisen zu können. Nötigenfalls würden wir versuchen, über Korsika nach Sardinien überzusetzen. Dafür jedoch brauchten wir viel Geld, und Lussu erwartete es von seinen Freunden in Amerika, zu denen er noch vor der Abreise aus London einen unserer Genossen entsandt hatte. Zudem standen wir in regem Kontakt mit französischen Widerstandsgruppen.

Das Wohnungsproblem hatten wir jedenfalls glücklich gelöst. Nachdem uns ein französischer Freund als gaullistische Aktivisten aus Korsika, die zu gewissen Vorsichtsmaßnahmen gezwungen wären, empfohlen hatte, waren wir bei einem sehr netten Ehepaar, das am Stadtrand von Marseille lebte, untergekommen. Der Mann war früher Besitzer einer Wurstwarenhandlung gewesen und hatte lange Jahre in Nordafrika gelebt. Er hatte den biederen Wohlstand des französischen Kleinbürgertums kennengelernt, doch nun war er, nach einigem Ungemach und aus gesundheitlichen Gründen arbeitsunfähig, wiederum ins Proletariat abgesunken. Um über die Runden zu kommen, arbeitete seine energische und immer lächelnde Gattin als Bedienerin und verrichtete niedrigste Arbeiten. Ihr Haus war jedoch komfortabel, gut in Schuss und es konservierte den Glanz des einstigen Wohlstandes.

Der ehemalige Wursthändler war ein großherziger Mann von ausgesuchter Höflichkeit. Er war Patriot, doch trug er nicht den typischen Chauvinismus des Durchschnittsfranzosen zur Schau, der diesen Menschenschlag manchmal unerträglich macht. Sein Lieblingsthema kreiste um die Erfahrungen aus der Kolonialzeit.

»Ich habe gern in der Kolonie gelebt«, sagte er. »Ich lernte Arabisch und war mit vielen Arabern befreundet. Ich zeigte ihnen meine Wertschätzung und sie verhandelten mit mir offen und ehrlich; da bestand nicht das Misstrauen, das üblicherweise den Eingeborenen vom europäischen Kolonialherren trennt. Wir Franzosen finden ja generell nicht den richtigen Weg, mit den Eingeborenen umzugehen. Einerseits sind wir zu distanzlos, andererseits zu arrogant. Von Respekt haben wir keine Ahnung. Und dann noch diese Inkompetenz in der Verwaltung … wie dumm wir agieren! Wir nehmen den Arabern das Land, das sie bearbeiten und auf dem sie leben, und überlassen die Beute arbeitsscheuen und unerfahrenen Schnöseln, die in die Kolonien strömen, um in kurzer Zeit auf dem Rücken der Kolonisierten ein Vermögen anzuhäufen, nachdem sie in den Metropolen keine Pfründe mehr finden konnten! Sollten die Araber eines Tages gegen uns und gegen die Juden, die ihnen mit ihren Wucherzinsen und ihrer Geschäftemacherei das Blut aussaugen, eine Revolution beginnen, dann bin ich mir nicht sicher, welchen Standpunkt ich diesbezüglich einnehmen werde. Aber gewiss werde ich, unter uns gesagt, im Geheimen denken, dass ich es an ihrer Stelle genauso gemacht hätte. Das heißt aber nicht, dass es die anderen Europäer besser können. Die Belgier behandeln die Eingeborenen noch viel brutaler als wir, die Spanier und die Portugiesen haben eine völlig korrupte Verwaltung, und was unsere Nachbarn, die Italiener, betrifft, mit ihrem Balbo und diesem Graziani …«

»Man darf den Faschismus nicht mit Italien verwechseln«, widersprachen wir etwas hitziger, als man es von französischen Staatsbürgern erwarten konnte. »Das sind Auswüchse eines Regimes, nicht eines Volkes.«

Ich erinnerte mich daran, was ich in Bengasi über Graziani gehört hatte, als er dort Gouverneur war. Dieser finstere und neurotische Mann lebte damals, bewacht von Askaris in leuchtenden Uniformen, mit seiner verblühten Ehefrau und der einzigen Tochter, einem schwachsinnigen Mädchen – Gottesurteil! hätte die Bürgermeisterin gesagt –, im großen maurischen Palast. Man munkelte viel über die grässlichen Repressalien gegen die Araber und die letztendlich erfolgreiche Gefangennahme des Rebellenführers Omar-el-Muktar. Ein Augenzeuge erzählte mir, der schon zum Tode verurteilte Omar-el-Muktar hätte am Abend vor seiner Hinrichtung um ein persönliches Gespräch mit Graziani gebeten. Graziani lehnte erst ab, ließ ihn dann aber doch vorführen, weil er wohl dachte, der arabische Anführer entschließe sich aus Todesangst vielleicht zu wichtigen Enthüllungen. »Du hast mich besiegt«, sprach Omar-el-Muktar und blickte mit klarer Miene dem faschistischen General in die Augen, »und es ist recht so, dass ich sterbe. Ich achte dich, weil du mich besiegt hast, denn das war nicht einfach. Bevor ich sterbe, wollte ich dich sehen und dir die Hand reichen, wie man es unter rechtschaffenen Feinden macht.« Er, der arabische Ehrenmann, der sein Land und seine Mitstreiter mit beispiellosem Durchhaltevermögen verteidigt hatte, streckte seine Hand unter dem weißen Burnus hervor. Doch der faschistische General verbarg seine Rechte hinter dem Rücken und trug den Wachen in vulgären Worten auf, den Gefangenen fortzuschaffen.

»Die Engländer machen es vielleicht etwas besser«, sagte der alte Kolonist. »Viel klüger als wir sind sie wohl auch nicht, aber sie lassen andere leben und mischen sich nicht in private Angelegenheiten, Sitten und Gebräuche der Eingeborenen. Sie verachten sie, halten sich fern, lassen ihnen aber so mehr Freiheiten. Trotzdem ist diese ganze Kolonialgeschichte eine einzige Ungerechtigkeit. Kolonien sollte es überhaupt keine mehr geben. Für niemanden.«

Am Morgen des 4. November hörten wir es heftig an unsere Zimmertür pochen. Es war unser Hauswirt. Zitternd vor Freude stammelte er aufgeregt: »Die Amerikaner sind in Marokko gelandet! Sie sind gelandet und treffen auf keinerlei Widerstand! Was für ein Schlag, was für ein Schlag gegen die *Boches*!«

Als dann die *Boches* einige Tage später, nachdem sie die Besetzung von ganz Frankreich beschlossen hatten, unter dem Getrampel ihrer Stiefel und mit rollenden Panzern in Marseille eintrafen, sahen sie tatsächlich schon anders aus als die stolzen Eroberer, die damals in Paris im Stechschritt durch den *Arc du Triomphe* marschiert waren. Die Bevölkerung sah ihnen ebenso hasserfüllt, jedoch um einiges weniger entsetzt zu. Ihre Okkupation war nun nicht das Ergebnis eines Erfolges, sondern das einer Niederlage. Die Uniformen waren schmuddeliger, die Gesichter weniger dreist, ihr Auftritt weniger martialisch. Die Menschen betrachteten das Defilee mit gemischten Gefühlen. Vielleicht würde sich das Blatt demnächst wenden.

Während ich mit dem Archiv beschäftigt war, hämmerten vor Claudinas Tür stundenlang der endlose Rhythmus schlagender Schritte und die klappernden Hufe großer Kavalleriepferde auf das Pflaster. Die Karren mit ihren Lafetten und Maschinengewehren, die vollbeladenen Lastkraftwagen und das Rasseln der Panzer ließen die Hausmauern erzittern. Was haben all diese Streitkräfte in Marseille vor? Werden sie nach Tunesien verschifft? Ziehen sie nach Italien weiter? Bleiben sie hier, um die Küste zu verteidigen?

Die Stadt wimmelte buchstäblich von Deutschen. Überall wurde Deutsch gesprochen, fast wie in München oder in Berlin, und die Grobschlächtigkeit des teutonischen Militarismus unter diesem strahlenden Himmel, in diesen unbeschwert fröhlichen Gassen war erschütternd und tat mir im Herzen weh.

Als dann auch noch die Gestapo kam, begann das bleierne Gewicht der Besatzung die Bevölkerung zu zermalmen.

Die Polizei des Vichy-Regimes, die durch das liebliche provenzalische Klima mittlerweile etwas besänftigt war und schon menschlicher und etwas nachlässiger agiert hatte, schaltete wieder auf stur und begann erneut zu wüten. Um die Ordnung aufrecht zu erhalten und die Polizei sowie die Besatzungstruppen zu entlasten, trafen überdies Sonderabteilungen der S. O. L., der Miliz des »Vaters des Vaterlandes« Petain ein. Eine der spektakulärsten Operationen dieser vereinigten Kräfte vollzog sich auf dem Terrain des Alten Hafens, dem ärmsten und daher der Kollaboration am wenigsten freundlich gesinnten Stadtviertel von Marseille. Als die Bewohner des Alten Hafens eines schönen Morgens wie üblich zur Arbeit gehen wollten, sahen sie sich, ohne jegliche Vorwarnung, mit Absperrungen der Polizei konfrontiert, die unter Aufbietung sämtlicher Kräfte das ganze Viertel umzingelt hatte. Männer, Frauen, Greise, Kinder – ungefähr 40.000 Menschen – wurden aus ihren Häusern getrieben und zu einer Ausweiskontrolle gezwungen. Schließlich verfrachtete man sie in Konzentrationslager unter freiem Himmel, die teilweise hunderte Kilometer von Marseille entfernt lagen. Die Häuser der Vertriebenen wurden von S. O. L.-Einheiten, von Polizisten und Polizeianwärtern dreist geplündert und zum überwiegenden Teil anschließend mit Dynamit gesprengt. Man habe dies als Säuberungsaktion gegen die kriminelle Unterwelt und als radikale Sanierung gesundheitsgefährdender Stadtteile gemacht, hieß es in der Presse.

Schon in den ersten Tagen der deutschen Besatzung wurde unter drakonischen Strafandrohungen eine allgemeine Volkszählung angeordnet. Diese brachte uns in eine höchst prekäre Lage, da unsere Identitätsnachweise und Lebensmittelkarten, die wir einer amtlichen Kontrolle nicht vorlegen konnten, ab sofort wertlos wurden. Zudem häuften sich unter dem Einfluss der Gestapo die Straßenrazzien und Hausdurchsuchungen.

Seit der deutschen Okkupation waren auch die Überfahrten nach Korsika eingestellt worden. Ausnahmen gab es nur mehr für Truppenverlagerungen und für Personen, die eine Sondergenehmigung aus Vichy vorweisen konnten. Über Korsika konnten wir also nicht mehr nach Italien gelangen. An der französisch-italienischen Grenze sah die Situation nicht viel besser aus. Das faschistische italienische Heer besetzte Frankreich bis zum Departement Var und viele unserer Genossen waren schon verhaftet worden. Wir unternahmen nun noch einen letzten Versuch: Trotz umfangreicher Truppenbewegungen der Besatzungsarmee fuhren wir nach Cannes. Der Anblick all dieser graugrünen Uniformen und all dieser italienischen Gesichter berührte uns seltsam. Wir hatten ein Treffen mit einem Genossen verabredet, der uns informieren sollte, ob eine Einreise nach Italien entlang der tyrrhenischen Küste möglich sei. Doch der Genosse traf nie ein. Nach langem Warten riskierten wir einen Anruf bei seiner Frau.

»Sie haben ihn heute Morgen geschnappt«, antwortete eine verzweifelte Stimme. »Die Faschisten haben ihn mir weggenommen.«

Wieder zurück in Marseille erfuhren wir noch am selben Abend, dass die Gestapo einen unserer korsischen Freunde, unsere wertvollste Stütze, verhaftet hatte.

Nun galt es, Marseille schnellstens zu verlassen. Wir mussten versuchen, unsere Beziehungen zu Italien wieder über die Schweiz anzuknüpfen.

Signora Maria

Die Schaltzentrale für unsere Kontakte in die Schweiz lag in Annemasse, einer kleinen französischen Stadt an der Grenze, wenige Kilometer von Genf entfernt. Dort existierte eine tapfere Truppe von G. L.-Genossen. Die Seele dieser Zentrale war Signora Maria, eine mutige Frau aus der Romagna. Ihr Mann, ein äußerst aktiver antifaschistischer Widerstandskämpfer, war schon mit Lussus Hilfe nach Mexiko ausgereist. Die französische Polizei hatte ihn kurz nach Kriegsausbruch verhaftet und in ein Konzentrationslager gesperrt. (Frankreich wollte damals keinen »ideologischen Krieg«, dabei wurden die Antifaschisten verhaftet, während die Faschisten frei herumspazierten.) Er war geflohen und es bestand die Gefahr, sollte er wieder geschnappt werden, dass man ihn an Italien auslieferte und er erschossen würde.

Maria hatte die Leidenschaft für Politik mit der Muttermilch eingesogen. Sie entstammte einer Familie, die Generationen glühender und unbeugsamer Verfechter der republikanischen Idee hervorgebracht hatte. Sie selbst hatte schon von frühester Kindheit an den politischen Kampf mitgetragen. So bewahrte sie im Alter von nur neun Jahren einmal die republikanischen Parteigänger von Sarzana vor einer Katastrophe: Als die faschistische Polizei das Haus ihres Vaters durchsuchen wollte, lag sie gerade krank im Bett. Geistesgegenwärtig stand sie jedoch auf, sammelte die im Haus versteckten Waffen ein und verbarg sie unter ihrer Matratze. Als die Polizisten das Mädchen blass unter den Daunendecken liegen sahen, wäre es ihnen wohl nie in den Sinn gekommen, dass Maria auf Handgranaten und Revolvern ruhte.

Im französischen Exil beteiligte sich Maria an den antifaschistischen Aktivitäten ihres Mannes. Während des Spanischen Bürgerkriegs, als man versuchte, aus der Schweiz Waffen für die republikanischen Truppen herauszuschmuggeln, ging sie zu Fuß mehrere Male nach Genf, um Pistolen und Teile von Maschinengewehren zu übernehmen. Mit dem Kinderwagen, in dem ihre damals wenige Wochen alte Tochter lag, verließ sie das Haus, wechselte mit den Zöllnern ein paar freundliche Worte über das schöne Wetter und den Gesundheitszustand der Kinder und spazierte weiter auf schweizerisches Territorium. Während des Rückwegs trug sie ihr Kind auf dem Arm und der Kinderwagen war vollgefüllt mit Waffen.

Sie verfügte über ein sehr impulsives Wesen und hatte sich mehrmals den Spaß gegönnt, in aller Öffentlichkeit einige faschistische Würdenträger zu ohrfeigen, darunter auch den italienischen Vizekonsul in Genf. Sooft ihre Opfer auch ein Eingreifen der Ordnungskräfte einforderten, nie konnte man ihr etwas anhaben. Die Passanten, die sich mit der sympathischen und heißblütigen Frau aus der Romagna solidarisierten, standen ihr bei und leugneten das Geschehen. »Ich und Ohrfeigen?«, rief Maria dann unerschrocken. »Dieser Herr ist doch verrückt. Vielleicht erträumt er sich Ohrfeigen, weil er welche verdient? Meinen Sie wirklich, dass eine Dame wie ich durch die Straßen geht und Ohrfeigen austeilt?« »Wir haben nichts gesehen. Die Signora ist einfach nur ihrer Wege gegangen«, bestätigten die Umstehenden, die die Demütigung der Faschisten nicht ungern sahen.

Signora Marias Gastfreundschaft war sprichwörtlich. Nie verlor sie die Fassung, wenn ihr Mann im letzten Augenblick sechs oder sieben unerwartete Gäste nach Hause mitbrachte. In Windeseile drehte sie dann ein paar Hühnern den Hals um, verknetete zehn oder zwölf Eier zu einem Teig für *Tagliatelle* und tischte köstliche Mahlzeiten in ihrer mehr als bescheidenen kleinen Wohnung auf. Alle italienischen Widerstandskämpfer in Frankreich kannten die *Tagliatelle* der Signora Maria.

Ihre drei hübschen und intelligenten Töchter erzog sie mit viel Disziplin. Oft gab es eins auf das Hinterteil, niemals aber grundlos. »Mamma ist streng«, sagte die Älteste, die es wegen ihres rebellischen Charakters am häufigsten traf. »Aber sie ist gerecht.«

Auch nach der Abreise ihres Mannes hielt sie die Fahne des Antifaschismus mit unverminderter Tapferkeit hoch, obwohl sie sich nun allein um die Erziehung ihrer drei Töchter kümmern musste und den Gefahren durch die Vichy-Polizei, die O. V. R. A. und die deutsche Besatzung ausgesetzt war. Sie ging hohe Risiken ein, wenn sie heimlich Juden, Emigranten und aus Gefängnissen Geflüchteten zu einem Übertritt in die Schweiz verhalf. Sie tat dies mit Unterstützung ihrer noch kleinen Mädchen, die jedoch durch die mütterliche Erziehung auf den Kampf vorbereitet waren.

Zu ihr fuhr ich immer, wenn Lussu mich aussandte, um die Kontakte mit den italienischen Genossen in der Schweiz aufzunehmen, die ihrerseits mit Italien Verbindung halten sollten. Doch nicht all unsere Genossen verfügten über so viel Kampfgeist wie Signora Maria. Um weitere Aktivitäten voranzutreiben, hatte Lussu diesmal beschlossen, sich nicht mit schriftlichen Botschaften zu begnügen, sondern eine Unterredung an der französisch-schweizerischen Grenze zu organisieren. Die Sache war nicht ganz einfach, da die Überwachung der Grenze auf französischer Seite nicht allein der französischen Polizei unterstand, sondern inzwischen auch Spezialkommandos der deutschen Finanzpolizei sowie Gestapoeinheiten im Bereich der Spionageabwehr Dienst taten.

Die erste Schwierigkeit bestand darin, Lussu überhaupt nach Annemasse zu holen. Da er hier lange gelebt hatte, war er stadtbekannt, und der Polizeichef, ein Faschist, hatte ihn schon damals überwachen lassen. Mit der Eisenbahn konnte er nicht kommen, da es entlang der Strecke und bei der Ankunft Kontrollen gab. Auch ich, eine unbescholtene Frau, hatte schon diverse Probleme gehabt. Das letzte Mal hatten mich zwei Gendarmen des Kontrollpostens misstrauisch gemustert, hatten meinen Ausweis (natürlich eine französische *Carte d'identité*) verlangt und ihn mit übermäßigem Interesse in Augenschein genommen.

»Was ist der Grund Ihres Aufenthaltes in Annemasse?«, hatten sie mich gefragt.

»Ich möchte mit der Direktorin des Roten Kreuzes sprechen. Ich will klären, ob sie in einem ihrer Heime etwa dreißig arme, heimatlose Kinder aus Marseille unterbringen kann.«

»Und wo werden Sie die Nacht verbringen?«

»Im Hotel.«

»Sämtliche Hotels sind von den Deutschen requiriert worden.«

»Dann werde ich die Direktorin bitten, dass sie mir ihre Gastfreundschaft gewährt.«

»Sie haben keine Freunde oder Bekannte in Annemasse?«

»Niemanden.«

»Kommen Sie zum ersten Mal hierher?«

»Zum ersten Mal.«

»Wie heißen Sie?«

»Sehen Sie doch im Ausweis nach.«

»Nein, ich möchte es von Ihnen hören.«

»Catherine Durand.«

»Geboren in?«

»Versailles.«

»Geburtsdatum?«

Ich fing zu kichern an, als hielte ich das für eine reizende Art, nach dem Alter einer Dame zu fragen. In Wirklichkeit erinnerte ich mich nicht mehr so genau an das Datum, das in meinem Dokument stand, da ich es erst am Tag zuvor in großer Eile angefertigt hatte.

»Sie lachen«, sagte der Gendarm, »aber ich tue hier meine Pflicht, und das ist keine Kinderei.«

»Man möchte meinen«, sagte ich, »sie hätten den Verdacht, das Dokument sei gefälscht!«

»Es gibt viele Leute, die mit gefälschten Papieren hier heraufkommen«, antwortete er.

»Wenn Sie das quält, dann rufen Sie doch in meiner Heimatgemeinde an, das sollte Sie beruhigen.«

»Na gut«, sagte er. Ich hatte ihn überzeugt. »Und besten Dank.« Daraufhin gab er mir den Ausweis zurück.

Ganz gewiss konnte man Lussu solchen Scharmützeln nicht aussetzen. Wir mussten ein Auto organisieren, das ihn in Aix-les-Baines oder in Annecy abholen würde. Es gab zwar auch entlang der Straßen diverse Kontrollen, doch die waren weniger streng und seltener als in der Eisenbahn. Einen Wagen zu finden, erwies sich als kompliziert. Fast alle Automobile waren beschlagnahmt worden und die wenigen verbliebenen durften ohne Spezialgenehmigungen des Kommissariats nicht in Betrieb genommen werden.

Die Freunde in Annemasse, die mit französischen Widerstandsgruppen in Kontakt standen, trieben schließlich ein Taxi auf und statteten es mit der nötigen Fahrerlaubnis aus. Ich sollte Lussu in Annecy am Nachmittag abholen. Bei Dunkelheit würden wir in Annemasse eintreffen. Unter Umgehung des Kontrollpostens verließen wir den Bahnhof von Annecy und gingen in Richtung Wagen. Unangenehm überrascht erblickten wir unseren Fahrer in ein Gespräch mit einem Mann verwickelt, der eindeutig nach Polizei aussah.

»Der Herr Kommissar«, sagte der Fahrer, »hat den Zug nach Annemasse verpasst und fragt an, ob er die Gelegenheit wahrnehmen kann und mit uns im Auto mitfahren darf.«

»Aber sicher doch, mit dem größten Vergnügen«, antwortete Lussu. Während der Fahrt unterhielten wir uns über Wintersport, das Angebot an Sanatorien in der Region, über unseren Neffen Michel und unsere Nichte Luisa, die krank wären und deren Mutter wir einen Besuch versprochen hätten. Mit diesem Kommissar an Bord wurden alle Straßensperren souverän gemeistert, und ohne weitere Zwischenfälle trafen wir bei Signora Marias dampfenden *Agnolotti* ein. Zur Feier des Tages hatte sich Maria waghalsig in die Abgründe des Schwarzmarktes gestürzt.

Die Genossen von Annemasse schlugen für die Unterredung an der Grenze folgenden Plan vor: Nach Einbruch der Nacht sollten Lussu und ich mit dem Fahrrad bis zu einer Kreuzung etwa zehn Kilometer außerhalb von Annemasse fahren; von dort aus würden wir mit einem ortskundigen Führer, einem mutigen sechzehnjährigen Jungen, den kurzen Abschnitt bis zur Grenze zu Fuß weitergehen. Der französische Zöllner, den der Junge kannte, würde keine Fragen stellen. Und was die deutschen Patrouillen betraf, so hatten mehrere Erkundungsgänge ergeben, dass abends zwischen neun und halb zehn Uhr an dieser Stelle niemand vorbeikam. Ein Schweizer Bauer, der ein Haus direkt an der Grenze besaß, sollte im hohen, netzartigen Zaun, der seinen Besitz von der französischen Hauptstraße trennte, ein Schlupfloch vorbereiten. Und in ebendiesem Haus würde das Treffen mit unseren Freunden stattfinden. Der Sohn des Bauern würde nach Genf fahren und sie dort abholen.

Als es dunkel war, brachen wir auf, und der erste Teil unseres Programms verlief auch wunschgemäß. Die Probleme begannen, als wir etwa hundert Meter vor dem Loch im Grenzzaun, das uns gestatten sollte, in die Schweiz zu schlüpfen, den schweren Schritt einer deutschen Patrouille hörten. Sie kam uns entgegen und richtete den Strahl einer starken elektrischen Stablampe auf uns. Wir schritten unverdrossen weiter, bis sich die Deutschen vor uns aufpflanzten.

»*Papiere! Papiere!*«, befahlen sie grob.

»Was macht ihr hier? Wo wollt ihr hin?«, fragten die Landsknechte in hartem und gebrochenem Französisch.

»Wir gehen zu meinem Onkel, zu Monsieur Bouvet nach Juvigny, das ist zwei Kilometer von hier entfernt«, antwortete der Junge, der die Gegend gut kannte.

»Was macht ihr dort?«

»Der Onkel hat uns zum Abendessen eingeladen.«

»Zum Abendessen, ha, ha«, feixten die Deutschen. »Um diese Uhrzeit, zum Abendessen.«

»Wie sollten besser die Wahrheit sagen«, meinte Lussu. »Monsieur Bouvet, der Onkel dieses Jungen, hat uns ein paar Hühner, Eier und Butter versprochen. Wenn uns aber die französischen Zöllner, diese Hungerleider, sehen, dann nehmen sie uns vermutlich alles ab. Deshalb sind wir jetzt erst unterwegs; in der Dunkelheit hofften wir, ungesehen an ihnen vorbeizukommen.«

»Um diese Uhrzeit spaziert man aber nicht im Grenzgebiet herum«, sagten die beiden und schienen schon etwas besänftigt. Sie hielten uns das Licht der Stablampe ins Gesicht, um uns besser zu sehen. Wie Juden sahen wir nicht aus, dem Anschein nach waren wir gewiss auch keine englischen oder polnischen Kriegsgefangenen. Wir trugen schlichte Trenchcoats, hatten weder Taschen noch Koffer bei uns, nichts deutete darauf hin, dass wir illegal die Grenze überschreiten wollten.

Die Deutschen gaben uns unsere Ausweise zurück und in diesem leicht tänzelnden Schritt, der ihnen zu eigen ist, setzten sie ihren Kontrollgang fort.

Auch wir machten uns wieder auf den Weg. Als wir zunächst am Loch im Grenzzaun vorbeispazierten, sahen wir es uns sorgfältig an, danach kehrten wir um, hielten uns nah am Netz und schlüpften rasch durch die winzige Öffnung. Wir waren in der Schweiz.

Wir betraten das Haus, in dem uns ein gebrechlicher, verschreckter alter Mann empfing. Wir warteten. Eine halbe Stunde später klopfte jemand an der Tür.

»Endlich, das sind unsere Freunde«, sagten wir.

»Das ist die Finanzwache«, sagte der Alte. Er drängte uns in einen dunklen Nebenraum. Wir spitzten die Ohren.

»Uns wurde zugetragen, dass drei Personen Euer Haus betreten haben«, sagte eine Stimme, die ganz sicher nicht zu einem unserer Genossen gehörte.

Jemand riss die Tür auf. Vor uns stand ein Schweizer Offizier in Begleitung von vier weiteren Soldaten.

»Sie haben auf illegale Weise Schweizer Territorium betreten«, sagte der Offizier streng.

»Weniger illegal, eher unbeabsichtigt«, antwortete Lussu. »Wir spazierten gerade die Straße entlang, als wir eine deutsche Patrouille hörten. Um ihr auszuweichen, sind wir ohne lange nachzudenken hier hereingeschlüpft. Es war überhaupt nicht unsere Absicht, Schweizer Boden zu betreten. Im Gegenteil, wir möchten sofort nach Frankreich zurück. Aber erlauben Sie uns, etwas abzuwarten, bis keine deutschen Soldaten mehr vorbeikommen, damit wir ihnen nicht noch einmal vor die Füße laufen. Wir sind Franzosen. Sie verstehen?«

»Sind Sie etwa Feinde der herrschenden Ordnung? Werden Sie gesucht? Sind Sie in Gefahr?«

»Jeder gute Franzose ist in Frankreich heutzutage in Gefahr.«

»Und Sie sind nicht in die Schweiz gekommen, um hier zu bleiben? Sie berufen sich nicht auf das Asylrecht?«

»Nein«, sagte Lussu ohne Zögern, »wir wollen sofort wieder nach Frankreich zurück.«

»Ich kann Sie nicht einfach so gehen lassen«, sagte der Offizier, »ohne meine Vorgesetzten zu informieren. Folgen Sie mir bitte.«

Wir marschierten also durch weiche, schlammige Felder dem Schweizer Offizier hinterher. Es schien, als wollte uns die Erde, die nun an unseren Schuhen klebte, zum Bleiben einladen. Wir waren in der Schweiz! Hier würden wir alle Alpträume, alle Gefahren und tödlichen Risiken abschütteln können. Bloß ein Wort, und wir wären frei und in Sicherheit.

Doch wir waren nicht in die Schweiz gekommen, um zu bleiben. Unser Platz war woanders.

Der Offizier telefonierte mit seinen Vorgesetzten und verkündete uns anschließend, dass wir gehen könnten, da wir darauf bestünden, nach Frankreich zurückzukehren. Er gab uns unsere französischen Ausweise zurück und begleitete uns bis zum Grenzzaun. Zwei seiner Soldaten überprüften, ob deutsche Patrouillen in der Nähe waren, dann half er uns galant durch das Netz. So kehrten wir aus einer zivilisierten Gesellschaft wieder in die Barbarei und aus einem Rechtsstaat zu Gangstern und Banditen zurück.

Rasch und schweigend marschierten wir die Straße entlang. Wir hatten schon die französische Zollstation passiert und waren nicht mehr weit von der Stelle entfernt, wo wir unsere Fahrräder zurückgelassen hatten. Auf einmal hörten wir ganz in der Nähe Stimmen. Eine Stablampe ließ uns in feindlichem Licht erstarren.

Die Deutschen! Noch eine Patrouille!

Diese hier sahen bösartiger aus als die ersten, und sie hielten die Gewehre gegen uns im Anschlag. Sie waren zu dritt. Einer stellte sich hinter uns, einer vor uns, einer an die Seite.

»Vorwärts, marsch! Zum Kommando!«

Wir versuchten etwas zu sagen.

»*Nichts parler! Nichts parler!*«, bellten sie. »Vorwärts!« So in die Zange genommen, machten wir uns auf den Weg zum Kommando, das etwa zwei Kilometer weit entfernt lag.

Es war sofort klar, dass sich unsere Eskorte nicht erweichen lassen würde. Sie verdächtigten uns der illegalen Einreise aus der Schweiz. Vor dem Kommando trat ich zu Lussu hin, um ihm den Schal um den Hals zu legen, da ein eisiger Wind aufgekommen war. Ich sah jedoch, wie der hinter ihm stehende Soldat das Gewehr anlegte und auf Lussus Rücken zielte. Rasch entfernte ich mich, und der Gewehrlauf wurde wieder in die Höhe gehalten.

Erst mussten wir im Freien warten, schließlich wurden wir in einen Raum geführt, in dem Bänke und Pulte standen. Ganz offensichtlich war dies eine ehemalige Schule. Zwei mit Revolvern bewaffnete Kerle, die wie Gestapo-Folterknechte aussahen, bewachten uns. Schweigend mussten wir noch einmal eine Weile warten, dann holten zwei Soldaten Lussu ab und führten ihn hinaus. Die Tür ging wieder zu.

»Werde ich ihn jemals wiedersehen? Was werden sie mit ihm anstellen? Er kommt gewiss nicht mehr zurück.« Bei diesen Gedanken gefror mir das Blut in den Adern. Doch ich spürte den forschenden Blick der beiden Schergen auf mir und musste mich unbeeindruckt zeigen, wie jemand, der nichts zu verbergen und auch nichts zu fürchten hatte.

»Darf man hier sprechen? Oder ist das verboten?«, fragte ich die Aufpasser.

»*Parler? Parler?*« Sie verstanden kein Französisch oder wollten es nicht verstehen. Ich hütete mich davor, Deutsch zu sprechen, weil ich dachte, dass es mir von Nutzen sein könnte, wenn sie nicht wüssten, dass ich ihre Sprache verstand.

Ich plauderte mit dem Jungen über die Kälte, die Verspätung, das Abendessen, das sicher kalt würde und anderes mehr. Es konnte ja sein, dass einer der Wachleute Französisch beherrschte und dass sie uns sprechen ließen, um zu hören, was wir sagten. Sie beobachteten uns in der Tat auch höchst aufmerksam. Der Junge war aber keineswegs eingeschüchtert und schwatzte munter drauflos. Dennoch, je mehr Zeit verrann, desto banger wurde es uns ums Herz. Eine Viertelstunde, zwanzig Minuten, eine halbe Stunde. Die Tür ging einfach nicht auf.

Wenn wenigstens die Wachen miteinander gesprochen hätten, wenn sie gesagt hätten, was uns erwartete. Doch die beiden Schurken schwiegen. Nur hin und wieder blickten sie sich bösartig grinsend an.

»Ich habe einen Bärenhunger«, verkündete der Junge.

»Ich auch«, sagte ich. »Und das Schlimmste ist, dass wir wahrscheinlich bis morgen früh hungrig bleiben werden. Um diese Uhrzeit werden wir gewiss nichts mehr bekommen.«

Vierzig Minuten, fünfzig Minuten, eine Stunde. Die Zeiger der Uhr waren wie verhext und die Tür ging immer noch nicht auf. Diesmal hatten uns unsere Gegner erwischt. Vor der Gestapo gibt es kein Entkommen.

Ich starrte auf meine Armbanduhr und sagte mir: »Wenn er in einer weiteren Viertelstunde nicht da ist, verliere ich jede Hoffnung.« Die fünfzehn Minuten waren fast vorbei, als ich Schritte auf der Treppe vernahm. Die Tür öffnete sich und Lussu trat in Begleitung der beiden Soldaten herein. Er blickte mich ernst und durchdringend an. Mein Versuch, mit ihm zu sprechen, scheiterte kläglich.

»*Nichts parler! Nichts parler!*«, befahlen die Aufpasser. »*Parler verboten.*«

Die Soldaten führten den Jungen ab und schlossen wiederum die Tür. Lussu setzte sich mir gegenüber hin. Er sah mich an und machte mit dem Daumen ein Zeichen, das nur ich verstehen konnte. Es bedeutete so viel wie: »Hier kommen wir nicht mehr heraus. Wir können jetzt nur mehr die Fahne hochhalten und unsere Würde retten.« Ich schloss kurz die Augen und gab ihm damit zu verstehen, dass dies auch mir klar war.

Schweigend saßen wir da, blickten uns an und sinnierten vor uns hin. Unsere Herzen waren ruhig und leicht, die Last und die Anspannung des aussichtslosen Kampfes bedrückten uns nicht mehr. Wir waren schon seit langem auf eine Situation wie diese vorbereitet.

Ich kontrollierte nicht einmal mehr die Uhr. Was bedeuteten in unserer Lage schon zehn Minuten oder eine Stunde?

Die Soldaten führten den Jungen wieder herein und deuteten mir, dass ich ihnen vorausgehen sollte. Ich stieg die Treppe hinauf und wurde in einen Raum geführt. Mein Geist war plötzlich wieder ganz wach und ich prägte mir rasch die Gegenstände und die Gesichter vor mir ein.

Da waren zwei Offiziere: ein schmaler Hauptmann, mit abweisendem und strengem Gesicht und ein feister Oberleutnant mit Schweinsäuglein. Ein dritter Mann, ein finster und verschlagen aussehender Feldwebel, blickte stur zu Boden. Der war von der Gestapo.

Sie nahmen mir Mantel und Tasche ab und wühlten darin herum. Doch sie wagten es nicht, mich selbst zu durchsuchen.

»Setzen Sie sich«, sagte der Hauptmann. »Wie heißen Sie?« Er sprach ziemlich schlecht Französisch. Oft wandte er sich an den Oberleutnant, der es ein bisschen besser verstand, damit er ihm übersetzte.

Ich trug meine Personalien vor, wie sie dem Dokument entsprachen, das sie mir abgenommen hatten.

»Was haben Sie so spät am Abend an der Schweizer Grenze gemacht?«, fragte der Hauptmann und blickte mich durchdringend an.

»Ich weiß ja nicht, wie die Verhältnisse bei Ihnen in Deutschland sind«, begann ich und blickte ebenso streng. »Aber ich kann Ihnen versichern, dass es in Frankreich um die Versorgung mit Nahrungsmitteln sehr schlecht bestellt ist.« Ich schwadronierte langatmig weiter und erklärte schließlich, dass wir uns, in Erwartung der anstehenden Weihnachtsfeiertage, bloß auf dem Schwarzmarkt umgesehen hätten. Ich sprach ohne Punkt und Komma. Meine gallische Redseligkeit schien die Deutschen immerhin ein bisschen zu verwirren. »Einen Augenblick, Madame«, sagte der Hauptmann. Er hob die Hand, um mich zu stoppen, dann wandte er sich an den Leutnant und fragte ihn auf Deutsch: »Wovon redet diese Frau?«

»Sie sagt«, antwortete der in seiner Muttersprache – ich ließ mir keine Silbe entgehen –, »dass sie hierhergekommen sind, um zwei Truthähne für Weihnachten zu kaufen. So ein Schwachsinn!« Er lachte.

»Und was hatten die Männer gesagt?«

»Der erste etwas Ähnliches, sprach auch von Truthähnen oder so. Der zweite erzählte von einem Onkel in einem Dorf, hier in der Nähe.«

»Ammenmärchen!« Nun mischte sich der Feldwebel mit den unsichtbaren Augen ein. Er sprach mit seinen Vorgesetzten in autoritärem, fast abfälligem Ton, wie einer, dem das letzte Wort zustand. »Die waren in der Schweiz und sind wieder zurückgekommen. Eindeutig Spionage.«

»Wo befindet sich Ihr ordentlicher Wohnsitz, Madame?«, wollte der Hauptmann nun wieder auf Französisch wissen. Ich fragte mich, was Lussu wohl geantwortet hatte.

»Unser regulärer Wohnsitz ist in Périgueux«, begann ich. So stand es jedenfalls in unseren Ausweisen.

»Und wo ist das?«

»In der Dordogne.«

»Da haben wir es«, flüsterte der Leutnant seinem Hauptmann auf Deutsch zu. »Sie beginnen sich zu widersprechen. Der Mann sagte etwas anderes.«

»Aber«, fuhr ich fort, »die meiste Zeit verbringen wir in einem Landhaus, das wir in der Nähe von Marseille haben, in Roucas-Blanc.« Das war eine Fantasieadresse, die Lussu und ich oft verwendeten. Zum Glück hatte Lussu genau diese erwähnt.

»Und wann sind Sie in Annemasse angekommen?«

»Heute Morgen.«

»Wo wohnen Sie in Annemasse?«

»Wir wohnen nirgendwo, aber wir rechneten damit, in ein Hotel zu gehen.«

»Welches Hotel?«

»Vermutlich das *Hotel de France*, aber ich weiß nicht, ob mein Mann es geschafft hat, ein Zimmer zu reservieren. Heute Morgen sind wir getrennte Wege gegangen, ich wollte einige Dinge erledigen und er sollte sich um die Unterkunft kümmern.«

»Und Sie beide hatten einen Koffer bei sich, richtig?«, sagte der Hauptmann in einem Ton, der mich vermuten ließ, dass Lussu von einem Koffer gesprochen hatte.

»Ja, wir hatten einen Koffer.«

»Was haben Sie mit dem Koffer gemacht?«

»Ich weiß es nicht, auch darum sollte sich mein Mann kümmern. Möglicherweise hat er ihn am Bahnhof deponiert oder im Hotel gelassen, falls er denn ein Zimmer gefunden hat. Lassen Sie ihn rufen, dann fragen wir ihn.«

»Das ist nicht nötig«, sagte der Hauptmann kühl. »War es ein großer oder ein kleiner Koffer?«

Doch ich hatte schon gehört, wie der Leutnant ihm auf Deutsch zumurmelte: »Sehen Sie, wie die lügen? Der Mann meinte, dass sie ohne Gepäck gekommen sind.«

»Ein kleiner, ganz kleiner«, sagte ich. »Eigentlich war es gar kein Koffer. Wissen Sie, eher so eine Leinentasche mit Reißverschluss, in die man gerade einmal einen Pyjama und die Zahnbürste gibt.«

»Und heute Abend, da wollten Sie zum Onkel des Jungen, der euch begleitet hat?«

»Ganz genau.«

»Und wie heißt der Onkel des Jungen?«

»Monsieur Bouvet.«

»Da haben wir es«, brummte der Gestapo-Mann. »Die enttarnen sich selbst. Das ist doch alles Mumpitz.«

»Mir scheint«, legte der Leutnant, ebenfalls auf Deutsch, nach, »dass der Mann tatsächlich einen anderen Namen erwähnt hat.«

»Ihr Mann«, fragte mich der Hauptmann, »kannte er den Onkel des Jungen?«

»Nein, wir wollte dort zum ersten Mal hin.«

»Aber er wusste doch sicher, wie er hieß?«

»Das hat er höchstwahrscheinlich vergessen. Mein Mann ist nämlich Professor für klassische Philologie, immerzu hat er seinen Kopf bloß in der griechisch-römischen Geschichte. Er ist der zerstreuteste Mann auf der ganzen Welt, stellen Sie sich vor, einmal hat er ...«

Der Hauptmann verhörte mich weiter und ich versuchte verzweifelt, all ihre deutschen Bemerkungen zu erlauschen, um mich den Versionen meiner Vorgänger anzupassen.

»Sie sind ohne Gepäck aus Marseille hierher angereist«, sagte der Hauptmann schließlich, »Sie können keine Unterkunft in Annemasse vorweisen und spazieren mitten in der Nacht unter Lebensgefahr die Grenze entlang. Sollen wir tatsächlich glauben, Sie hätten dies alles gemacht, um einen Truthahn für Weihnachten zu ergattern? Und wo ist denn nun dieser Truthahn?«

Ich redete und redete. Ich versuchte, die absurde Geschichte weniger absurd erscheinen zu lassen.

»Mir reicht es langsam«, sagte der Hauptmann auf Deutsch zu seinem Leutnant. »Sollten wir nicht besser schlafen gehen, anstatt hier die ganze Nacht zu verhören?«

»Vielleicht ist es tatsächlich so«, antwortete der Leutnant, und sein feistes Gesicht nahm menschlichere Züge an, »dass wir nur unsere Zeit vergeuden.«

Ein Hoffnungsschimmer! Jetzt lassen sie uns gehen. Mein Blick schweifte fragend von einem zum anderen. Doch schon mischte sich der unheimliche Kerl von der Gestapo ein. Immer noch blickte er stur zu Boden, nicht ein einziges Mal war es mir geglückt, seinen Blick zu erhaschen. Wie soll man menschliche Kommunikation mit einem Wesen aufbauen, das einem nie in die Augen blickt?

»Ihre Papiere sind gefälscht, das sage ich euch, die sind falsch. Ruft in ihrer Heimatgemeinde an und ihr werdet es sofort sehen. Ruft am Bahnhof von Annemasse an und ihr werdet einsehen, dass alles gelogen ist; die sind nicht heute Morgen angereist. Die haben an der Grenze jemanden getroffen. Diese Leute sind Spione, ich weiß das, und ich täusche mich nicht.«

Ich fühlte plötzlich eine ungeheure Müdigkeit. Sie verhörten mich inzwischen schon seit mehr als einer Stunde.

Mir wurde klar, dass da nichts mehr zu holen war. Meine Überredungskünste hatten bei den Offizieren zwar einen gewissen Eindruck hinterlassen, aber es nützte alles nichts. Wir waren in das große Räderwerk des Polizeiapparates geraten, es würde nun automatisch weiterlaufen und uns zermalmen. Zuerst würde ein Anruf bestätigen, dass wir mit gefälschten Papieren unterwegs waren, dann würde man uns an ein höheres Kommando überstellen, in weiteren Verhören würde man uns zwingen, unsere wahre Identität preiszugeben, danach Gefängnis, Untersuchungen, Gegenüberstellungen, und dann …

»Ihre Geschichte, Madame«, sagte der Hauptmann in seinem langsamen und gestelzten Französisch, »ist unglaubwürdig. Ich bitte Sie, mir in Ihrem eigenen Interesse die Wahrheit zu sagen. Wenn Sie die Wahrheit sagen, können Sie sich selbst retten und dann können Sie auch Ihren Mann retten.«

»Die Wahrheit!«, rief ich aufbrausend und ehrlich entrüstet, dass diese Kerle es wagten, meine Worte in Zweifel zu ziehen. »Ich habe Ihnen die Wahrheit gesagt. Sie sind es, der mir nicht die Wahrheit sagt. Was reden Sie da geheimnisvoll untereinander in einer Sprache, die ich nicht verstehe. Und dieser Herr da (ich zeigte auf den Feldwebel), der mir nicht ins Gesicht schaut, der sich nie an mich direkt wendet, warum spricht er nicht Klartext? Warum gibt er mir keine Möglichkeit, auf seine Einwände zu antworten? Gibt es denn Gesetze, die es französischen Staatsbürgern verbieten, nach Lust und Laune auf französischem Territorium, auch wenn dieses Territorium in Grenznähe ist, und zu Uhrzeiten, die ihnen belieben, spazieren zu gehen? Haben wir etwas Illegales angestellt? Haben wir eine Vorschrift missachtet? Haben wir etwas Böses getan?«

»Wir wissen es nicht, ob Sie etwas Böses getan haben«, sagte der Hauptmann, unbeeindruckt von meinem Sermon. »Genau das werden wir noch herausfinden.«

»Nichts werden Sie herausfinden«, erwiderte ich, »weil es nichts herauszufinden gibt. Wenn Sie weiterhin diese Methoden anwenden, werden Sie auch niemals ein freundschaftliches Miteinander mit dem französischen Volk herstellen können.«

»Wir haben Sie ganz korrekt behandelt, Madame«, sagte der Hauptmann etwas versöhnlicher.

Das Verhör dauerte noch eine Weile an, doch es war klar, dass die beiden Offiziere der Sache nicht mehr weiter auf den Grund gehen wollten.

»Weißt du«, sagte schließlich der rundliche Leutnant und wandte sich in Deutsch an seinen Hauptmann, »ich habe den Eindruck, dass diese Leute wirklich nichts Besonderes gemacht haben. Ich denke, dass wir schlafen gehen können.«

»Das sind Spione«, zischelte der Feldwebel giftig. »Eine weitere Untersuchung werde ich höchstpersönlich in die Hand nehmen.« Doch die beiden anderen schenkten ihm kein Gehör mehr. So schwieg er und betrachtete hasserfüllt meine Hände, die auf dem Tisch lagen. Weiter aufwärts ging sein Blick nicht.

Ich stand auf.

»Kann ich jetzt gehen?«, fragte ich.

Der Hauptmann stand ebenfalls auf und trat auf mich zu.

»Ich weiß nicht, ob das, was Sie mir erzählt haben, der Wahrheit entspricht oder nicht. Aber vorerst können Sie gehen.«

»Guten Abend, meine Herren!«, sagte ich etwas pathetisch. Ich schritt die Treppe hinab und versuchte, es nicht allzu eilig aussehen zu lassen. Die beiden Wachen begleiteten mich.

Ich öffnete die Tür des Raumes, in dem die zwei anderen Gefangenen saßen und sagte: »Wir können gehen.«

An ihren Gesichtern konnte ich ablesen, dass sie mir nicht glaubten. Ich glaubte es ja selbst nicht recht.

Wir traten ins Freie und die Wachen begleiteten uns mit ihren

Lampen bis zur Straße. Dann kehrten sie um. Wir standen allein in der Finsternis. Es war gewiss nur ein Traum.

Wir marschierten los, und auf dem Asphalt hörten wir nur unsere Schritte. Niemand verfolgte uns. Wir waren frei! War es denn möglich?

Mit einem Händedruck verabschiedeten wir uns von dem Jungen. Er verschwand in die Nacht und wir gingen unsere Fahrräder holen. Die Straße war menschenleer. Annemasse war menschenleer.

Leise stiegen wir die Treppe hoch, lautlos öffneten wir die Tür. In der hell erleuchteten Küche schlief Signora Maria. Zwischen verstreuten Spielkarten und der Kaffeekanne lag ihr Kopf auf dem Tisch. Die ganze Nacht lang hatte sie das Tarot über unser Schicksal befragt.

Die Herzogin von Grand-Manche

Nachdem wir Marseille notgedrungen verlassen hatten, schlugen wir unser Hauptquartier in Lyon auf, in der Wohnung des Herzogs von Grand-Manche. Er lebte hinter der Uferstraße der Saône, im ältesten Viertel dieser Stadt geschäftiger und sparsamer Händler. Die engen und feuchten Gassen, die noch die Namen der florentinischen Bankiers und Textilmagnaten des 15. Jahrhunderts trugen, hatten im Laufe der Zeit all ihren vormaligen Glanz verloren; nun verwiesen die Ladenschilder auf Freudenhäuser, und verrottende Abfälle der Marktstände prägten das Bild. In einem dieser Gässchen gab es ein großes Tor, das in einen dunklen, engen und übelriechenden Gang führte. Von diesem Gang aus stieg man über eine steile Treppe empor, die durch Öffnungen auf einen Schacht hinaus schwach beleuchtet war. Am Grunde dieses Schachts lagerten Müllsäcke. Vor den Küchenfenstern, die ebenfalls auf den winzigen Innenhof hinausgingen, hing die Wäsche, deren blasse Farben vom Mangel an Seife herrührten. Und aus diesen Fenstern roch es merkwürdig, da die Arbeiterschaft von Lyon sich inzwischen hauptsächlich von Rutabaga und Topinambur ernährte, also von Knollen und Wurzeln, die man früher als Tierfutter verwendet hatte. Die hohen und mühsam zu überwindenden Stufen nahmen kein Ende: erster Stock, zweiter Stock, dritter Stock, vierter Stock, fünfter Stock. Den Stufen nach konnten es auch zehn Stockwerke sein. Das Stiegenhaus war zu Ende, noch immer war man nicht angelangt. Es folgte eine weitere kleinere, noch engere und noch steilere Treppe. Ganz oben, direkt unter dem Dach, hinter der allerletzten Tür lebte der Herzog von Grand-Manche.

Die Wohnung war geräumig und blitzsauber, jedoch sehr dunkel und so feucht, dass sich die Tapeten von den Wänden lösten. An der Decke zeichneten sich Schimmelflecken ab, und die aufgequollenen Fensterrahmen rotteten vor sich hin, sodass man kein Fenster ordnungsgemäß öffnen oder schließen konnte. In der Nähe des Esszimmers gab es ein Kabuff, das lange Zeit als

Hasenstall und Abstellkammer für das Brennholz und die Zwiebeln diente. Nun aber wurden die Wände frisch gekalkt, der Boden in einem schönen Rot gestrichen, die Herzogin schmückte es mit neuen Vorhängen und stattete es mit einem kleinen Tisch, einem Stuhl und einem Bett aus, das bei jeder Bewegung wie ein schiffbrüchiger Kutter knarzte. So entstand eine gemütliche Kammer, in der wir dann auch viele Monate lang lebten.

Die Kunst der Gastfreundschaft ist eine seltene und edle Kunst. Der Herzog und die Herzogin beherrschten sie in höchstem Maße und übten sie mit unerschütterlicher Herzlichkeit aus.

Der Herzog von Grand-Manche, auch Mostaccino genannt, begann sein Tagwerk sehr früh. Winters wie sommers stand er vor fünf Uhr früh auf und verschlang mit großem Appetit die Reste der Rutabaga vom Vorabend, wenn es denn noch welche gab. Dann setzte er seine Baskenmütze auf, schlüpfte in die Arbeitsjacke, lud sich die Holzleiter über die Schulter, griff nach dem Eimer mit den Lappen, nahm die Stahlwolle und das Bohnerwachs und ging zur Arbeit. Aktuell arbeitete er als Fensterputzer. (In Italien war er Postbeamter gewesen, im Exil hatte er vom Hutmacher bis zum Handelsvertreter für Fortsetzungsromane schon so ziemlich alles gemacht.) So also ging er morgens in die Büros, um Fenster zu putzen und Böden zu wischen, bevor dort die Angestellten eintrafen. Wegen seiner langen Stange, die er dazu benutzte, um Spinnennetze von den Decken zu holen, und seiner Eleganz, mit der er Leiter und Eimer durch die Straßen trug, hatte unser Freund Giordani ihm, der sein sprödes, intelligentes Gesicht keck mit einer schräg aufgesetzten Mütze krönte, den Spitznamen Herzog von Grand-Manche gegeben. Doch abends, nach getaner Arbeit, legte Mostaccino, wie einst schon Machiavelli, seine fleckige Kleidung beiseite. Erst schrubbte er sich kräftig ab, dann zündete er sich eine Zigarette an, schließlich setzte er sich entspannt zu den Freunden und begann in seiner schönen toskanischen Sprache über politische Probleme und welthistorische Theorien zu diskutieren. Oder er erzählte, sehnsuchtsvoll nach achtzehn langen Jahren im Exil, von seinem rebellischen Florenz, als man sich zu Zeiten Dino Compagnis nicht mehr in politischen Kämpfen austoben durfte, sich aber stattdessen in bitterernste

Rivalitäten zwischen Fußballmannschaften, lokalen Märkten und diversen Bruderschaften stürzte. Schon auf den leisesten Verdacht hin eilten Letztere als Rettungssanitäter zu einem Unglück oder einer Prügelei, ließen den Verletzten oder gar Sterbenden dann aber auf der Straße liegen und schlugen einander mit Fäusten um die Ehre, das Opfer ins Hospital abtransportieren zu dürfen.

Mit Libera, der Herzogin von Grand-Manche, war ich eng befreundet. Als Tochter und Enkelin militanter Sozialisten war auch sie – wie Signora Maria – in einem Ambiente aufgewachsen, dessen politisches Bewusstsein tief verwurzelt war. Sie stammte aus dem Veneto, war jedoch keineswegs so nachsichtig und sanft wie andere Frauen ihrer Region. Lebhaft und aufbrausend trug sie ihr Herz auf der Zunge, sie schmückte ihre Sprache mit seltenen Lautmalereien, und wenn sie wütend wurde, konnte schon einmal ein Gegenstand durch die Luft fliegen. Doch auch wenn es aus ihr herausbrach, was übrigens nur zu Hause geschah, wurde sie niemals vulgär. Sie war höchst feinsinnig und in ihren moralischen Äußerungen, egal worum es ging, so maßvoll, dass man ihr nur tiefste Bewunderung entgegenbringen konnte. Wenn ich nach Hause kam, war es immer wieder ein Vergnügen, sie anzutreffen und mit ihr zu plaudern. Sie selbst hantierte währenddessen in der Küche herum, da es stets etwas zu tun gab. Sie trug zum Familieneinkommen bei, indem sie halbtags als Zugehfrau arbeitete, und die Stunden, die sie zu Hause verbrachte, erforderten dann natürlich ihren ganzen Einsatz.

Es war immer interessant zu hören, was Libera zu sagen hatte. Gespräche mit Frauen, die keinerlei Erwerbsarbeit nachgingen, langweilten mich ja zu Tode, da sie meist nur über Privates, über Unfälle, Krankheiten, Geburten, das Essen, die Kleidung und Schwierigkeiten mit dem Personal schwatzten oder, wenn sie sich denn zu Argumenten politischer oder gesellschaftlicher Natur aufschwangen, die Meinungen und Urteile der Männer ihres Umfeldes nachplapperten. Stets hatte man das Gefühl, man vergeude nur seine Zeit. Doch Libera, wie alle meine Freundinnen aus der Arbeiterklasse, gab niemals sinnloses Zeug von sich. Elend, übergroße Strapazen, Demütigungen: Die Abgründe menschlichen Leidens waren Frauen wie ihr vertraut, die Wichtiges von

Unwichtigem unterschieden. Da die Erfahrungen ihres Lebens sie nicht in einen unproduktiven Erschöpfungszustand gestürzt, sondern sich in aktives politisches Bewusstsein verwandelt hatten, verfügte sie über eine herausragende Kritikfähigkeit und eine Fülle von konstruktiven Visionen.

Libera verstand es, sehr ausdrucksstark zu formulieren. Da sie von Kindheit an in Frankreich gelebt hatte, sprach sie ein wunderbar originelles Gemisch aus Italienisch, Französisch und venetischem Dialekt. Doch während Libera ihr Italienisch gallisch verbrämte, gab Mostaccino seinem Französisch eine toskanische Note. Seine sprachlichen Neuschöpfungen wären zweifelsohne wert gewesen, in ein Wörterbuch aufgenommen zu werden.

Zur Familie gehörten auch Signora Rosina, die Mutter des Herzogs, eine zierliche und freundliche alte Dame, die von chronischer Bronchitis und Heimweh nach S. Maria Maggiore geplagt wurde, und Carlo, der fünfjährige Stammhalter, das interessanteste und verwöhnteste aller Kinder, ein starkes Persönchen in einem winzig kleinen Körper. Vater, Mutter und Großmutter unterwarfen sich seinem Willen wie gut disziplinierte Untertanen.

Trotz des Risikos und Ungemachs fiel in diesem gastfreundlichen Haus unsere Anwesenheit nie ins Gewicht. Mit einigen Unterbrechungen durch Reisen und Abenteuer verbrachten wir hier den Winter 1942/43.

Rund um Mostaccino existierte eine erlesene kleine Truppe von tapferen und aktiven G.L.-Genossen. Die deutsche Besatzung machte ihnen das Leben aber äußerst schwer und bald schon begann eine Verhaftungswelle unter unseren Kameraden.

Als Ersten traf es Stefano Dellamore, einen Mann aus der Romagna, der in Kreisen der politischen Emigration weitum bekannt war und der zu den tapfersten italienischen Spanienkämpfern zählte. Eines Nachts holte ihn die Gestapo ab, da sie von ihm Hinweise auf Lussus Aufenthaltsort erfahren wollte. Wir fanden nie heraus, was weiter mit ihm geschah.

Dellamore, ein talentierter Tischler, hatte sich zwar in seinem Heim einen sicheren Verschlag gebaut, doch in jener Nacht war er überrascht worden und hatte keine Zeit mehr gehabt, sich darin zu verstecken. Er hatte monatelang daran gearbeitet und wähnte sich in Sicherheit.

Mithilfe der Polizei des Vichy-Regimes und der Gestapo fahndete besonders die O. V. R. A. nach Lussu. Mittlerweile hatte man auch ein mit Geheimtinte beschriebenes chiffriertes Papier abgefangen und war zur Überzeugung gelangt, dass Lussu der Empfänger sein sollte. Nach langen und akribischen Ermittlungen, die durch die französische Polizei erfolgten, nahm man die Wohnung eines unserer Genossen ins Visier und schlussfolgerte, dass dort Lussu im Untergrund unter dem Namen Fabbri wohnen müsse. Das war zwar nicht ganz abwegig, doch Lussu war eindeutig nicht Fabbri und er wohnte auch nicht in jener Wohnung. Fabbri kümmerte sich nur darum, manchmal Botschaften weiterzuleiten und Lussu stand fast ausschließlich über Mittelsmänner mit ihm in Kontakt.

Die Polizei überwachte also nun Fabbris Wohnung rund um die Uhr, doch Lussu blieb unsichtbar. Der wochenlangen Observation überdrüssig, drang der französische Kommissar, der die Operation leitete, schließlich mit einer ganzen Armada bewaffneter Polizisten in die Wohnung ein. Doch sie trafen nur Fabbris Ehefrau an.

»Madame Lussu«, sagte der Kommissar, »alle finsteren Dinge kommen ans Licht, und ich bin dieses Licht.«

Fabbris Frau verstand kein Wort.

Der Kommissar wurde deutlicher: »Ich bin das Licht und Monsieur Lussu ist der Finsterling. Ein finsterer Finsterling – das wissen Sie –, aber jetzt leuchte ich ihm heim.«

Fabbris Frau verstand immer noch nichts. In der langwierigen Auseinandersetzung, die daraufhin erfolgte, fühlte sich der Kommissar in seiner Überzeugung bestärkt, dass Madame Fabbri Lussus Frau sein müsse, die sich durch gefälschte Papiere schütze. Nachdem dies ausgeleuchtet war, suchte das Licht die nächste dunkle Ecke. Wo war Lussu? Die Wohnung wurde auf den Kopf gestellt, es kam aber niemand mehr zum Vorschein. Der kleine Fabbri war in der Schule und der Vater in der Fabrik.

Man ließ eine Wache in der Wohnung zurück, und die Streitmacht marschierte geschlossen zur Fabrik. Fabbri war ein Facharbeiter aus Florenz, ich glaube, dass er von der Firma »Galileo« kam. Nun arbeitete er aber schon seit vielen Jahren als Monteur in einer Fabrik für U-Boot-Bauteile, wo man große Stücke auf ihn hielt.

In der Werkshalle verkomplizierten sich dann die Dinge. Fabbri arbeitete schon seit dreizehn Jahren hier. Die Direktion bestätigte dies mit entschiedenem Nachdruck. »Typische Tricks von Revolutionären«, wandte der Kommissar ein. Zudem bestand ein Altersunterschied von fünfzehn Jahren zwischen Fabbri und Lussu. »Das bedeutet gar nichts«, sagte der Kommissar. »Gestehen Sie«, beharrte er, »dann hat die Sache ein Ende.«

Und doch begann er etwas zu stutzen. Vor allem, da Lussus Fotografie, die er bei sich trug, nicht einmal mit den raffiniertesten Retuschen Fabbris Aussehen entsprach. Als man schlussendlich darauf hinwies, dass die greisen Eltern Fabbris seit zwanzig Jahren in Lyon lebten, verstand selbst der Kommissar die Welt nicht mehr.

Zu guter Letzt musste die Polizei nachgeben und anerkennen, dass Fabbri nicht Lussu war. Und Fabbri konnte sich glücklich schätzen, dass man ihn in Ruhe ließ.

Die O. V. R. A. ermittelte weiter und fand sogar heraus, dass das im Dezember von den Deutschen verhaftete Pärchen an der französisch-schweizerischen Grenze Lussu und ich gewesen waren. Seitdem hatten wir aber unsere Namen und Adressen so häufig gewechselt, dass auch diese Spur nirgendwohin führte.

So schwierig wie in Lyon erwies sich die Situation ab jetzt in ganz Frankreich. Man machte die bekanntesten Antifaschisten ausfindig und überstellte sie nach Italien. In Marseille wurde der sozialistische Genosse, der die Kontakte Lussus mit den Freunden in Lissabon, Amerika und England hielt, in ein Lager eingeliefert, und so rissen auch diese Verbindungen ab. In Toulouse war der polizeilich gesuchte Silvio Trentin zur Flucht aus der Stadt und zum Leben im Untergrund gezwungen worden. Als rastlos aktive Schlüsselfigur der italienischen Emigration und der französischen Résistance in Haute-Garonne konnte er sich nirgendwo mehr blicken lassen. Auch Peppino Sardelli lebte inzwischen versteckt auf dem Land. Nur Saragat hielt inmitten all der Gefahren weiterhin

Kontakt zu uns und unternahm mit falschen Papieren lange Reisen von Stadt zu Stadt. Fausto Nitti, der als Kopf der Sabotageeinheit der Widerstandsgruppe *Libérer Fédérer* aufgeflogen war, befand sich in Montpellier im Gefängnis. Der Schwiegersohn Pietro Nennis war in Paris von den Deutschen erschossen worden und seine Frau hatte man in ein Konzentrationslager nach Deutschland deportiert. Schließlich verhaftete die Gestapo auch Nenni selbst und überstellte ihn nach Paris in die Santé. Einer Tochter, die herbeigeeilt war, um sich nach ihm zu erkundigen, erklärte man in der italienischen Botschaft, dass er mit allem Respekt behandelt und nach Italien überstellt werden würde. Seine Fahrt könne er im Übrigen in bester Gesellschaft antreten, denn er würde als Reisebegleiter den Abgeordneten Modigliani an seiner Seite haben.

»Modigliani?«, fragte Lussu, als er davon erfuhr. »Wurde denn der auch schon gefasst?«

Bisher hatte man ihn noch nicht verhaftet, doch die Polizei war ihm auf den Fersen. Er hatte mehrere Male sein Versteck wechseln müssen.

»Wir müssen ihn retten«, sagte Lussu. »Er darf vor allem nicht im Gefängnis sterben. Außerdem sollten wir Mussolini den Triumph, ihn wie Morgari und Baldini in der Hand zu haben, unbedingt vereiteln. Wir sind es diesem Urvater der italienischen Arbeiterbewegung schuldig. Wir müssen ihn, koste was es wolle, in die Schweiz bringen.«

Es war nicht das erste Mal, dass Lussu versuchte, Modigliani dazu zu überreden, sich in Sicherheit zu bringen. In Marseille hatte er nach dem französischen Waffenstillstand alles darangesetzt, ihn zur Ausreise nach Amerika zu bewegen. Doch Modigliani war stur geblieben, da eine Ausreise aus Frankreich für ihn einer Fahnenflucht gleichkam. Abgesehen davon hatte er eine unüberwindliche Abneigung gegen illegale Praktiken und gefälschte Papiere.

Sogar von Lissabon aus plante Lussu eine regelrechte Entführung, in die Léon Jouhaux, korsische Genossen und ein Frachtschiff involviert sein sollten. Alles vergebens.

Angesichts der aktuellen Situation musste nun auch Modigliani erkennen, dass es im Interesse aller Beteiligten lag, wenn er es vermied, den Faschisten in die Hände zu fallen. Saragat fuhr zu ihm, um ihn im Namen aller Freunde zu bitten, einer gewiss riskanten, doch ehrenhaften, als Kampf zu verstehenden Landesflucht zuzustimmen.

»Hör zu«, sagte Lussu zu mir. »Wir müssen den Patriarchen und Signora Vera abholen, mit ihnen durch ganz Frankreich fahren, sie an die Schweizer Grenze bringen und den Grenzübertritt organisieren. Dies alles muss möglichst unauffällig geschehen und dazu braucht es eine Frau. Da du die Situation an der französisch-schweizerischen Grenze bestens kennst, könntest doch du dich darum kümmern.«

Umgehend fuhr ich nach Annemasse, um Signora Maria und Vercellotti, einen der piemontesischen Vertrauensmänner von G. L. in der Haute-Savoie, der uns immer eine große Hilfe gewesen war, zu Rate zu ziehen.

Seit unserem Abenteuer mit der Gestapo waren zweieinhalb Monate vergangen. Nun lebte man hier nicht mehr unter deutscher, sondern unter italienischer Besatzung. In den Straßen nicht mehr teutonische Landsknechte sehen zu müssen, stattdessen auf Alpini mit ihrer schmucken Feder am Hut zu treffen, verschaffte zugegebenermaßen eine gewisse Erleichterung. Für den politischen Alltag bedeutete dies aber keinen Vorteil, denn sowohl die Finanzwache als auch die Carabinieri versahen weiterhin ihren Dienst an der Grenze in reinster faschistischer Manier und schossen oft auf Leute, die versuchten, die Grenze zu passieren. Sie hatten schon mehrere Menschen getötet.

Durch Hausdurchsuchungen, Verhaftungen und Prügelorgien machte sich die faschistische Polizei bei der französischen Bevölkerung verhasst. Während die Alpini als Soldaten und eben nicht als Polizisten recht populär waren und häufig mit den Einheimischen fraternisierten, wurden Carabinieri und Finanzwache für Faschisten gehalten und dementsprechend verachtet.

Mit Signora Maria, Vercellotti und Mademoiselle Bally, einer sehr netten Französin, die in der Résistance aktiv war, erstellten wir einen Fluchtplan für den Patriarchen und seine Gemahlin Vera. Anschließend kehrte ich nach Lyon zurück, um Lussu Bericht zu erstatten. Wenige Stunden später war ich schon auf dem

Weg in das Dorf im Département Garonne, wo die Modiglianis Unterschlupf gefunden hatten.

Am Rande eines reizenden Städtchens traf ich sie in einem alten Landhaus an. Sie lebten als Gäste einheimischer, sozialistischer Genossen, die sehr umgänglich und herzlich waren. Die Hausherrin dirigierte ihr Reich klug und eifrig, gab Befehle aus, rumorte mit Töpfen und Pfannen und teilte der zahlreichen, wohlgenährten und rosigen Kinderschar Klapse auf das Hinterteil und reichlich Standpauken aus. Trotz des hohen Risikos, das sie eingingen, waren diese guten Leutchen glücklich, dass sie den beiden Verfolgten ihre Gastfreundschaft anbieten konnten. Modiglianis Leben im Untergrund war ja nicht leicht zu bewerkstelligen. Er war unübersehbar. Kaum ging er auf die Straße, erregten seine eindrucksvolle Erscheinung und sein dichter Prophetenbart die Aufmerksamkeit aller Passanten. Tatsächlich kam die Gestapo auch einige Tage später in dieses Haus – doch der Patriarch war schon weg, weit weg.

Trotz der bevorstehenden Gefahr und der bisherigen leidvollen Odyssee schienen Modigliani und seine Frau Vera guten Mutes zu sein. Sie waren jetzt bereit, das Wagnis einzugehen. Die Flucht in die Schweiz bedeutete keine Desertion mehr, sie war nun eine Schlacht, die man gewinnen oder verlieren konnte, die man jedoch für die Ehre der Fahne in Angriff nehmen musste.

»Ganz risikolos ist es natürlich nicht«, erklärte ich. »Wir haben zwei, drei Pläne erarbeitet, von denen zumindest einer funktionieren sollte.«

»Du musst mir nicht erklären, was ihr ausgeklügelt habt«, sagte Modigliani. »Ich verlasse mich ganz auf euch. Ich habe vollstes Vertrauen in Lussu und seine Freunde.«

Ich war sehr erleichtert, da es bei derartigen Operationen äußerst lähmend sein konnte, wenn man die Betroffenen über alles, was man zu tun beabsichtigte, auf dem Laufenden halten sollte. Angesichts seiner bekannten Aversion gegen jedwede illegale Aktivität fürchtete ich mich auch etwas davor, ihm klarzumachen, dass die Reise nur mit gefälschten Dokumenten unternommen werden konnte. Doch er kam mir zuvor:

»Sind unsere französischen Ausweise bereit?«

»Hier sind sie«, sagte ich und zeigte die Ergebnisse meiner besonderen Sorgfalt, aus denen hervorging, dass er ab sofort Professor der Schönen Künste am *Collège* in Paris und außerdem mein Onkel war; und dass er mit seiner Gattin bei mir, seiner Nichte, in Sallanches in Hoch-Savoyen, unweit von Annemasse, lebte, wo ich selbst als Volksschullehrerin arbeitete. »Gut«, sagte Modigliani, »wann fahren wir los?«

»Mit dem ersten Zug.«

»Dann sind wir uns ja einig«, antwortete er und begann schon die Personalien seiner neuen Identität auswendig zu lernen, während ich mit Signora Vera das winzige Gepäck, das sie würden mitnehmen können, zusammenpackte.

Die herzensgute Hausfrau lugte ab und zu zur Tür herein und musterte mich misstrauisch, da sie nicht wusste, wer ich war. »Wer mag das sein«, schienen ihre Blicke zu fragen, »dieses geheimnisvolle Weibsbild, das mir Hals über Kopf meine lieben Gäste raubt, die ich doch so gerne umsorgt habe? Wo will sie mit ihnen hin?«

Als letzten Liebesbeweis schnürte sie noch ein dickes, fettes Paket mit Reiseproviant. Unter Umarmungen und Tränen verabschiedeten wir uns von diesen liebenswürdigen Menschen.

»Lieber Onkel, liebe Tante«, sagte ich, »von nun an sind unsere Schicksale miteinander verbunden. Hofft nicht darauf, mich wieder loszuwerden. Lussu hat mir aufgetragen, keine Minute mehr von eurer Seite zu weichen, bis ihr in der Schweiz seid.« Lussu hatte es anders formuliert: »Wenn die Modiglianis verhaftet werden, musst auch du verhaftet werden. Entweder es klappt oder ihr geht gemeinsam unter.«

Wir reisten in einem bequemen Waggon zweiter Klasse und plauderten angeregt miteinander, klarerweise auf Französisch. Signora Vera neckte mich, indem sie mich »Reisebüro Cook – Wir erfüllen all Ihre Wünsche« nannte. Modigliani, der von uns dreien am besten Französisch sprach, besann sich hin und wieder noch rechtzeitig, bevor er einen wohlklingenden Livorneser Dialektausdruck anbrachte.

Im Morgengrauen passierte der Zug bei Chambéry die Grenze zum Département Savoyen.

»Jetzt«, sagte ich der Tante ins Ohr, »haben wir die deutsche Besatzungszone verlassen. Hier sind die Unsrigen die Besatzer. Reden wir nicht viel und halten wir die Dokumente für die Kontrolle bereit.«

Ein stocksteifer Carabiniere in glänzenden Nieten und rundum gewichstem Leder schritt in Mussolini-Manier ins Abteil und setzte sich auf den schmalen Platz neben Signora Vera, die sich ein Lächeln nicht verkneifen konnte. Modigliani war in seine Zeitungslektüre vertieft.

Vor Aix-les-Bains stiegen französische Gendarmen zur ersten Kontrolle zu. Ich kann nicht leugnen, dass ich eine gewisse Anspannung verspürte. »*Mesdames et Messieurs*, Ihre Dokumente!« Modigliani zeigte gelassen die Ausweise vor. Es schien, als wäre er sein Lebtag mit gefälschten Papieren unterwegs gewesen. Die Gendarmen blätterten sie durch und gaben sie umgehend wieder zurück. »Vielen Dank, *Madame, Monsieur.*« Unsere neuen Personalien hatten ihre erste Probe bestanden.

Unter Berücksichtigung aller Vorsichtsmaßnahmen kamen wir glücklich in Annemasse an. Für das letzte Stück nahmen wir ein Taxi. Der Grenzübertritt, der mit einem französischen Zöllner als Komplizen abgesprochen war, sollte am folgenden Abend vonstattengehen. Doch der Zöllner ließ uns wissen, dass sich die Rundgänge der italienischen Carabinieri zeitlich geändert hätten und verschob die Sache um einen Tag. Und tags darauf ließ er uns erneut wissen, dass er noch einmal um vierundzwanzig oder achtundvierzig Stunden verschieben müsse. Wir begannen an der Ernsthaftigkeit seiner Absichten zu zweifeln und beschlossen einen anderen Weg zu versuchen, der, auch im Falle eines Misserfolges, nicht allzu riskant erschien.

Wir wussten von einem Kloster, das ein paar Kilometer von Annemasse entfernt lag und dessen Garten an das Schweizer Territorium grenzte. Einige Flüchtlinge waren dank christlicher Unterstützung des Vorstehers an dieser Stelle in die Schweiz gelangt.

Die einzige Schwierigkeit bestand darin, Modigliani mit seinem Prophetenbart durch die Straßen spazieren zu lassen, denn das Kloster erreichte man nur zu Fuß. Doch es war gerade Feiertag und wir rechneten damit, inmitten der sonntäglichen Geschäftigkeit unbemerkt zu bleiben. Wir kamen auch tatsächlich ohne Probleme zum Kloster und ich ging zum Vorsteher, einem jungen, mutig und intelligent aussehenden Priester, um mit ihm zu sprechen. Doch er hatte schlechte Nachrichten.

»Seit heute Morgen«, sagte er, »verlangt die Finanzwache den Zutritt zu unserem Garten, und sie überwachen ihn derzeit immer noch, denn sie haben die letzte Flucht entdeckt. Aber wenn ihr einen Rat wollt, dann geht in Richtung X. Etwa einen Kilometer entfernt von hier haben zwei Flüchtlinge eine große Öffnung in den Zaun gemacht und bis vor einer halben Stunde haben die Patrouillen noch nichts davon bemerkt.« Er erklärte mir genau, wo man durch den Zaun kam.

Da gerade weder Wachen noch Gendarmen zu sehen waren, beschlossen wir aufzubrechen und den Versuch zu wagen. Um die Lage auszukundschaften, ging Signora Maria mit ihrer jüngsten Tochter entlang der Straße längs des Grenzzauns voran. Die Modiglianis und ich marschierten über Feldwege. Wir wollten uns ein paar hundert Meter vor dem Ort, den uns Hochwürden beschrieben hatte, treffen.

Doch auch diesmal war uns kein Glück beschieden. »Da stehen drei Finanzwachen auf der einen Seite«, informierte uns Maria Biasini, »und zwei Gendarmen auf der anderen, nicht weit von der Öffnung entfernt. Das Loch haben sie wohl noch nicht entdeckt, die Straße aber überwachen sie jedenfalls.«

Wir hatten keine andere Wahl, wir mussten umkehren. Am Abend wollten wir es mit dem Zöllner noch einmal versuchen.

Wir waren schon im Stadtgebiet von Annemasse, als wir hinter uns rasche Schritte zweier Menschen vernahmen.

»*Madames et Messieurs*, die Dokumente!« Es waren zwei Gendarmen, einer der beiden war Sergeant-Major. Ihren Mienen war zu entnehmen, dass sie es ernst meinten. Es ging hier nicht um eine oberflächliche Kontrolle. Ein wohlbegründeter Verdacht stand ihnen im Sinn.

Der Sergeant nahm uns die Papiere ab und wandte sich brüsk an Signora Vera. Er fragte sie, wo und wann sie geboren sei. Sie zögerte nur einen Augenblick, doch der Gendarm rief sofort aus:

»Ihre Papiere sind gefälscht! Folgen Sie uns.«

Traurig trotteten wir ihnen nach. Ich ging mit dem Sergeanten voraus und war voller Gewissensbisse wegen meiner armen Verwandten, die in Begleitung des Gendarmen folgten. Das war ordentlich schiefgegangen! Ich hätte sie in Sicherheit bringen sollen, und jetzt das! Ich hatte sie geradewegs in die Höhle des Löwen geführt. Sie einfach auf so gefährlichem Terrain herumspazieren zu lassen, war kriminell leichtsinnig gewesen.

»Hören Sie«, sagte ich zu dem Sergeanten, »Sie sind doch Franzose?«

»Das möchte ich meinen«, antwortete er.

»Ich bin auch Französin«, sagte ich. »Und Sie müssen doch die Gründe gutheißen, weswegen ich versucht habe, die beiden Leutchen in Sicherheit zu bringen.«

»Diese beiden sind keine Franzosen, das sind Juden. Und sie wollten die Grenze überqueren.«

»Sie haben recht«, sagte ich, »und ich habe ihnen dabei geholfen. Sie aus den Klauen der *Boches* zu retten, halte ich nicht nur für einen Akt der Menschlichkeit, sondern für Patriotismus.«

Um auf die anderen, die langsamer vorankamen, zu warten, blieben wir an einer Ecke stehen, von der aus es in der einen Richtung zum Bahnhof, in der anderen zum Gendarmerieposten ging.

»Haben Sie Kinder?«, fragte ich.

»Ja«, sagte er, »ich habe drei Kinder.«

»Ich weiß«, sagte ich, »wie schwierig die Zeiten sind, besonders, wenn man Kinder zu ernähren hat. Gestatten Sie mir, Ihnen diese paar tausend Francs anzubieten, als Ausdruck der Solidarität …«

Ich holte sie jedoch nicht hervor, da die anderen uns erreicht hatten.

»Verzeiht«, sagte ich zu ihnen, »geht nur voraus, ich komme gleich nach.« Und ich wies in die Richtung, die nicht zur Gendarmerie führte. »Ihr solltet«, fügte ich leise hinzu, »jedenfalls direkt nach Hause eilen.«

Sie machten sich auf den Weg und die beiden Gendarmen blieben mit mir stehen. Doch offensichtlich war mein letzter Satz etwas unglücklich formuliert gewesen, denn er hatte in Modigliani den Verdacht erweckt, dass ich mich, um sie zu retten, verhaften ließe. Nach einigen Schritten drehte er sich abrupt um und marschierte mit entschiedener und kämpferischer Miene wieder auf uns zu.

»Ich kann es nicht zulassen«, sagte er aufgeregt, »dass diese Frau sich für uns opfert. Sie hat nichts damit zu tun. Wir waren es, die die Grenze überqueren wollten und wir haben gefälschte Dokumente verwendet. Meine echten Personalien lauten wie folgt: Rechtsanwalt Emanuele Modigliani, Abgeordneter zum italienischen Parlament über neun Legislaturperioden …«

Angesichts der Unermesslichkeit dieser Katastrophe rann mir trotz der rauen Frühlingsluft der Schweiß von der Stirn. Wir standen an einer belebten Kreuzung, auf den Bürgersteigen wimmelte es von Finanzwachen, Carabinieri und Alpini. Ich war verzweifelt. »Hier fallen wir noch den Faschisten in die Hände«, dachte ich. Erst als wir am Kommandoposten der Gendarmerie ankamen, atmete ich erleichtert durch.

»Deshalb«, erklärte Modigliani dann weiter, »hielt ich es für meine Pflicht, mich der O. V. R. A. und der Gestapo zu entziehen. Mein Gewissen ist rein. Verhaften Sie mich, ich bin seit langer Zeit darauf vorbereitet.«

»Sehen Sie ihn doch bloß genauer an!«, sagte Signora Vera, als sei das Aussehen des Gatten ein unwiderlegbares Argument. Tatsächlich gab der Patriarch mit seiner breiten Stirn und seinem schlohweißen Bart ein beeindruckend schönes Bild ab. »Sehen Sie nicht, was die Faschisten ihm angetan haben?« Sie zeigte auf eine lange Kopfnarbe, das Zeugnis einer alten und schrecklichen Verletzung.

»Lass doch, Vera, lass doch«, sagte Modigliani.

»Und wer ist diese Frau?«, fragte der Sergeant und deutete auf mich.

»Ich kenne sie nicht«, antwortete Modigliani. (Mir kam die Nonne aus *Les Miserables* in den Sinn, die nur einmal in ihrem Leben log, doch das dann ganz hervorragend tat.) »Ich habe sie zum ersten Mal gesehen, als sie uns abholen kam. Französische Freunde hatten sie empfohlen.«

»Wo haben Sie sich die gefälschten Dokumente beschafft?«, fragte mich der Polizist.

»Ein hoher französischer Beamter hat sie mir besorgt«, antwortete ich, »zu eben dem Zweck, den Herrn Abgeordneten und seine Gemahlin in Sicherheit zu bringen.«

»Und wie lauten Ihre Personalien?«

»Meine? Ist das denn unbedingt nötig?« Mein Ton suggerierte, dass man unter uns Franzosen doch über derartige Formalitäten hinwegsehen könne. Doch er ließ nicht locker.

»Also, wenn Sie unbedingt wissen wollen, wer ich bin, bitte sehr«, sagte ich. »Maria Teresa Chevalley, geboren in Sallanche, am … im Jahr … Mein Mann war Hauptmann der *Chasseurs alpins*.«

»Und wo ist Ihr Gatte jetzt?«

Mit einer Geste wies ich aus dem Fenster auf die gegenüberliegenden Berge: »Da oben. Bei den Partisanen.«

»Und Sie kümmern sich um illegale Grenzübertritte?«

»So wünscht es mein Gemahl, und der ist Patriot.«

Der Sergeant schwieg, er dachte nach.

»Sie verstoßen hier ganz eindeutig gegen die Gesetze. Ich würde meine Pflicht verletzen, wenn ich nicht meine Vorgesetzten informierte.«

»Darf ich Sie einen Augenblick sprechen?«, fragte ich ihn. Wir traten vor das Gebäude.

Ich redete auf ihn ein, führte Pflichten ins Feld, die in der aktuellen Situation über einer blutleeren Legalität stünden, ich zählte die Schrecken der deutschen Besatzung auf, sprach von Patriotismus, lobte den edlen Charakter der Modiglianis und erwähnte die Solidarität, die sie Frankreich während des Krieges erwiesen hätten, indem sie alle antideutschen Bemühungen unterstützten. Schließlich zog ich fünftausend Francs aus der Tasche.

»Nein«, sagte der Sergeant kühl, ohne gekränkt zu sein, doch deutlich in seiner Ablehnung. »Ich bin bis zum heutigen Tag ein ehrlicher Mensch gewesen und ich möchte es auch weiterhin bleiben.«

Er war durch und durch ein Ehrenmann, und mir tat es leid, ihm all diese Lügen aufgetischt zu haben. Doch ich tröstete mich damit, dass ich zwar dem Buchstaben nach gelogen, jedoch nicht gegen mein Gewissen gehandelt hatte.

»Ich bitte Sie, lassen Sie uns gehen. Es ist Viertel nach acht. Um neun habe ich ein Treffen mit einem Zöllner. Lassen Sie zu, dass ich sie in die Schweiz bringe. Sobald sie die Grenze überschritten haben, will ich Ihnen Bericht erstatten und Sie haben dann Ihre Ruhe.«

Er zuckte mit den Schultern und wir gingen wieder hinein. Die Modiglianis sahen uns fragend an. Der Sergeant setzte sich schweigend an seinen Tisch. Vor ihm lagen unsere Personalausweise.

»Lassen Sie uns nun gehen?«, fragte Signora Vera.

Der Sergeant schwieg.

»Ich denke schon«, meinte ich.

Wir standen auf, ergriffen die Dokumente und wandten uns zur Tür. »*Bonsoir, Monsieur Sergeant.*« Doch niemand antwortete.

Fast vier Stunden lang hatten wir mit den Gendarmen verhandelt. Überglücklich, wieder frei zu sein, doch etwas müde eilten wir zu Signora Marias Wohnung. Meiner Meinung nach war es reiner Wahnsinn, die Modiglianis am selben Abend noch in ein weiteres riskantes Abenteuer hineinzuziehen. Ich ging daher zur Mittelsperson unseres Zöllners, einer vornehmen alten Dame, um sie von der Verschiebung auf den nächsten Tag zu informieren.

»Was denn, was denn!«, rief sie. »Es ist doch alles vorbereitet! Alles läuft wunderbar, man muss die Gunst der Stunde nutzen. Es geht los! Es geht los!«

Ich ließ mich überzeugen und lief zu meinen beiden Opfern, die gerade angefangen hatten ihre *Tortellini in brodo* zu löffeln. Wir begaben uns also zum verabredeten Treffpunkt und ich empfahl dem Patriarchen wärmstens, weitere großherzige Gesten zu unterlassen, falls er wiederum den Eindruck haben sollte, man wolle mich verhaften. Es wäre mir ein schwacher Trost, auch sie beide hinter Schloss und Riegel zu wissen. Der nächtliche Spaziergang verlief ziemlich ruhig. Mit uns wanderten eine meiner jungen französischen Freundinnen und die vornehme alte Dame. Wir bildeten eine kleine, unschuldig und doch respektabel aussehende Gesellschaft.

Wir erreichten den Ort, an dem wir die Straße verlassen und in einen Feldweg einbiegen sollten. Fast waren wir am Ziel. Bis hin zur Eisenbahntrasse mussten wir nur noch ein letztes

Feld durchqueren. Unser Komplize, der Zöllner, der den beiden Flüchtlingen helfen würde, spazierte schon wartend entlang der Schienen. Direkt dahinter befand sich der Grenzzaun, der an dieser Stelle niedrig und leicht zu überwinden war.

Wir gingen über das Feld und waren kaum mehr fünfzig Meter von der Grenze entfernt, als plötzlich, wie aus einem dieser Überraschungskartons, aus denen ein Teufelchen schnellt, zwei italienische Carabinieri mit Pistole, Karabiner und verbissenen Gesichtern hinter einem Strauch hochschossen und sich vor uns aufpflanzten.

»*Alto là!* Was macht ihr hier?«

»Wir gehen spazieren«, sagten wir Frauen in aller Unschuld.

»Wie? Spazieren?«, fragten die beiden, die offensichtlich nicht gut Französisch verstanden. »Eure Papiere!«

Wir zeigten unsere Ausweise vor.

»Ihr kommt mit uns zum Kommando«, herrschten sie uns an.

Nun mischte sich Modigliani ein und legte einen großen Auftritt hin: »Meine Herren«, sagte er, »ich bin französischer Staatsbürger, und wenn ich ein Gesetz oder Reglement übertreten habe, dann wünsche ich, vor französische Behörden geleitet zu werden, um nach den Gesetzen meines Landes Rechenschaft abzulegen. Da jedoch nichts Illegales in unserem Tun besteht, glaube ich, dass das nicht vonnöten sein wird.«

»Sie wollten außer Landes gehen«, sagte der ältere Ordnungshüter barsch.

»Ach, was die sich alles ausdenken!«, riefen wir Frauen fröhlich. »Jetzt verraten wir ihnen aber doch, was wir eigentlich vorhatten!« Wir plapperten gleichzeitig drauflos und erzählten eine lange Geschichte von Tauschgeschäften mit Bauersleuten. »Ihr glaubt uns nicht? Na gut, dann kommt mit, begleitet uns zum Hof dort drüben, seht ihr, den Ersten da, zu Monsieur Webert, und ihr werdet selbst sehen, dass er uns erwartet.«

»Bebèr, Bebèr!«, wiederholten die Carabinieri, verwirrt und wenig überzeugt. »Wo ist dieser Bebèr?«

»Dort, er ist dort, in diesem Haus; kommt mit uns mit, dann könnt ihr euch überzeugen.« Wir zogen sie mit uns fort. Doch um zum Hof des angeblichen Webert zu gelangen, musste man einen großen Graben und eine Hecke überwinden, da gab es kein Weiterkommen. »Wir dachten, wir kämen hier durch; aber offensichtlich doch nicht«, sagte die alte Dame scheinheilig.

»Dieser Bebèr, dieser Bebèr«, brummelten die beiden misstrauisch miteinander. »Die Weiber versuchen, uns auf den Arm zu nehmen.«

Wir kehrten zum Platz zurück, wo die Teufelchen hinter dem Strauch hervorgesprungen waren, doch da war jetzt niemand mehr.

»Wo sind eure Verwandten?«, fuhren mich die Carabinieri an.

»Woher soll ich das wissen?«, sagte ich. »Es hätte mich schon sehr gewundert, wenn mein Onkel, dieser Sturkopf, einfach hiergeblieben wäre und auf uns gewartet hätte. Der ist sicherlich schlafen gegangen.«

»So, so! Das werden wir ja noch sehen!«, meinten die beiden gereizt und drohend. »Ihr kommt mit uns mit!«

Wir machten uns auf den Weg zum italienischen Polizeikommando, das ziemlich weit entfernt lag. Er führte an der Wohnung der jungen Französin vorbei, die geistesgegenwärtig die Gelegenheit beim Schopf ergriff.

»Ihr gestattet mir doch«, bat sie, »dass ich einen Augenblick hochgehe und meine Mutter informiere? Ach, gehen wir doch alle gemeinsam hinauf.«

Die beiden Carabinieri ließen sich darauf ein. Einer blieb als Wache mit der alten Dame als Geisel am Haustor stehen. Das Mädchen und ich gingen mit dem anderen hinauf. Wir klopften. Die Mutter des Mädchens, die uns öffnete, war eine gewitzte Frau und erkannte sofort, worum es ging.

»Um diese Uhrzeit kommst du erst nach Hause?«, rügte sie vorwurfsvoll ihre Tochter. »Wo treibst du dich so spät noch herum, du dummes Ding? Wir haben uns schon solche Sorgen gemacht! Wer ist denn dieses mir unbekannte Fräulein? Wer ist dieser Mann? Sind das deine Freunde?« Gleichzeitig drängte sie uns in ein geräumiges und herrschaftliches Wohnzimmer, wies uns auf die bequemen Fauteuils und holte Flaschen und kleine Gläser aus dem Wandschrank.

»Also, es ist Folgendes passiert«, sagte der Carabiniere in seinem mit deutlich süditalienischem Akzent versetzten Französisch und hieß mich und das Mädchen mit einer Geste schweigen. Er war aber allein schon durch die Umgebung und die vornehme Art der Hausherrin sichtlich eingeschüchtert. »Ich habe diese beiden jungen Damen mit weiteren Personen an der Schweizer Grenze angetroffen, und sie konnten mir nicht erklären, was sie dort taten. Daher muss ich sie leider zur Kommandantur führen.«

»Was machst du denn für Sachen, du törichtes Kind!«, rief die Frau und wandte sich an ihre Tochter. »So nutzt du also die Freiheiten, die ich dir lasse? Ab sofort werde ich dich und deine Freundschaften besser im Auge behalten. Jetzt hole ich aber deinen Vater her und der wird dir die Ohren schon langziehen.«

Der Auftritt des stattlichen Hausherrn verunsicherte den Carabiniere vollends. Seine größte Sorge bestand nun darin, das Gläschen stilvoll in der Hand zu halten, entspannt im ausladenden Fauteuil zu sitzen und nicht wie ein Rüpel zu erscheinen.

»Lassen Sie mich das erledigen«, sagte der Herr des Hauses in vertraulichem Tonfall. »Ich kümmere mich schon darum, diesen beiden Satansbraten die Leviten zu lesen.«

Anschließend plauderten sie über Italien, den Dom von Florenz und den Golf von Neapel. Mein Onkel, meine Tante und Monsieur Bebèr waren vergessen. Am Ende verabschiedete sich der Carabiniere formvollendet, wie ein richtiger Gentleman.

Ich trank noch ein Gläschen auf die Gesundheit meiner tapferen Gastgeber und auf unsere Rettung, dann eilte ich nach Hause zu Signora Maria. Wie mochte es dem Patriarchen ergangen sein? dachte ich. Hoffentlich hat er in der Dunkelheit den Weg nach Hause gefunden, er ist doch zum ersten Mal in dieser Gegend hier!

Aber dann saß er friedlich mit seiner Angetrauten in der Küche. Er hatte sich anstandslos aus der Affäre gezogen. Auch dieses Mal waren wir noch einmal davongekommen.

Als die Euphorie, uns gesund und munter wiedergefunden zu haben, vergangen war, und ich schlaflos im Bett lag, zog ich für mich ein Resümee unserer Unternehmungen und musste mir eingestehen, dass sie ein einziges Fiasko waren. Wir waren bei der französischen und der italienischen Polizei aufgeflogen und hatten die Aufmerksamkeit der Einheimischen auf uns gezogen. Jede weitere Stunde in Annemasse bedeutete nun Gefahr. Ein vierter

Versuch, die Grenze zu überschreiten, würde unendlich riskanter werden als die vorangegangenen. Dennoch musste es gelingen, koste es, was es wolle.

Ich setzte ein Standardtelegramm für die Herzogin von Grand-Manche auf, Lussu sollte erfahren, dass die Dinge gut voranschritten und noch besser enden würden.

Doch in meinem Kopf brodelte es gewaltig.

Minna

Die Verantwortung, die alptraumhaft auf meinen Schultern lag, verursachte mir eine schlaflose, unruhige Nacht. Frühmorgens stand ich auf, und die Freunde versammelten sich mit mir zu einer großen Lagebesprechung. Wir beschlossen, einen letzten verzweifelten Versuch zu unternehmen.

Der Patriarch war guter Dinge und großherzig ließ er mich die Misserfolge und die Gefahren, in die ich ihn gebracht hatte, nicht spüren.

»Für mich ist es schon ein Erfolg«, sagte er, »dass ich der Gestapo entkommen bin und es bis hierher geschafft habe. Es gibt jetzt kein Zurück mehr. Und wenn mir schlimmstenfalls nichts anderes übrigbleibt, als mich der italienischen Waffenstillstandskommission zu stellen, dann werde ich es ruhigen Gewissens tun, da ich schließlich alle Möglichkeiten ausgeschöpft habe.«

»Papperlapapp, Waffenstillstandskommission!«, sagte ich. Diese Perspektive versetzte mich in Angst und Schrecken. »Heute isst du noch einmal Signora Marias Tagliatelle, und dann bündeln wir all unsere Kräfte für den morgigen Versuch.«

Maria Biasini befragte während ihrer Hausarbeiten auch immer wieder die Tarotkarten, doch stets kam diese unglückselige Pik Neun zum Vorschein.

»Es misslingt nicht völlig«, erklärte unsere Pythia. »Es wird schon gehen. Aber irgendetwas, irgendetwas stimmt einfach nicht.«

Mit minutiösen Studien und Vorbereitungen für den anstehenden Plan verbrachten wir die weiteren Stunden und um zehn Uhr früh des nächsten Tages holte uns das Taxi ab. Meine beiden Opfer waren so guten Mutes und optimistisch, dass mir die Tränen in die Augen schossen. Ich wusste, dass dieser Versuch, sollte er misslingen, äußerst böse enden würde. Andererseits mussten wir weitermachen, es gab keine andere Option mehr. Wir konnten nicht einfach darauf warten, dass sie uns im Haus schnappten und wir Signora Maria, ihre Töchter und unsere Freunde in die Katastrophe mitrissen. Außerdem hätte sich Modigliani tatsächlich früher oder später den italienischen Behörden gestellt.

Kaum hatten wir die Stadt verlassen, hielten uns schon zwei Gendarmen an einer Straßensperre auf.

»Ihre Dokumente, *Mesdames et Messieurs!*« Dieser Satz, den ich inzwischen allzu oft gehört hatte, bohrte sich erneut wie ein Nagel in mein Hirn.

Die Gendarmen nahmen die Ausweise und zogen sich zu deren Überprüfung in ihren Verschlag zurück. Wir drei saßen schweigend im Taxi und blickt einander nicht an, um uns vor dem Fahrer nicht zu verraten. Fünf Minuten, zehn Minuten vergingen. Gleich müssen wir aussteigen und landen hinter Gittern. Ich sah schon die berüchtigten französischen Zuchthäuser vor mir, in denen man langsam vermoderte, ohne jeglichen moralischen Gewinn daraus ziehen zu können. Nein, nein, dann sollten wir schon lieber den Italienern in die Hände fallen. Mit unseren direkten Gegnern würden wir zumindest kleinere moralische Revanchen für uns reklamieren können.

Der Gendarm kam wieder und gab uns die Dokumente zurück.

»Wohin fahren Sie?«

»Nach B., zum Herrn Kurator«, antworteten wir.

»In Ordnung.« Das Auto setzte sich wieder in Bewegung.

Auch die folgenden Kontrollen verliefen glimpflich und wir erreichten schließlich die Kirche. Wir schickten das Taxi nach Hause. Alle Brücken waren abgebrochen, es gab kein Zurück mehr.

Der Priester, der uns erwartete, war eine außergewöhnliche Person. Klein, schmal, nervös, mit stechenden Augen, sanfter Sprechweise und ruhiger Gestik flößte er augenblicklich Respekt ein, wie ein Mann, der sich durch lange Exerzitien selbst überwunden hat, um einem Ideal an Perfektion zu entsprechen. Sein Händedruck war energisch, sein Blick ging geradeaus, nichts an ihm entsprach der süßlichen Scheinheiligkeit vieler seiner Standesgenossen.

»Das Risiko«, sagte er gleich zu Modigliani, »ist enorm hoch. Ich muss Ihnen daher eine einzige Frage stellen: Ist Ihr Leben in

Frankreich wirklich so in Gefahr, dass es sich lohnt, dieses Wagnis einzugehen?«

»Es ist unerlässlich, es zu versuchen«, antwortete Modigliani.

Dieser bewundernswerte Priester hatte schon etlichen Menschen geholfen, die Grenze zu überqueren, von der seine Kirche nur einige hundert Meter entfernt lag. Hier stieß ein Zipfel Schweizer Territoriums an französisches Staatsgebiet und war noch nicht durch den hohen Stacheldrahtzaun abgetrennt, der den übrigen Grenzverlauf markierte.

»Wartet hier«, sagte er und ließ uns in einen kahlen großen Raum treten. »Ich werde in Kürze noch eine Erkundungsfahrt mit dem Fahrrad machen und euch dann sagen können, ob der Weg frei ist und ob ihr losgehen könnt.«

»Es ist gut, dass ihr heute gekommen seid«, fügte er hinzu, »denn die Schweizer Zöllner haben bereits die Stacheldrahtrollen zur Absperrung auch dieses letzten Grenzstückchens herbeigeschafft. Morgen schon kommt man vielleicht nicht mehr durch. Aber ich warne euch: Der Wachdienst der italienischen Soldaten wurde in diesen Tagen verstärkt und man muss sehr vorsichtig sein.«

Kurz vor Mittag kam er wieder und sagte, dass der Weg, soweit er es feststellen konnte, frei sei, und wir drei marschierten los. Bis zum Durchgang direkt an der Hauptstraße mussten wir etwa einen halben Kilometer weit einen Feldweg entlanggehen. Danach sollten wir die Straße überqueren und nach zirka zwanzig Metern durch eine breite Öffnung in einer Hecke schlüpfen, die auf die Schweizer Wiese hinausführte. Unser Kontrolldienst war gut organisiert. Um Punkt zwölf Uhr würde uns Vercellotti an der Hauptstraße entgegenkommen und ein Zeichen geben, ob die Straße frei wäre oder nicht. Und um zwölf Uhr zehn hatte Signora Maria dieselbe Aufgabe.

Wir schlenderten langsam den Feldweg hinab, doch keiner von beiden ließ sich blicken. Ich war völlig ratlos. Wie hätte ich auch ahnen sollen, dass Vercellotti von französischen Zöllnern verhaftet worden war und dass der sonst immer pünktliche Autobus, mit dem Signora Maria kommen wollte, ausgerechnet an diesem Tag eine Stunde Verspätung hatte.

Inzwischen standen wir auf freiem Feld und einige Leute hatten uns schon gesehen. Wir konnten weder stehenbleiben noch umkehren, ohne Aufmerksamkeit zu erregen oder den Pfarrer zu kompromittieren. Wir mussten weitergehen.

Die Hauptstraße war noch fünfzig Meter weit entfernt. Zwei Minuten trennten uns von der Rettung, als genau an der Kreuzung von Feldweg und Hauptstraße zwei vollbewaffnete italienische Finanzwachen auftauchten. Sie bummelten langsam vor sich hin. Sie blickten den Weg herauf und sahen uns. Doch da wir ohne zu zögern weiter auf sie zumarschierten, schöpften sie vorerst wohl keinen Verdacht. Sie setzten ihren Rundgang fort und entfernten sich von der kritischen Stelle nach rechts.

Wir erreichten die Einfahrt zur Hauptstraße. Seitlich, zu unserer Rechten, stand das Straßenwärterhäuschen, das uns vor den Blicken der beiden Soldaten verbarg. Dreißig Meter trennten uns von der Schweiz.

Ich lugte hinter dem Häuschen hervor und sah die beiden in kurzer Entfernung auf der Straße stehen. Offensichtlich warteten sie darauf, dass wir auftauchen würden, um uns nach den Dokumenten zu fragen. In wenigen Augenblicken würden sie sich in unsere Richtung bewegen. Wir durften keine Sekunde mehr verlieren.

Ich dachte: »Wenn wir jetzt zögern oder umkehren, dann werden sie uns zweifelsohne einholen und alles ist aus. Wenn wir aber loslaufen und diese kleine Strecke überwinden, riskieren wir zwar eine kleine Schießerei, es könnte sich jedoch ausgehen, dass wir es in die Schweiz schaffen.«

Die Modiglianis dachten ähnlich wie ich. Wir hakten einander unter und stürmten los, um die Straße zu überqueren.

»He da, ihr da!«, riefen die Finanzpolizisten rechts von uns.

Am Rand des Feldes ließen mich die Modiglianis los und ich wandte mich den Soldaten zu. Einer lief die Straße entlang auf uns zu, der andere diagonal über das Feld, um Modigliani und seiner Frau den Weg abzuschneiden. Sie schwangen ihre Karabiner und brüllten drauflos. Ich wollte sichergehen, dass die Flüchtenden schon die Grenze passiert hatten, doch als ich mich umsah, erkannte ich entsetzt, dass sie nicht durch das Loch in der Hecke geschlüpft waren, sondern immer noch auf französischem Territorium umherirrten.

»Nach links! Nach links!« schrie ich auf Französisch und lief ihnen nach. Modigliani blickte sich rasch um, sah mich vor dem Durchgang. »Hier! Hier!«

Der Soldat, der quer über das Feld gelaufen war, war nur mehr wenige Meter entfernt. Ich warf mich auf ihn und griff mit beiden Händen nach seinem umgeschnallten Patronengurt.

»*Porca madonna! Dio boia!*«, brüllte der Angegriffene in bestem Toskanisch, zog mit der Linken an meinen Handgelenken, um mich abzuschütteln und mit seiner Rechten fuchtelte er mit dem Gewehr herum. »Dieses Weib ist ja verrückt!«

»Schieß doch! Schieß doch!«, rief er dem anderen zu, der nun herbeigeeilt war, und er versuchte weiter mich abzuschütteln, ohne jedoch den Karabiner wegzulegen oder zu effizienteren Kampftechniken überzugehen.

»Was soll ich jetzt noch schießen?«, meinte der in bestem Neapolitanisch. »Ich hab doch gesagt, dass wir sofort schießen sollen. Die sind jetzt schon in der Schweiz.«

»Ach«, rief ich, »sind sie schon in der Schweiz?« Ich sprach natürlich nur Französisch. Ich ließ den Gurt meines Gegners aus und drehte mich um, damit ich es selbst sehen konnte. Wie zwei altkluge Kinder trotteten der liebe Onkel und die liebe Tante Hand in Hand über die Wiese. Schweizer Zöllner eilten bereits auf sie zu.

»Wir fangen sie später ein, wenn die Schweizer sie wieder zurückjagen«, sagte der Finanzer und fluchte auf Teufel komm raus. »Du bewachst die Frau und ich sehe mir das an. Das werden sie uns büßen, verdammt noch mal.«

»Sie haben aber ein reguläres Visum für die Schweiz«, sagte ich.

»Dann wird die hier für alle gemeinsam büßen. Bringen wir sie zum Kommando.«

Von beiden Männern in die Mitte genommen marschierte ich die Hauptstraße entlang, und als ich mich noch einmal umwandte, sah ich, wie Modigliani und seine Frau hinter dem Zaun schon von Schweizer Soldaten betreut wurden. Ich spürte, wie mir das Herz federleicht wurde, mir war, als verwandelte sich diese sonnige Landschaft um mich herum wie durch ein Wunder in ein strahlendes Blütenmeer und ich meinte, den heiteren Klang aus tausend silbernen und goldenen Glöckchen zu vernehmen. Das Bedürfnis, meinem Glück freien Lauf zu lassen, war so stark, dass ich es auch den beiden schweigsamen und wütenden Wächtern anvertraute.

»Jetzt bin ich aber beruhigt«, sagte ich. »Ich bin beruhigt, glücklich und zufrieden. Ich habe getan, was ich tun musste. Onkel und Tante sind in der Schweiz. Ach, ist das schön!«

Die Kinder am Straßenrand blieben stehen und blickten mich mitleidsvoll an. »Arme Madame!«, murmelten die Frauen an den Haustüren, »wieder eine, die diesen Gaunern in die Hände gefallen ist!«

Ich aber marschierte triumphierend weiter, ich stellte mir vor, wie die Modiglianis drüben in der Zollstation bei den braven Schweizern vielleicht schon vor einer schönen Schale Milch mit Weißbrot saßen und sich von den Anstrengungen und der Aufregung erholten. »Lussu wird zufrieden sein«, dachte ich.

Als wir den Kommandoposten erreichten, wurde ich in einen kleinen Raum gesperrt, ein Aufpasser stand neben mir, einer vor der Tür und einer vor dem Fenster. Nach einer Weile kam ein Sergente um mich zu verhören und nach dem Verhör musste ich in Begleitung einiger anderer Krimineller meines Kalibers in einen wackligen, dreirädrigen, hermetisch abgeschlossenen kleinen Laster steigen. Dann hielten wir in einem Hof und wurden eine Treppe hinaufgedrängt. Ich hatte keine Ahnung, wo wir uns befanden. Sie entzogen uns den Blicken der Menge, wie den Mann mit der eisernen Maske. Es war wie in einem richtigen Kriminalroman.

Unter entsprechender Bewachung mussten wir in einem Büro, in dem ein reges Kommen und Gehen von niederen und höheren Chargen herrschte, erneut warten. Nun wurde mir klar, dass wir uns im *Hotel Terminus* von Annemasse befanden, in der italienischen Kommandozentrale.

Es berührte mich seltsam, rund um mich herum in allen Varianten und in allen Dialekten meine Muttersprache zu hören. Ich hatte ja immer an Heimweh gelitten, jetzt kam es mir vor, als wäre ich ein bisschen nach Italien heimgekehrt. Meine Euphorie wurde dadurch nur noch größer. Ohne sich ein Blatt vor den

Mund zu nehmen, plauderten die Italiener ungezwungen miteinander, zwar rasch und etwas gedämpft, doch kamen sie gewiss nicht auf den Gedanken, dass ich mir keine Silbe ihrer Gespräche entgehen ließ. Meist sprachen sie über ihre Familien in der Heimat, über Urlaubsgenehmigungen und Beförderungen.

»Was sind das im Grunde doch für brave Burschen!«, dachte ich. »Es liegt wohl zweifellos nur an der faschistischen Korruption ihrer Vorgesetzten, dass sie so tief gesunken sind und nun als elende Henkersknechte in der Fremde ihrem Beruf nachgehen müssen.«

Nach stundenlangem Warten wurde ich gemeinsam mit dem Sergente, der mich dem ersten Verhör unterzogen hatte, in das Büro des befehlshabenden Hauptmanns gebracht.

»Wie heißen Sie?«, fragte der Offizier, ein höflicher Mann, der ein korrektes Französisch sprach.

»Maria-Teresa Chevalley, Volksschullehrerin in Sallanches.«

»Sie haben versucht, außer Landes zu gehen«, sagte er streng.

»Ganz und gar nicht«, antwortete ich. »Wenn ich das Land hätte verlassen wollen, hätte ich das ganz bequem tausendmal tun können. Ich habe indessen meinem Onkel geholfen, die Grenze zu überschreiten, weil ihn die Gestapo aufgrund seines bekanntermaßen antideutschen Verhaltens suchte. Er hat im vorigen Krieg an Ihrer Seite gegen die Deutschen gekämpft. Wie sollte er da die Deutschen lieben? Die beiden Soldaten, die mich verhaftet haben, können bezeugen, dass ich keinesfalls die Absicht hatte, die Grenze zu passieren.«

»Was haben die beiden Männer gesagt?«, fragte er auf Italienisch den Sergente.

»Es sieht schon so aus, dass sie nicht hinüberwollte.«

»Und was hat sie bei der Verhaftung erklärt?«

»Sie wiederholte immer nur, dass sie beruhigt und zufrieden sei, weil sie ihren Verwandten helfen konnte.«

»Vielleicht«, sagte ich auf Französisch, »hätten Sie an meiner Stelle ebenso gehandelt.«

Der Hauptmann lächelte.

»Unser beider Situation«, sagte er, »lässt sich nicht vergleichen. Ich bin hier, um die Grenze zu überwachen, Sie, um diese Bewachung zu umgehen. Schreiben Sie mir eine Aussage auf, mit Ihren genauen Personalien und denen Ihrer Verwandten und den Gründen, die sie zu diesem illegalen Akt veranlasst haben.«

Ich schrieb und unterschrieb eine hübsche Erklärung und wartete wieder stundenlang. Es war zehn Uhr am Abend und ich starb vor Hunger. Nach wiederholten Protesten gelang es mir, noch einmal den Hauptmann zu Gesicht zu bekommen.

»Was haben Sie vor?«, fragte ich. »Ich habe den Eindruck, dass ich wie eine Kriminelle behandelt werde, und dagegen protestiere ich.«

»Die Sache hängt nicht länger von mir ab«, sagte der Hauptmann und es schien ihm fast leid zu tun. »Ihr Protokoll wurde an unsere vorgesetzte Militärbehörde in Grenoble weitergeleitet, die bezüglich der gegen Sie zu erlassenden Sanktionen entscheiden wird.«

Gute Nacht, jetzt war ich in der Bredouille.

Kurz danach holten mich zwei Finanzpolizisten ab. Wir verließen das *Terminus* und marschierten durch die finsteren und verwaisten Straßen. Wohin würden sie mich bringen? Es war aber zwecklos, Fragen zu stellen. Schließlich traten wir durch ein Tor, das von zwei Posten mit Bajonett und einer Feder am Hut bewacht wurde. Wir befanden uns in einem hell erleuchteten großen Korridor und aus allen Türen tauchten scharenweise Soldaten auf, junge und alte, dicke und dünne, blonde und braunhaarige, alle mit weit aufgerissenen Augen, um die Gefangene besser mustern zu können. Wir waren in der Kaserne der Alpini.

»Da wir kein Frauengefängnis haben«, sagten meine Wächter, »übergeben wir Sie dieser Kaserne, die uns diesbezüglich zur Verfügung steht.«

Ein dickwanstiger und gutmütiger Gebirgsjäger kam mit einem Schlüsselbund und öffnete mir eine Tür. Ich betrat einen nackten Raum mit vergitterten Fenstern und zwei Pritschen. Auf einer Pritsche lag etwas, das nach einem Bündel Lumpen aussah. Ich ging näher hin: Es war eine zusammengekauerte, ganz schmächtige Frau, die herzergreifend schluchzte.

»Guten Abend, Mademoiselle«, sagte ich. »Beruhigen Sie sich, ab jetzt leiste ich Ihnen etwas Gesellschaft.«

Sie hob ihr schmales, ziegenartiges, vom Weinen verquollenes Gesicht mit ihren großen, angstvoll blickenden Augen. Eine Jüdin.

»Herrje, was haben sie mit Ihnen gemacht? Schlagen sie Sie? Geben sie Ihnen nichts zu essen?«

»Nein, nein«, sagte sie. »Im Gegenteil, sie sind gut zu mir. Aber ich bin schon seit zwei Wochen hier und ich mache mir Sorgen um mein Kind.«

»Die Grenze, nicht wahr? Bei mir auch. Jetzt erzählen wir uns erst einmal unsere Abenteuer. Ich heiße Maria-Teresa.«

»Ich bin Minna.«

»Sagen Sie, Minna, gibt es hier Brot?«

»Versuchen Sie es. Klopfen Sie laut an die Tür, vielleicht kommt der Wärter.«

Die Tür war halb aus mattem Glas, mit zwei durchsichtigen Rechtecken, die es den Wärtern erlaubten, ins Innere des Raumes zu blicken. Durch diese beiden Öffnungen sah ich neugierige Augen blinzeln. Ich klopfte. Die Tür ging auf. Etwa zwanzig Alpini standen in einer Traube davor.

»Ich habe heute nichts gegessen«, erklärte ich. »Kann man hier etwas bekommen?«

»Ich werde nachsehen«, sagte der Dicke mit den Schlüsseln fürsorglich. Er sprach piemontesischen Dialekt. »Vorwärts, vorwärts, Männer!«, rief er den Neugierigen zu und verscheuchte sie mit ausladenden Gesten wie eine Bäuerin, die die Hühner in den Stall zurücktreibt. »Lasst die Damen in Frieden.«

Kurz danach kam er mit einem großen Wecken Weißbrot, Speck und Schokolade zurück. Ein anderer bot uns ein Päckchen Zigaretten an und wollte nicht, dass ich dafür bezahlte. Alle blieben vor der offenen Tür stehen und sahen mir beim Essen zu.

»Madame hat aber einen ordentlichen Appetit«, kommentierte der Dicke zufrieden. »So ist es recht. Die andere Madame dagegen will nie was essen und weint in einem fort.«

»Sie weint«, sagte ich, »weil es eine Schande ist, sie im Gefängnis und fern von ihrem Kind festzuhalten. Sie hat doch nichts Böses angestellt. Ihr seid Barbaren.«

»Wir? Wir?«, riefen die Alpini im Chor. »Was haben wir

damit zu tun? Das ist doch nicht unsere Schuld. Wir haben nur den Befehl, euch hier festzuhalten, was sollen wir denn tun?«

»Macht die Tür auf und lasst uns fliehen.«

»Aber sicher!«, sagten sie. »Und uns erschießen sie dann. Die erschießen uns, wisst ihr, wenn ihr flieht. Und außerdem«, fügten sie hinzu, »stehen rund um die Kaserne Wachposten, die ohne Vorwarnung das Feuer eröffnen.«

Plötzlich kam Bewegung in die Truppe. »Der Herr Leutnant! Der Herr Leutnant!«, und die Tür ging zu. Doch wenige Augenblicke später öffnete sie sich wieder und der Leutnant erschien auf der Bildfläche: ein geschniegelter, gestriegelter und arroganter Mistkerl, wie er im Buche stand.

»Ich sehe, dass die Gnädigste zu Abend speist«, sagte er in hervorragendem Französisch und mit sarkastischem Tonfall. »Jetzt ist aber gar nicht Zeit zum Essenfassen.«

»Ich weiß nicht, ob jetzt Zeit zum Essenfassen ist«, antwortete ich wütend. »Was ich aber weiß, ist, dass Sie außerordentlich schlechte Manieren haben. Verlassen Sie bitte diesen Raum, wir möchten schlafen gehen.«

Und er ging tatsächlich hinaus, doch mitten in der Nacht kam er wieder. Er trampelte laut mit seinen Stiefeln herum, hielt uns das Licht einer großen Stablampe ins Gesicht und inspizierte die Fenster, alle Ecken und unter dem Bett. Minna und ich taten so, als ob wir schliefen.

Um acht brachte uns unser gutmütiger Schließer Kaffee mit Zucker und Rum und einen Wecken Brot. Ich aß und schlief wieder ein. Um elf kehrte er zurück, diesmal mit zwei beeindruckend großen Feldtöpfen voll mit Suppe. Ich schlang die meine hinunter und schlief erneut ein. »Wie schön«, fantasierte ich, bevor ich wegdämmerte. In meinen Ohren erklang das Echo der tausend Gold- und Silberglöckchen, und das Bild der Modiglianis jenseits des Zaunes leuchtete vor meinen Augen auf. »Wie schön, sich einmal ausruhen zu können, an nichts denken zu müssen, nichts unternehmen, keine Verantwortung tragen zu müssen. Wie gut es einem im Gefängnis doch geht! Lussu wird sich Sorgen machen, aber er wird stolz auf mich sein, und nur das zählt.«

Wenn ich nicht schlief, versuchte ich Minna zu trösten. Ihre

Geschichte erwies sich als wahrhaft herzzerreißend. Sie und ihr Mann waren polnische Juden. Als Facharbeiter hatten sie Diamanten poliert. Sie waren Proletarier, und es war das erste Mal, dass ich auf proletarische Juden traf. Sie waren immer arm und ausgebeutet gewesen. Die Magnaten der Diamantenindustrie, ebenfalls Juden, jonglierten zwar unbekümmert mit Milliardensummen, behielten jedoch auch ihr Kleingeld im Blick. Minna und ihr Mann hatten in Amsterdam gelebt. »Diamanten sind so wunderschön!«, sagte sie immer wieder. »Sie können sich nicht vorstellen, wie wunderbar sie glitzern, wenn man sie facettiert. Sie gleichen irisierenden kleinen Sonnen. Wie gerne hätte ich selbst einen besessen, nur einen ganz winzigen, eventuell auch Ausschussware, um ihn in einen Ring zu fassen. Mein Mann wollte immer Geld zur Seite legen und mir einen kaufen. Doch der Arme hat nie genug verdient.«

Nach der deutschen Invasion waren Minna und ihr Mann aus Holland nach Belgien geflohen und später nach Frankreich. Arbeitslos und illegal im Land, hatten sie schrecklichen Hunger gelitten. Aus Verzweiflung hatte Minna versucht, mit ihrem vierjährigen Sohn in die Schweiz zu flüchten, doch als sie am Grenzzaun angekommen war, liefen italienische Finanzpolizisten herbei, hielten sie fest und bedrohten sie mit ihrem Karabiner. Sie flehte sie an, wenigstens das Kind in Ruhe zu lassen, und zu einer Freundin zu bringen, die es in ihre Obhut nehmen würde. Doch sie wusste nicht, ob man das auch tatsächlich gemacht hatte, und wo das Kind nun gelandet war. Daher verzehrte sie sich vor Schmerz. In ihrer Hand hielt sie stets ein kleines Hemdchen ihres Kindes, das in ihrer Tasche geblieben war. Sie starrte es an und benetzte es mit ihren Tränen. Da sie Polin und Jüdin war, befürchtete sie in ihrer Verzweiflung, dass die Italiener sie den Deutschen übergeben würden und dass sie dies mit ihrem Kind schon getan hätten.

»Wenn es so ist«, sagte sie, »dann hänge ich mich an diesem Fenstergitter hier auf.« Und die arme Minna meinte es bitterernst.

Jeden Abend, wenn die Offiziere in der Messe aßen oder ins Dorf gingen, ließen uns die Alpini heimlich in den Garten hinaus, damit wir Luft schnappen konnten. Ich war glücklich, wenn ich diese braven Bergbewohner, die meist aus dem Piemont oder aus dem Veneto stammten, in ihrem Dialekt sprechen hörte.

»Weit haben wir es gebracht«, sagten sie. »Jetzt sind wir schon zu Gefängniswärtern für Frauen verkommen. Dieser Scheißkrieg und Mussolini, das Schwein, haben uns den Deutschen ausgeliefert. Das sollen die selbst regeln. Wir sind doch Soldaten, keine Polizisten.«

»Schöne Verbündete sind diese Deutschen«, sagte einer, der gerade aus Russland kam. »Als sie vor dem russischen Vormarsch flüchteten, schnappten sie sich auch unsere Lastwagen und unsere Automobile und ließen uns einfach stehen. Einem meiner Kameraden, der auf einen LKW aufspringen wollte, haben sie mit Bajonetten die Hände abgehackt.«

»Wenn er ein Faschist war, dann wäre ihm recht geschehen«, fügte ein anderer hinzu. »Ohne die Faschisten wären wir nicht da, wo wir sind.«

Von ihren Offizieren sprachen sie nur mit allergrößter Verachtung.

»Vom Unterleutnant bis zum Offizier«, sagten die Wohlmeinendsten, »sind es dumme Jungen, die von nichts eine Ahnung haben und höchstens den hübschen Mädchen nachsteigen können. Vom Major aufwärts sind sie durch die Bank Kanaillen.«

»Habt ihr gesehen, wie sie das Speiseöl und die Nudeln davontragen und am Schwarzmarkt verkaufen? Und der Koch sagt dann, dass er für unsere Rationen zu wenig hat.«

»Und das Benzin? Und die Zigaretten? Die stopfen sich hier in Frankreich frech die Taschen voll. Ich schäme mich vor den Franzosen.«

Am Abend des vierten Tages brachte der Wärter gegen zehn Uhr eine dritte Gefangene herein: eine hübsche, elegante junge Französin, deren Nase jedoch rot und deren Augen vom vielen Weinen verquollen waren.

Minna und ich hießen sie willkommen. »Ich weise Sie darauf hin, dass hier drinnen Tränen verboten sind.«

Mit einem hübschen kleinen Taschentuch trocknete sie sich die Augen.

»Sie haben ja recht«, sagte sie. »Aber ich bin immer noch ein bisschen durcheinander. Gestern Abend haben die Soldaten auf mich geschossen und ich konnte mich nur wie durch ein Wunder retten, weil ich mich zu Boden warf. Seit meiner Verhaftung habe ich weder gegessen noch geschlafen, ich bin total erschöpft.«

»Dem kann man Abhilfe schaffen.«

»Ich heiße Marcella«, stellte sich die Neue vor. Sie war sympathisch, schien gebildet und intelligent zu sein. Sie war in der Nähe jener Stelle verhaftet worden, an der Modigliani die Grenze überschritten hatte. Sie hatte zwei gesuchte Gaullisten begleitet, denen es gelungen war, in die Schweiz zu fliehen.

»Aber das Schlimmste ist«, sagte Marcella, »dass sie sich in den Kopf gesetzt haben, ich sei eine Spionin. Die ganze Nacht lang haben Sie mich dazu verhört. Das ist wirklich kein Spaß.«

Am folgenden Abend nahmen wir eine vierte Besucherin in unserer Pension auf: eine etwa sechzigjährige Deutsche, die Tochter eines berühmten Universitätsprofessors, eine wirklich außergewöhnliche Frau. Sie trug einen schwarzen Kittel mit weißem Kragen, die Kleidung der protestantischen Rot-Kreuz-Schwestern. Doch mochte sie auch protestantisch getauft und ihrer Geisteshaltung nach Preußin sein, ihrer Abstammung nach war sie eine Jüdin und hatte die Verfolgung durch die Nazis am eigenen Leib erfahren. Gegen Ende des Jahres 1940 war sie mit ihrer neunzigjährigen Mutter aus ihrer Wohnung in Köln verjagt worden. Sie hatten überhaupt nichts mitnehmen können, nicht ein Taschentuch, geschweige denn Geld. In einem plombierten Waggon waren sie mit anderen Unglücklichen nach viertägiger Irrfahrt an der französischen Grenze angekommen. Und die französische Polizei hatte sie in das Konzentrationslager Gurs, das schrecklichste von allen, deportiert. Nach einer Woche verstarb die Mutter an Hunger und Kälte. In unfassbarem Elend lebte Schwester Bertha weiterhin dort. Sie schlief bei Regen und Schnee im Freien und aß kaum etwas. Als Rot-Kreuz-Schwester übernahm sie es, den Sterbenden beizustehen und die Körper der Toten zu bergen – eine Aufgabe, die ihr fast täglich zufiel. Die Unterernährung führte schließlich zu einer schrecklichen Darmkrankheit und der Skorbut fraß an ihr: Sie hatte keine Fingernägel mehr. Ihre Hände sahen aus wie die einer Leprakranken.

Ihre Umgangsformen waren bedächtig und korrekt und ließen auf eine ausgezeichnete Erziehung schließen. Doch all ihre Kontrolle war dahin, wenn sie Essen sah: Unfähig, sich zu beherrschen, stürzte sie sich mit viehischer Gier darauf. Die Augen schienen ihr aus den Höhlen zu fallen, ihre Hände krümmten sich. Und sie aß und aß, ohne jemals satt werden zu können. Aufgrund der langen Hungerperiode hatten ihr Magen und Darm fast gänzlich die Fähigkeit verloren, Nahrung zu verwerten.

Um dem Elend zu entfliehen, hatte Schwester Bertha beschlossen, mithilfe von protestantischen Freunden in die Schweiz zu flüchten. Doch die Carabinieri hatten sie gesehen, und da die arme alte Frau beim Versuch, zu laufen und sich in Sicherheit zu bringen, gestolpert und gefallen war, hatten sie sie gefasst und in Arrest gesteckt.

Und dennoch war Bertha, nach allem, was sie erlitten hatte, immer noch Nationalistin und sogar Nazianhängerin.

»Ich verstehe nicht«, entfuhr es ihr einmal, »wie es Deutsche geben kann, die sich über die Niederlagen unseres Heeres freuen können. Das sind doch Renegaten.«

Am Sonntag, recht früh am Morgen, kam ein Offizier herein.

»Macht euch bereit, in einer Viertelstunde werdet ihr mit einem Laster wegfahren.«

»Wohin?«

»Das weiß ich nicht.«

Wir standen eilig auf (Toilette war rasch gemacht, da wir angezogen und in die Decke eingewickelt schliefen) und riefen den Schließer, um ihn um Aufklärung zu bitten. Er war ganz betrübt und sah uns voller Mitgefühl an. Aber er wusste von nichts.

»Die werfen uns in ein richtiges Gefängnis«, seufzten wir. »Da wird es uns nicht mehr so gut gehen wie hier.«

Die Alpini steckten uns Schokolade und Zigaretten zu.

»Vielleicht bringen sie uns nach Italien«, sagte Marcella.

»Wer weiß das schon?«

Sie führten uns mit anderen, auch männlichen, Gefangenen in den Hof und ließen uns zum Appell antreten.

»Maria Teresa Chevalley!«

»Ha!«, dachte ich erleichtert. »Sie haben noch nicht bemerkt, dass meine Dokumente gefälscht sind.«

In Begleitung einer eindrucksvollen Wachmannschaft von Carabinieri befahl man uns, auf den Lastwagen zu steigen. Die Planen wurden hermetisch geschlossen.

Der LKW fuhr los. Wir wurden auf den wackeligen Bänken durchgerüttelt und fielen immer wieder aufeinander. Eine Stunde verging, zwei Stunden, drei Stunden, vier Stunden. Wir fuhren ohne Pause.

»Die bringen uns wirklich nach Italien«, dachte ich. »Was wird Lussu jetzt wohl machen?«

Als der Wagen anhielt, war es zwei Uhr.

Wir befanden uns in Grenoble, in der Kaserne der Carabinieri.

Wir Frauen wurden einen langen Gang hinabgeführt, bis zu einer Tür, auf der stand: Sicherheitsverwahrung für Frauen.

Da gab es vier klapprige Pritschen mit vier schmutzstarrenden Decken, am Boden verstreut faulten Essensreste vor sich hin. Wir wurden eingeschlossen. Wir hatten Hunger. Wir schlugen an die Tür, doch niemand ließ sich sehen.

Das war jetzt eine andere Umgebung als bei den Alpini. Hier hatten wir es mit richtigen Polizisten zu tun!

Wir setzten uns etwas bedrückt auf die Pritschen. Tränen kullerten wieder aus Minnas Augen, Schwester Bertha klagte über Magenkrämpfe. Marcella stellte fest, dass man ihr alles Geld, mehrere tausend Francs, aus der Tasche genommen hatte. Ich dachte, dass man nun bei der französischen Polizei nachforschen und meine falsche Identität aufdecken würde.

Aber wir reagierten sofort gegen die Demoralisierung, die uns drohte, und organisierten ein Programm, das uns ablenken sollte. Minna würde uns an der Tafel, die an der Wand hing, das hebräische Alphabet beibringen. Um dem Hunger ein Schnippchen zu schlagen, würde uns Schwester Bertha Stillleben mit gebratenen Hühnern und exotischen Früchten aufzeichnen. Marcella würde aktuelle Gassenhauer singen. Und ich, die ich eine Schere in der Tasche hatte, würde lustige Hampelmänner aus Zeitungsresten ausschneiden.

So wurde es halb sieben, als wir endlich hörten, wie sich ein Schlüssel im Schloss drehte. Es erschienen zwei Soldaten mit einem dampfenden Topf, ihnen hinterher der Wachmann mit dem Schlüsselbund und den Näpfen. Schwester Bertha stürzte sich so ungestüm von der Pritsche, dass sie fast zu Boden fiel. Ihre Hände, ihre Lippen, ihr ganzer Körper reckten sich gierig der Suppe entgegen, wie Eisen, das von einem Magneten angezogen wird. Doch die Rationen enttäuschten uns: Die Suppe war sehr wässrig und wir bekamen bloß einen Schöpfer voll; das Brot war nur ein Achtel eines Weckens.

Aufgrund der leeren Mägen und des anhaltenden Gestanks konnten wir in der Nacht nicht unseren gewohnten ruhigen Schlaf finden. Wir versuchten es und schwiegen eine Weile. Vergeblich. Hin und wieder eine leise Stimme:

»Sind Sie munter?«

»Ich bin munter.«

»Sie auch?«

»Ich auch.«

Und wir begannen wieder zu plaudern.

So vergingen einige Tage und Nächte.

Unser Aufpasser, der Gefreite, wurde in der Zwischenzeit etwas menschlicher. Statt einem gab er uns nun zwei Schöpfer Suppe und er erlaubte uns, zusätzlich Brot zu kaufen. Abends kam er auf ein Schwätzchen vorbei und ließ die Tür offen, sodass immer wieder Soldaten hereinsahen, wie zu richtigen Besuchsstunden.

Der Gefreite stammte aus dem Veneto und war trotz seiner Jugend schon längst ein Kriegsveteran. Er war in Albanien gewesen, in Griechenland, in Jugoslawien. Er war ein lupenreiner Faschist und Monarchist und das erkennbare Resultat der speziellen Ausbildung, die man den königlichen Carabinieri angedeihen ließ. Er erzählte grauenhafte Geschichten aus dem Partisanenkampf in Jugoslawien. Er selbst war an Exekutionskommandos beteiligt gewesen und hatte mehrere Male an der völligen Zerstörung ganzer Dörfer teilgenommen.

»Das ist ja entsetzlich!«, rief ich. »Und Sie haben sich dabei nicht geschämt?«

»Wieso hätte ich mich schämen sollen?«, antwortete er. »Singend zogen wir los, um gefangene Partisanen reihenweise zu exekutieren. Wir konnten es kaum erwarten, unsere Kameraden zu rächen, die man abgestochen und zerstückelt aufgefunden hatte.«

»Na, so etwas«, hörte ich andere Soldaten untereinander murmeln. »Der redet ja wie ein Deutscher, nicht wie ein Italiener. Da versteht man schon, dass die Partisanen ihnen den Garaus machen.« Wenn der Gefreite manchmal kurz nicht anwesend war, sprachen sie frei von der Leber weg.

»Ich war ja auch in Jugoslawien, mit der *Divisione Re*«, sagte ein Infanterist, ein Zwanzigjähriger aus den Abruzzen mit ehrlichem und aufrechtem Blick. Er war es, der am ersten Tag heimlich für uns Brot kaufen gegangen war. »Aber wir haben Gefangene nie getötet. Im Gegenteil, wir haben sie gut behandelt. Manchmal haben wir sogar jemanden versteckt, damit er nicht den Carabinieri oder den Schwarzhemden in die Hände fiel, und danach ließen wir ihn wieder frei. Unser Oberst vom Generalstab, ein feiner Kerl, sagte immer: Männer, wir sind hier, um unsere Pflicht zu tun, nicht, um uns als Gewalttäter zu beweisen. Wir sind Soldaten, keine Polizisten. Er, der Oberst, hatte vor gar nichts Angst. Er fuhr allein mit seinem Fahrer unbewaffnet hinauf in die Berge. Und die Partisanen respektierten ihn. Wenn sie aber auf einen Carabiniere oder einen Faschisten trafen, dann schlugen sie dem sofort den Schädel ein.«

»Und dem geschah dann auch ganz recht«, sagte ein anderer, der ebenfalls in Jugoslawien gewesen war. »Im Grunde verteidigten die Partisanen ja nur ihre Heimat. Und wenn ich da an ihre Frauen denke, die waren schon großartig! Die waren genauso hart wie die Männer.«

Dann kehrte der Gefreite zurück und sie schwiegen wieder.

»Mussolini ist ein ganz Großer«, erklärte uns der Gefreite. »Er hat viel für das Volk getan und dem König hat er ein Imperium geschenkt.«

Die anderen lachten verstohlen. »Wisst ihr schon«, tuschelten sie, stießen einander mit dem Ellbogen an und zwinkerten sich zu, »was heute Morgen der diensthabende Carabiniere in der Messe gesagt hat? Er sagte, dass wir hier in Italien sind und nicht in Frankreich. Er sagte, dass der König, der schon Kaiser von Äthiopien und Herrscher von Albanien ist, auch König von Frankreich wird. Ha, ha, ha!« Sie lachten.

»Das hier ist alles andere als Italien«, sagte der Junge aus den Abruzzen. »Die Franzosen lassen es uns ordentlich spüren, dass wir hier nicht zu Hause sind. Es vergeht kein Tag, an dem sie nicht irgendwo Bomben legen. Gestern haben sie das Kino, in dem ein deutscher Film hätte laufen sollen, in die Luft gejagt, heute ein Reifendepot, das wir beschlagnahmt haben.«

»Und kennt ihr die Ausbildungslager der Partisanen oben in den Bergen?«, fragte ein älterer Artillerist. »Wir wissen doch, wo die sind, aber wir lassen sie in Ruhe. Ich habe es nicht selbst gehört, der Wachposten hat es mir erzählt, aber unser Hauptmann soll zu einem Franzosen gesagt haben: Immer mit der Ruhe, wir tun euch nichts. Wenn dann die Deutschen kommen, informieren wir euch rechtzeitig. Wir werden sicher nicht auf euch schießen. Wir werden auf die Deutschen schießen, nicht auf euch.«

»Bravo, bravo!«, rief der Junge aus den Abruzzen. »Ich werde um Versetzung in dein Bataillon ansuchen.«

Eines Abends erzählte uns der Gefreite nur so zum Spaß, dass er von seinem Leutnant gehört habe, man würde uns am folgenden Morgen den Deutschen ausliefern. Die arme Minna nahm es für bare Münze.

»Nein! Nein!«, schrie sie entsetzt vor lauter Schreck. »Bringt mich lieber um, lasst mich nur nicht den Deutschen in die Hände fallen. Behaltet mich hier im Gefängnis, schickt mich in ein Konzentrationslager, aber lasst mich bei euch Italienern bleiben. Ihr habt ein gutes Herz. Die Deutschen aber sind schlimmer als der Tod. Ich werde mich nützlich machen, ich werde eure Uniformen flicken, ich werde eure Böden putzen, aber behaltet mich hier!« In Strömen rannen die Tränen über das sanfte jüdische, zum Opferlamm verdammte Gesicht. In ihrer Verzweiflung lag eine gewisse Vorahnung. Arme Minna, so grausam und sinnlos hat man dich verfolgt.

Nach einigen Tagen ging die Tür zu ungewohnter Zeit auf und ein Carabiniere trat herein.

»Maria Teresa Chevalley?« Er sprach es auf Italienisch aus,

so wie man es schrieb. »Der Herr Leutnant wünscht Sie zu sprechen. Kommen Sie mit mir mit.«

Ich fühlte, wie es in mir brodelte. »Es ist so weit«, dachte ich. »Sie haben entdeckt, dass ich falsche Papiere habe.«

Ich trat in das Büro des Leutnants. Es war ein junger Mann mit glattem Gesicht, gestriegelt und in enganliegender Uniform. Lächelnd saß er vor einer Schreibmaschine. Ein Duftgemisch aus Brillantine und Stiefelwichse schwebte in der Luft.

»Setzten Sie sich«, sagte er mit starkem sizilianischem Akzent. »Ich schließe das hier ab und dann komme ich zu Ihnen.«

»Er wird den Bericht der französischen Polizei abtippen«, dachte ich. »*In Sallanches existiert keine Familie namens Chevalley …*«

»Erledigt«, sagte der Jüngling und zog das Blatt aus der Maschine. »Und nun erzählen Sie einmal.«

Er nahm einen Stuhl und setzte sich mir gegenüber. Er steckte den rechten Daumen in den protzigen Gürtel und schlug die glänzenden Stiefeln in lässig martialischer Manier übereinander.

»Sie sind doch die Grundschullehrerin?«

»Ja, ich bin Lehrerin.«

»Haben Sie die lateinischen Sätze an die Tafel geschrieben?«

»Ja. Mit meinen Kameradinnen geben wir uns gegenseitig Sprachunterricht.«

»Können Sie auch Griechisch?«

»Ich habe ein klassisches Lyzeum besucht.«

»Ich auch! Ich auch!«, rief der Leutnant begeistert aus, als sei diese Übereinstimmung etwas ganz Außerordentliches. »Stellen Sie sich vor, vor drei Jahren war ich noch ein Gymnasiast. Aber wer erinnert sich mittlerweile noch an diese ganzen Aoristen? *Leipo, elipon, pratto, epraxen, lanthano* … Wie geht das mit *lanthano*?«

»*Elathen.*«

»Genau, so ist es! Und wissen Sie noch, wie die Ilias beginnt? *Menin aeide, thea, Peleiadeo Achilleos* …«

Eine Weile schwelgten wir so in unseren Erinnerungen an die Klassik.

»Kennen Sie Italien?«, fragte er mich dann.

»Ich kenne es gut«, antwortete ich. »Ich habe es oft bereist.«

»Was für ein wunderbares Land!«, rief er aus und sein Gesicht nahm einen ekstatischen und erleuchteten Ausdruck an. »Sagen Sie, ist es nicht das schönste Land der Welt? Und das zivilisierteste und großartigste, das würdigste, um über die Welt zu herrschen? Rom, Alma Mater. Die Wiege der Zivilisation. Unsere Aufgabe ist es, die Fackel dieser Zivilisation in die Welt hinauszutragen. Das ist unsere Mission. Und ihr Franzosen, was haltet ihr von Italien?«

Doch er gab mir keine Zeit zu antworten.

»Es ist uns ja unerklärlich«, sprach er weiter, »warum ihr Franzosen uns so feindlich entgegentretet. Sind wir denn nicht zwei lateinische Völker, die dafür geschaffen sind, einander zu verstehen? Ist unsere Okkupation nicht großzügig und milde?«

»Na ja, aber es ist immer noch eine Okkupation. Ihr Sizilianer hattet schließlich auch eure *Vespri*, nicht wahr?«

»Was hat denn das damit zu tun? Das hat doch überhaupt nichts damit zu tun. Wir sind aufgrund ehrlichen und gerechten Waffenrechtes gekommen, nachdem wir euer Heer dank der erhabenen Führungsrolle unseres Prinzen Umberto von Savoyen besiegen konnten.«

»Unsere Armee«, erwiderte ich und fühlte mich nun als waschechte Französin, »wurde von den Deutschen besiegt.«

»Die Deutschen, die Deutschen!«, sagte er abfällig. »Was soll denn dieses ewige Gerede von der Tapferkeit der Deutschen, der Unbesiegbarkeit der Deutschen? Die wissen doch auch, wie man davonrennt, wenn sie vor jemandem stehen, der sich ernsthaft gegen sie wehrt. Die wahren Krieger sind wir Italiener. Caesar, die tapferen Legionen.«

Ich schwieg und gedachte traurig der Auswirkungen einer unter Mussolini erfolgten Erziehung.

»Es ist traurig«, fuhr der kleine Leutnant fort, »dass auch ihr Frauen euch gegen uns stellt und euch sogar an subversiven Aktionen beteiligt. Ihr solltet doch Elemente der Versöhnung sein, wie es eurer weiblichen Natur entspricht. Das gefällt mir an euch nicht, gefällt mir gar nicht. Wenigstens gebildete Frauen wie Sie sollten das verstehen.« Er seufzte, möglicherweise dachte er an die täglichen Bomben und Attentate. Dann fügte er, offensichtlich mit deutlichem Wunsch nach Versöhnung, hinzu: »Ich muss Ihnen aber auch sagen, dass wir den Mut von euch Frauen bewundern. Ich werde dem Herrn General wohlwollende Berichte zukommen lassen.«

Er begleitete mich zur Tür, sichtlich zufrieden mit sich selbst und in der Gewissheit, mit feinfühliger Diplomatie einen Schritt in Richtung eines besseren italienisch-französischen Verhältnisses gemacht zu haben.

Die Tage vergingen im Schneckentempo und wir taten unser Bestes, um uns die Zeit zu vertreiben. Schwester Bertha brachte uns ihr Wissen als Krankenschwester bei. Minna lehrte uns polnische Wörter. Ich hielt Vorträge über die richtige Zubereitung von *Tortellini alla bolognese*. Und Marcella, die vom Gefreiten ein Kartenspiel bekommen hatte, sagte uns die Zukunft voraus. Diese verlogenen Karten sahen für Minna immer hervorragend aus, mir prophezeiten sie Unheil. Ich sollte im Strafgefängnis von San Remo landen.

Eines Morgens trat schließlich der kleine Leutnant geschniegelt und aufgekratzt in unsere Zelle.

»Ich habe den Herrn General um die Enthaftung der Damen gebeten«, sagte er selbstgefällig. »Der Herr General hat stattgegeben. Ihr seid die ersten Frauen, die auf diesem Wege freigelassen werden.«

»Endlich!«, riefen wir und sprangen freudig von den Pritschen. »Gilt das für alle?«

»Für die Dame aus Polen noch nicht.«

»Und warum nicht? Ihr steht es auch zu, mit uns freizukommen.«

»Sie kommt morgen oder übermorgen frei, das verspreche ich Ihnen.«

Minna sah uns an und versuchte zu lächeln: »Ich bin so glücklich! Und in ein paar Tagen bin ich auch draußen und dann besuche ich euch.« Doch tief in ihren großen, sanften Augen lauerte ein düsterer Nebel. Arme, arme Minna, du kamst hier nur frei, weil man dich deinen Henkern ausgeliefert hat und du in einem plombierten Viehwaggon ins Todeslager von Lublin überstellt worden bist.

»Soweit es uns betrifft«, sagte der Leutnant, »sind Sie frei. Aber wir können Sie natürlich nicht einfach so gehen lassen. Wir übergeben Sie zu weiteren Ermittlungen der französischen Polizei. Wenn diese dann zufriedenstellend ausfallen, werden Sie entlassen.«

Mir kam es vor, als bekäme ich einen heftigen Schlag an den Kopf. Die französische Polizei! Das hieß nicht, vom Regen in die Traufe zu kommen, sondern direkt in die Regentonne. Die Mindeststrafe, zu der mich die französische Justiz verurteilen konnte, waren drei Jahre Haft für die Verwendung gefälschter Dokumente.

Ich war einen Augenblick lang versucht, in die italienische Sprache überzuwechseln und auf der Stelle zu erklären, dass ich ganz und gar nicht Maria Teresa Chevalley sei, und dass ich von italienischen Behörden verurteilt werden wollte. Doch ich hielt mich zurück. Ich erinnerte mich daran, dass eines der Grundprinzipien der Untergrundarbeit lautete, die eigene falsche Identität bis zum Äußersten zu verteidigen.

Ein Brigadiere, der groß und stark wie ein Ochse war und freundlich mit den Händen fuchtelte, bereitete die Papiere vor, die uns zur Gendarmerie begleiten sollten. Ich schielte hin, um zu sehen, was da geschrieben stand: *»An die französische Gendarmerie, bezüglich Ermittlungen …«* Ich war starr vor Schreck.

»Signora, sind Sie die Lehrerin?«, tönte die sonore Stimme des fülligen Brigadiere in einem komischen und gezierten Französisch. »Darf ich Sie um einen Gefallen bitten?«

»Auch zwei.«

»Sie kennen gewiss viele Menschen und eventuell haben Sie die Güte, mir einen kleinen Gefallen zu erweisen. Gestatten Sie mir, dass ich mich vorstelle: Brigadiere Amilcare Amati, Tenor.« Er hielt mir seine Visitenkarte hin.

»Ich habe auch an der Mailänder Scala gesungen«, fuhr er fort, »in den klassischen Opern unserer großen Meister. Nun, da ich mich in fremden Gefilden aufhalte, fern jeglicher Kunst und jeglichen musikalischen Ambientes, an das ich gewohnt war, leide ich unsäglich. Die Kunst ist mein tägliches Brot. Ich würde mich glücklich schätzen, wenn ich in meiner Freizeit Zugang zu den

Künstlerkreisen dieser Stadt finden würde. Vielleicht könnten Sie, gnädige Frau, mir dabei behilflich sein.«

»Das würde ich sehr gerne machen …«

Der Tenor stimmte leise zwei, drei Takte des Kirschenduetts von Mascagni an. »Ich habe mir zudem erlaubt«, sagte er, »Ihren Namen und Ihre Adresse zu notieren.«

»Das haben Sie gut gemacht«, sagte ich. »Besuchen Sie mich, wenn Sie nach Sallanches kommen.«

Warmherzig drückte er meine Hand und begleitete mich in den Hof, wo der übliche Laster mit den Planen schon auf uns wartete. Wir waren neun Gefangene, sechs Männer und drei Frauen. Und fünf Carabinieri als Begleitmannschaft.

Als wir bei der französischen Gendarmerie ankamen und die Carabinieri nach unserer Übergabe an die französische Polizei zum Laster zurückkehrten, schnürte mir die Angst den Brustkorb ab. »Wartet!«, hätte ich gerne geschrien. »Ich bin doch auch Italienerin! Nehmt mich mit!«

Aber ich sagte nichts und setzte mich auf die Bank zwischen Schwester Bertha und Marcella.

»Wieso«, fragte Schwester Bertha, »sind Sie heute so still? Fühlen Sie sich nicht wohl?«

»Ich habe Bauchweh«, antwortete ich, »wahrscheinlich der Hunger.«

Wir saßen in einem Raum, in dem sich auch die Telefonzentrale befand. Vier Gendarmen plauderten und feixten herum, ohne sich um uns zu kümmern. Sie verhöhnten die Italiener mit vulgären und beleidigenden Worten. Das verflixte Telefon ging ununterbrochen und ich spitzte bei jedem Gespräch die Ohren. Hin und wieder nannte der zuständige Gendarm einen Namen und fragte nach diesen und jenen Informationen. »Bald sind wir dran«, dachte ich. Auch Marcella war bedrückt.

»Wird das noch lange dauern?«, fragten wir die Gendarmen.

»Das wissen wir nicht.«

»Von wem hängt denn jetzt unser Schicksal ab?«

»Woher soll ich das wissen? Eure Unterlagen sind beim Herrn Präfekten, der sie persönlich in Augenschein nehmen wird.«

»Und dann?«

»Dann, weiß ich nicht. Er wird sie an die Präfekten eurer jeweiligen Bezirke schicken. Woher sind Sie?«

»Aus Hoch-Savoyen.«

»Dann wird man Sie nach Annecy bringen.«

Ich wusste, dass der Präfekt von Annecy ein Faschist und ein überzeugter Kollaborateur war. Das Gefängnis von Annecy hatte zudem einen äußerst schlechten Ruf.

»Ich muss hier raus«, dachte ich.

Mit einer Reihe von Manövern, die sich über einige Stunden erstreckten, gelang es mir, den Hof und einen Flügel des Gebäudes zu erkunden. Ich fand schließlich ein unbewachtes Fenster, das auf einen Treppenabsatz hinausging. Es war ein bisschen hoch, aber ich würde hinabspringen können. Unten an der Straßenecke hielten zwei Gendarmen Wache.

»Wo werden wir die Nacht verbringen?«, fragte ich unsere Wachposten. Es war vier Uhr Nachmittag und ich dachte mit brennender Sehnsucht an das Feldgeschirr der Alpini.

»Wir haben Befehl, euch nicht von hier fortzulassen, bis die Direktiven des Herrn Präfekten eintreffen«, sagten die Gendarmen. »Möglicherweise verbringt ihr die Nacht hier.«

Ich beschloss zu fliehen, sobald es dunkel werden würde, so gegen halb acht. Schon fühlte ich mich ruhiger.

»Woran denken Sie?«, fragte mich Marcella, die neben mir auf der schmalen Bank saß.

»Ich denke an Flucht«, antwortete ich leise.

»Ja«, sagte sie, »die Lage sieht nicht gut aus. Wenn sie anrufen und bei mir zu Hause nachforschen, dann bin ich in einem schönen Schlamassel. Ich habe zwei Gaullisten im Haus versteckt.«

»Und wenn sie erst bei mir anrufen«, sagte ich, »dann … ich will euch gar nicht sagen, was dann passiert.«

Schwester Bertha, korrekt und steif in ihrer schwarzen Tracht mit dem weißen Krägelchen, schwieg. Brotwecken und dampfendes Kochgeschirr zogen wohl vor ihrem geistigen Auge vorüber.

»Maria Teresa Chevalley, Grundschullehrerin«, rief der Gendarm, der am Tisch saß. Es war sieben und es begann dunkel zu werden. »Hätte dieser Idiot nicht noch eine halbe Stunde länger warten können?«, dachte ich. »Was mag er von mir wollen?«

»Das bin ich«, sagte ich.

»Geben Sie mir Ihre *Carte d'identité.*«

Er beäugte sie und begann dann Eintragungen in ein Register zu machen. Er hatte eine schöne, bedächtige und deutliche Handschrift. Als er alles abgeschrieben hatte, sagte er: »Und nun erzählen Sie mir einmal, warum Sie verhaftet wurden.«

»Da mein Onkel, ein bekannter Patriot und von der Gestapo gesuchter …«, begann ich zum x-ten Mal. Meine Geschichte war nun ein wahres Kunstwerk geworden, das sich nach und nach um Details und Nuancen bereichert hatte.

Der Gendarm schrieb mit kalligrafischem Eifer alles auf.

»Gut«, sagte er, als er fertig war. Dann rief er auch die anderen einzeln herbei und trug alle in sein Register ein.

Schließlich stand er auf und blickte uns mit einem schiefen Lächeln aus seiner faltigen, alten Bullenvisage ins Gesicht.

»Ihr seid frei«, sagte er.

»Frei!?«, stammelten wir, atemlos vor Überraschung. »Also können wir jetzt gehen?«

»Ihr könnt jetzt gehen.« Wir stürzten zur Tür und schubsten uns vor Freude. Marcella und ich liefen durch die Straßen von Grenoble. Wie zwei Schulmädchen, die die Schule schwänzten, hielten wir einander an der Hand.

Ich eilte dann sofort zu einem unserer Genossen, einem Schuster, dem Vertrauensmann von G. L. in Grenoble. Er empfing mich, wie die Fischer Jona empfangen haben mussten, als er aus dem Inneren des Wals wiederaufgetaucht war. Von ihm erfuhr ich, dass Lussu Grenoble eine halbe Stunde zuvor verlassen hatte. Er war in der Stadt gewesen, um mit den Freunden einen Fluchtplan für mich zu organisieren. Sie wollten mich während meiner Überstellung nach Italien, die den gesammelten Informationen nach als sicher schien, befreien. Zwischen Annemasse, Lyon und Grenoble hatte es reichlich Verkehr unter den G. L.-Genossen gegeben, um meine Wege zu verfolgen und meine Flucht vorzubereiten.

Am Morgen des darauffolgenden Tages stieg ich die endlosen Stufen zum Herzog von Grand-Manche hinauf. So schnell war ich sie noch nie hochgelaufen. Ich drückte die Eingangstür auf. Niemand war da. Leise trat ich in unser Kämmerchen. Lussu schlief tief und fest, bis drei Uhr früh hatte er Projekte für meine Flucht gewälzt. Ich gab ihm einen Kuss auf die Stirn. Er machte die Augen auf, rieb sie sich, und rieb sie sich erneut.

Das konnte nur ein Traum sein.

Cristina

Im Mai und im Juni waren die Wiesen und Wälder unseres Dorfes in den Bergen ein einziger blühender und wohlduftender Garten. Zuerst sprossen die weißen und violetten Krokusse zwischen den Schneeresten, die sich langsam in der Sonne auflösten, aus dem feuchten, schon mit dichtem, kurzem grünen Gras bewachsenen Boden hervor, zeitgleich mit Büscheln voll lilafarbener und intensiv duftender Blütendolden, die tropischen Pflanzen ähnelten. Danach öffneten sich der Enzian in seinem unvergleichlichen Blau, die gelben Primeln, die purpurnen wilden Orchideen. Und zwischen all den glänzenden und glatten Blättern leuchtete das üppige Gold der runden Trollblumen neben den Rinnsalen und Eiswassermulden, als würden hier kostbare Kelche stehen. Je kräftiger das Gras auf den Wiesen und unter den Lärchen wuchs, desto unübersehbarer wurde die Zahl der herrlichen und zierlichen Gewächse: Gladiolen, Anemonen, Narzissen, Margeriten, Melissen, Röschensträucher, Weißdornbüsche und die wunderbar aufragenden, hohen roten Lilien.

Auch die Murmeltiere waren, abgemagert und hungrig nach dem Winterschlaf, bereits aus ihren Höhlen hervorgekrochen. Sie gaben sich alle Mühe, wieder zu Kräften zu kommen, und die Murmeltierkinder taten unter Aufsicht ihrer Mütter ihre ersten Schritte. Jede Kolonie hatte einen Wachposten aufgestellt, der mit einem langen Pfiff vor einer drohenden Gefahr warnte. So verschafften sie den Familienoberhäuptern Zeit, den noch unwissenden Nachwuchs, der in unschuldiges Spiel vertieft war, in die Unterschlüpfe zu drängen.

Die Gämsen zogen dem Schnee nach, immer höher über die Felsen des Grand-Arnault hinauf, und zwischen dem Gestein rupften sie die ersten frischen Grashalme aus.

Die Kühe verließen nach den Wintermonaten die Ställe; verrückt vor Freude, wieder an der frischen Luft und in der Sonne zu sein, taumelten sie ungelenk umher.

Doch nicht nur durch die Pflanzen, die Tiere und die ersten Arbeitsgänge der Bauern erwachte das Gebirge zu neuem Leben. Auch die jungen französischen Patrioten, die der Zwangsarbeit in Deutschland entfliehen wollten, kamen nun herauf und organisierten sich heimlich in bewaffneten Banden, um hier den Moment des Losschlagens abzuwarten.

Nicht weit vom Dorf entfernt befand sich eines dieser illegalen Militärcamps. Man hatte uns darauf aufmerksam gemacht, denn inzwischen waren wir ein Teil der großen Familie geworden. Die Bergbewohner hielten uns zwar für korsische Gaullisten anstatt für italienische Antifaschisten, im Grunde machte das aber keinen Unterschied.

Der Leiter des Camps, ein junger Offizier, kam bei uns vorbei und stellte sich vor. Lussu versorgte ihn mit guten Ratschlägen und leistete der Gruppe Hilfe, indem er falsche Papiere besorgte und mit Freunden aus Grenoble Proviantnachschub herbeischaffte.

»Jetzt gehört ihr wirklich zu uns«, sagte die Bürgermeisterin. »Man sieht, dass ihr euch im Dorf hier wohlfühlt.«

Doch trotz aller Freude, die uns die Natur und die Freundschaft dieser guten Leute verschafften, waren wir nicht glücklich. Dieser Rückzugsort schützte uns zwar vor den Nachforschungen der Polizei, doch die Untätigkeit lastete schwer auf unseren Gemütern. Schon allein der Gedanke an Italien und an Sardinien nagte an unserem Seelenheil. Die Verhaftungen und Verfolgungen durch die Polizeiapparate dreier Regimes hatten inzwischen sämtliche Kontakte zu unseren Freunden in Italien und Amerika gekappt und wir fühlten uns von der Welt abgeschnitten. Wir mussten dringend wieder Anschluss finden und einen Weg erkunden, um heimlich nach Italien einzureisen. Wir verließen also die schöne Sicherheit, die uns die Alpen boten, und kehrten zu den Unannehmlichkeiten des Reisens und des urbanen Lebens zurück.

Die Nacht zum 25. Juli 1943 verbrachten wir in der Wohnung des Herzogs von Grand-Manche.

»Wisst ihr, was ich draußen gehört habe?«, fragte Libera, als sie von ihrer Arbeit nach Hause kam. »Dass Mussolini seinen Rücktritt erklärt hat.«

»Unsinn!«, antwortete ich, ohne zu zögern. »Da draußen wird viel geredet. So ein Diktator kann zwar ermordet werden oder einen Unfall haben, aber der kann doch keinen Rücktritt erklären.«

Seelenruhig schliefen wir eine Nacht darüber. Doch am folgenden Morgen klopfte Libera früh an die Tür und hielt uns eine Zeitung hin: »Da, seht her!«

Rasch zogen wir uns an und eilten zu Cristina. Unter all unseren Freunden besaß Cristina den besten Radioapparat und konnte uns die allerneuesten Nachrichten bieten. Sie selbst hörte immer alle wichtigsten internationalen Sender ab und war wie ein Journalist über das Geschehen in Europa im Bilde.

Cristinas Ehemann arbeitete als Tischler. Die beiden lebten mit ihren zwei schon fast erwachsenen Kindern in einem der flachen und düsteren Industrievororte von Lyon; in einer Wohnung, die bloß aus einer Küche und einem weiteren Zimmer bestand. Trotz immerwährender Ordnungsversuche der Hausherrin führte die Raumnot dazu, dass sich ringsum überall sperrige und kunterbunte Ansammlungen unterschiedlichster Gegenstände auftürmten: Pfannen, Bücher, Strümpfe, die es zu stopfen galt; Tassen, Kleidung, Vorräte. Doch Cristina bewegte sich in diesem Sammelsurium gelassen, mit bedächtiger Grazie und aristokratischem Gleichmut wie eine Königin zwischen Perserteppichen und Brokatgardinen. Sie hatte gewiss einmal fantastisch ausgesehen und war immer noch schön, schlank, geschmeidig und richtig vornehm. Sie sprach mit Maß und Ziel und verstand es auch zu schweigen. Gemächlich verrichtete sie ihre Arbeit, niemals hastig, stets erledigte sie eins nach dem anderen. Uhren und Kalender waren ihr zuwider, der Ablauf ihrer Tätigkeiten gestaltete sich nach ihrer inneren Eingebung. Sie hatte Talent zu Reflexion und gründlicher Überlegung. Zur Bedächtigkeit ihrer Gesten gesellte sich eine intensive geistige Regsamkeit. Sie las für ihr Leben gern und war glücklich, wenn ihr ein guter Autor in die Hände fiel. Sie hatte interessante Zeitschriften abonniert und verabsäumte es nie, die Tagespresse durchzublättern und im Radio Nachrichtensendungen und Vorträge aus den alliierten Ländern zu hören. Ihrem Wesen nach war sie keine biblische Marta, in ihrer kontemplativen Art ähnelte sie eher Maria. Wäre sie in einer bürgerlichen Umgebung aufgewachsen, hätte sie sich wohl zu einer lupenreinen Intellektuellen ohne Realitätsbezug entwickelt und einfach in ihrem Wolkenkuckucksheim vor sich hin gelebt. Doch zum Glück war sie eine Arbeiterin und ihr innerer Reichtum hielt sich auf wunderbarste Weise mit ihrer praktischen Erfahrung in Kampf, Arbeit und Verzicht die Waage.

Mit ihrer ruhigen Art und zurückhaltenden Wortwahl war sie anders als die einfachen Frauen des italienischen Volkes, die ich kennengelernt hatte. Kein Wunder auch, schließlich war sie eine Sardin. Sie und ihr Ehmann stammten aus demselben Dorf wie Lussu. Beide waren Kinder armer Bauern, doch jener typischen sardischen Bauern, die als Bergbewohner und Hirten weder feudale Knechtschaft noch die Demütigung durch Leibeigenschaft erlitten hatten und sich daher eine stolze Würde als freie Menschen bewahren konnten.

»Also«, fragte Lussu, »*ita novas?*«

»Mussolini ist zurückgetreten«, sagte Cristina in ihrer ruhigen Art. »Der Neue ist Badoglio. Aber der Krieg geht weiter.«

In klaren Worten erläuterte sie uns die Beiträge der italienischen Radionachrichten sowie die Kommentare der Schweizer, Russen und Angelsachsen. Obwohl Sardisch ihre Muttersprache war, drückte sich Cristina sehr flüssig auf Italienisch und ebenso gut auf Französisch aus. Sie sprach nicht das Kauderwelsch, dessen sich unsere weniger gebildeten, oft auch die gebildeten Emigranten üblicherweise befleißigten, wenn sie schon längere Zeit in der Fremde lebten. Auch ihr Mann beherrschte alle drei Sprachen bestens.

»Habt ihr gehört? Habt ihr gehört?«, fragte er, als er ganz atemlos von seiner Arbeit heimkehrte, die er zu Ehren des großen Ereignisses frühzeitig verlassen hatte. »Ach, wären wir bloß in Sardinien!«

Seit langem schon wünschte er nichts sehnlicher, als auf seine Insel zurückzukehren, und er hatte sich Lussu bereits für jedwede Unternehmung, auch die gefährlichste, angeboten. Er war ein ausgesprochen mutiger Mann und Cristina stand ihm selbstlos zur Seite.

»Wären wir bloß in Sardinien gewesen!«, sagte Lussu. Und auch ich dachte an unseren langgehegten Wunsch und unsere vergeblichen Versuche. Das hier war nicht das Ende des Faschismus, wie wir es uns erträumt hatten. Das war ganz und gar nicht das Ende des Faschismus, sondern nur Mussolinis Ende. Es war ein Rettungsversuch des Faschismus, ein Werk seiner führenden Komplizen.

Auch das Bündnis mit den Deutschen blieb weiterhin aufrecht.

Am Vorgehen unserer Besatzungskräfte erkannten wir, dass sich in Italien nichts Grundlegendes geändert hatte. Nach ersten großen Jubelbekundungen (vom Meer bis nach Savoyen erschallten die Gesänge der Alpini und man kaufte, ohne auf Preise zu achten, zur Feier des Tages hektoliterweise Wein am Schwarzmarkt), an denen sogar Generäle, Kommissare der O. V. R. A., die Finanzpolizei und Carabinieri unter brüderlicher Anteilnahme des französischen Volkes teilnahmen, begann der Besatzungsmechanismus wieder zu funktionieren wie ehedem. Badoglios Befehle folgten Mussolinis Fußstapfen. Die O. V. R. A. spionierte weiterhin Antifaschisten aus und ließ sie verhaften, die Finanzwache hielt den Schießbefehl an der Grenze aufrecht, und die stets königstreuen und ach so verdienstvollen Carabinieri zeichneten sich wie eh und je durch ihre Schandtaten aus. All unsere Freunde in Annemasse wurden gemeinsam in Vercellottis Haus verhaftet, als sie gerade auf Mussolinis Sturz anstießen. Ähnliches geschah in anderen Städten wie Annecy, Grenoble, Toulon und Monaco.

Nun jedoch galt es, unter allen Umständen nach Italien zurückzukehren.

Lussu beschloss über die Schweiz nach Italien einzureisen. Sein erster Versuch geriet ziemlich turbulent: Nachdem er gerade noch den Schüssen der Finanzpolizei entkommen war und einen Gutteil der Nacht unter einem von Patrouillen umkreisten Strauch verbracht hatte, gelang es ihm schließlich, den Grenzzaun zu überwinden. Doch die Enttäuschung folgte auf dem Fuß. Nur wenige Stunden zuvor hatten die Schweizer den Befehl erhalten, sämtliche illegal ankommenden Personen über die Grenze zurückzuweisen, ohne ihre Dokumente zu prüfen. Der Zustrom faschistischer Würdenträger über die Alpen war plötzlich so rasant angestiegen, dass die helvetische Regierung es vorzog, radikale Maßnahmen zu ergreifen.

Daran gab es nichts zu rütteln, also überwand Lussu ein weiteres Mal den Stacheldrahtzaun und kehrte nach Frankreich zurück. Zum Glück entkam er auch diesmal wieder der Finanzpolizei.

Anschließend fuhren wir nach Nizza, um es an der französisch-italienischen Grenze zu versuchen. Ein Parteigenosse stellte uns brüderlich seine Wohnung zur Verfügung, er half uns, wo er nur konnte, und schließlich wurde eine Fluchtroute über Breglio festgelegt. Ich selbst ging inzwischen zum Konsulat, denn ich wollte mich erkundigen, ob es vielleicht möglich sei, regulär nach Italien einreisen zu können. Innerhalb weniger Stunden erhielt ich einen Pass.

Ich wusste damals nicht, dass viele andere Antifaschisten ebenso schnell einen Pass erhalten hatten und unmittelbar nach ihrem Grenzübertritt von Badoglios Polizei verhaftet worden waren. (Saragat, zum Beispiel, war schon im Gefängnis von Turin gelandet.) Am selben Morgen, als Lussu mit dem Schleuser, der ihn führen sollte, Richtung Breglio losging, nahm ich den Zug nach Menton.

Es kam mir seltsam vor, einfach so, ganz legal, mit Gepäck und regulärem Pass per Bahn nach Italien zu fahren. Je näher wir nach endlos langen Wartezeiten auf Abstellgleisen der Grenze kamen – wir mussten Züge passieren lassen, die voller Kampftruppen und Kriegsmaterial in beiden Richtungen unterwegs waren –, desto mehr französische Passagiere und Zivilisten stiegen aus und es blieben nur noch italienische Militärs übrig. Am Nachmittag erreichten wir Menton und man geleitete uns zur Gepäckkontrolle. Nachdem ich diese und eine Leibesvisitation durchgestanden hatte, wandte ich mich zum Ausgang. Bis zum folgenden Morgen gab es nämlich keine Züge mehr. Doch der Ausgang wurde durch Carabinieri blockiert. »Warten Sie hier«, sagten sie mir.

Kurz danach erschien ein Inspektor der Staatspolizei.

»Nehmen Sie Ihre Koffer und kommen Sie zum Signor Brigadiere mit«, sagte er mit dieser formvollendeten Höflichkeit, die unsere staatlichen und halbstaatlichen Funktionäre so auszeichnet.

»Meine Koffer haben aber schon die Kontrolle passiert und ich habe sie in die Gepäckaufbewahrung gegeben.«

»Holen Sie sie raus und bringen Sie sie her.«

»Machen *Sie* das doch. Hier ist die Empfangsbestätigung.«

»Ich bin ja nicht Ihr Dienstmann«, entrüstete sich der Inspektor. »Sie müssen sie selbst holen gehen.«

»Sie spielen sich hier als Faschist auf«, sagte ich. »Aber, mein lieber Mann«, fügte ich laut hinzu, damit mich die Soldaten um uns herum hören konnten, »ist denn immer noch Mussolini in Italien an der Macht? Hat sich denn gar nichts verändert?«

Auf den vorwitzigen Aufruhr hin, den ich verursacht hatte, trat der Brigadiere höchstpersönlich aus seinem Büro. »Was ist hier los?«, fragte er.

»Die lassen mich nicht gehen, das ist los«, erklärte ich.

»Wo wollen Sie denn hin?«

»In ein Hotel, um auf den morgigen Zug zu warten.«

»Hotels für Reisende«, sagte der Brigadier mit einem zweideutigen Lächeln, »gibt es hier nur eines. Ich werde umgehend veranlassen, dass man Sie dorthin begleitet.« Zwei finstere Carabinieri gesellten sich rechts und links an meine Seite.

Flankiert von meinen Wächtern trottete ich durch die Straßen von Menton. Sie führten mich zu einem Hotel, das als eine Art Zweigstelle des lokalen Gefängnisses diente, welches in jenen Tagen überbelegt war. Das von brutal aussehenden Carabinieri mit Maschinenpistolen rundum bewachte Hotel beherbergte eine Menge Leute, die alle offensichtlich in derselben Situation waren wie ich: Sie wollten mit regulärem Pass nach Italien zurückkehren und wurden hier ohne Erklärungen angehalten.

Allein, traurig und verschreckt streunte auch ein etwa zehnjähriger Knabe durch die Empfangshalle. Er hätte sicherlich gerne geweint, doch wie ein echter Kerl hielt er seine Tränen zurück. »Seine Eltern haben sie ins Gefängnis gesteckt«, erklärten mir einige Frauen, »und ihn, den Armen, haben sie hiergelassen.«

»Woher kommst du?«, fragte ich ihn.

»Aus Toulouse.«

»Wie heißt du?«

»Zannerini.«

Ich kannte Zannerini dem Namen nach, er war ein sozialistischer Genosse. Ich wusste auch, dass er einen regulären Pass erhalten hatte, um nach Italien zurückzukehren.

Unter all den verzweifelten Menschen stach ein hübsches, junges, selbstsicheres Fräulein mit intelligentem Blick hervor, das ein dickliches, aufgewecktes Mädchen, sichtlich die Schwester, an der Hand führte.

»Wer ist denn das?«, fragte ich meine Nachbarinnen. »Ist sie auch ohne Eltern hier?«

»Der Vater ist, so scheint's, zum Tode verurteilt«, raunte mir eine der Gevatterinnen mit roten Augen geheimnisvoll zu. »Aber man weiß nicht, was er sich hat zuschulden kommen lassen. Die Mutter steckt im Gefängnis und soll krank sein; die Kleinen sind seit zehn Tagen hier.«

»Wie heißen sie?«

»Irgendwer hat's gesagt, ich glaub Sereni.«

Ich näherte mich dem sympathischen Mädchen.

»Bist du die Tochter von Sereni?«

»Ja«, antwortete sie. Und sie erzählte mir von der Verhaftung des Vaters und den Folterungen, die er in Nizza durch die Carabinieri erleiden musste. (Nach mittelalterlicher Methode hatten sie ihm auf der Streckbank die Arme ausgerenkt. »Aber ich kenne den Namen des Maresciallo, der den Befehl dazu gegeben hat; ich kenne ihn und ich habe ihn den Genossen schon gesagt.«) Später überstellte man Sereni nach Italien, in die Strafanstalt von San Remo. Seine Frau hatte einen Pass erhalten, um mit den Mädchen nach Italien zurückzukehren, doch in Menton war sie trotz ihres äußerst schlechten Gesundheitszustandes ins Gefängnis geworfen worden.

Badoglios Militärregime stand Mussolinis Polizeistaat in nichts nach. Ich war froh, dass Lussu trotz der Gefährlichkeit des Unterfangens beschlossen hatte, illegal nach Italien einzureisen.

Die Behandlung, die sie uns in diesem zum Gefängnis umfunktionierten Hotel zukommen ließen, war katastrophal. Wir Frauen beschwerten uns bei allen Beamten, Inspektoren und Kommissaren, die dort ihre Büros hatten oder gelegentlich vorbeikamen. Wir versammelten uns in immer größeren Gruppen. Kaum überschritt einer der Funktionäre die Schwelle unseres Verbannungsortes, umringten, bestürmten und bedrängten ihn augenblicklich Trauben von lärmenden Frauen.

»Wozu haltet ihr uns hier fest? Ich hab Wanzen in der Matratze entdeckt. Der Wachposten war frech zu mir. Wir wollen augenblicklich abreisen. Die Suppe ist widerlich. Ist denn immer noch Mussolini an der Macht?«

»Wir haben nichts damit zu tun«, sagten die Ärmsten. »So sind nun mal die Befehle. Sie müssen in euren Präfekturen Informationen einholen.«

»Was denn für Informationen!«, schrien wir. »Unsere Papiere sind doch in Ordnung, und ihr hier spielt euch weiter in bester faschistischer Manier auf!«

Zwei Tage später wurde ich gemeinsam mit einigen anderen Frauen freigelassen und ich bestieg den Zug nach Rom. Mit Lussu hatte ich vereinbart, dass wir uns dort wiedertreffen würden.

Nach all meinem Heimweh und so langen Jahren im Exil verlieh mir die Tatsache, mich unter Italienern aufzuhalten, von allen Seiten Italienisch sprechen zu hören und italienische Landschaften zu sehen, ein anhaltendes Hochgefühl. Mit allen Mitreisenden knüpfte ich Gespräche an, mir schien, als seien alle ein bisschen mit mir verwandt, da sie sich derselben Sprache bedienten wie ich. Ihre Einschätzung hinsichtlich des Faschismus, des Krieges und der aktuellen Lage interessierte mich brennend. Da ich im übervollen Zug weder in der ersten noch in der zweiten noch in der dritten Klasse einen Platz gefunden hatte, reiste ich inmitten einer bunt gemischten Menschenmenge im Viehwaggon.

In Oneglia stieg eine Gruppe Werftarbeiter zu. Sofort begann ich mit dem ältesten, einem Mann mit schönem, ehrlichem Gesicht, zu diskutieren. Ich erkundigte mich ausführlich über Löhne, Gewerkschaften und die allgemeinen Lebensbedingungen im Land.

»Ein Weißbrot«, sagte mir der alte Arbeiter, »haben wir Hafenarbeiter seit zwanzig Jahren nicht mehr gesehen, seitdem die sozialistischen Genossenschaften aufgelöst wurden.«

»Aber nun, wo Mussolini weg ist, werdet ihr sie doch wieder neu gründen können?«

Er zuckte mit den Achseln.

»Bis jetzt«, sagte er, »hat sich noch gar nichts geändert. Die faschistischen Gewerkschaften existieren weiterhin, die Funktionäre und Bonzen sind alle noch auf ihren Posten.«

»Aber ihr könnt euch doch ab sofort wieder Gehör verschaffen oder etwa nicht?«

»Doch, wir fangen schon damit an«, antwortete er. »Aber was können wir schon erreichen, wenn die Armee unter faschistischem Kommando steht und auf uns schießt? Am 26. Juli haben wir gegen die Fortführung des Krieges und das Bündnis mit den Deutschen gestreikt. Doch Badoglio hat Soldaten geschickt, um die Ordnung wiederherzustellen, und die Soldaten haben, anstatt sich mit uns zu verbrüdern, wie wir gehofft hatten, auf uns geschossen. Was soll man da machen? Wir haben ja keine Waffen. Solange sich die Truppe nicht auf unsere Seite stellt, sind wir machtlos. Wir tun, was wir können, aber wir müssen es heimlich tun. Sehen Sie, heute sind wir richtig stolz und fahren um diese ungewohnte Uhrzeit nach Hause, weil wir das erste Mal Widerstand gegen die Übergriffe des Werftingenieurs, eines Oberfaschisten, geleistet haben. Er wollte uns zwei Stunden länger arbeiten lassen, ohne jeglichen Zuschlag, uns nur mit einem Haufen schöner Phrasen wie ›Kriegsnotwendigkeit‹ und ›patriotische Pflichten‹ abspeisen. Wir haben ihn aber mit der unerledigten Arbeit stehen gelassen und sind abgehauen. Für ihn ist das jetzt ein echtes Problem, denn er hat einen Vertrag zu erfüllen und andere Arbeiter, die ihm die Produktion zu Ende bringen, wird er sicher nicht finden.«

Seine Kollegen lachten zufrieden. Der Alte wies mit brüderlicher Geste auf sie hin.

»Von uns allen«, sagte er, »ist kein Einziger jemals in die Partei eingetreten. In die faschistische Gewerkschaft haben sie uns von Amts wegen gepresst.«

Diese Männer, durchwegs ehrbare Leute, waren wirklich niemals Faschisten gewesen. Im Gegensatz dazu hatte der taufrische Antifaschismus vieler gebildeter und gut gekleideter Menschen, die ganz offensichtlich an der Tafel des Regimes gegessen und getrunken hatten und die sich nun bemühten, dem großzügigen Gastgeber in die Suppe zu spucken, wenig Erbauliches an sich.

»Ich, zum Beispiel«, sagte ein eleganter Unternehmer aus der

Lombardei, ein Makkaroni-Fabrikant, »ich habe den Faschismus im Grunde meines Herzens immer bekämpft. Meine engsten Freunde können bezeugen, dass ich mich Mussolini und dem Regime gegenüber stets kritisch geäußert habe. Doch wie soll man gegen Notwendigkeiten ankämpfen? Wie hätte ich denn mein Unternehmen retten können, wenn ich nicht die Zustimmung geheuchelt hätte, die ich nicht empfand? Was wäre mit meiner Frau, mit meinen Kindern geschehen?«

»Wenn man Ihnen die Fabrik weggenommen hätte«, sagte ich, »hätten Sie Arbeiter werden können. Der Verzicht auf die Reichtümer zugunsten eines sauberen Gewissens hätte doch moralisch ungemein befriedigend sein können.«

»Ich bitte Sie!«, schnaubte er entsetzt. »Man kann doch nicht die eigene Familie opfern.«

Alles trug zu meiner guten Laune bei, auch der Teigwaren-Fabrikant. Ich labte mich regelrecht an meinen Mitbürgern wie nach einer lang anhaltenden Durststrecke. Mir kam es so wunderbar, so phänomenal vor, dass alle, Männer, Frauen, Kinder, so korrekt und mühelos Italienisch sprachen. Und was war es für eine Erleichterung, dass ich es ebenso sorglos sprechen durfte und nicht mehr gezwungen war, mich in einem fremden Idiom ausdrücken zu müssen, nicht mehr auf der Hut sein zu müssen, um mich nicht als Ausländerin zu verraten. Es war einfach großartig.

Alles ließ mich staunen, alles war frisch und neu und überraschend: die italienischen Namen auf den Ladenschildern; die Kinder, die Bonbons verkauften; die Stationsvorsteher in ihren schäbigen Uniformen mit den Mäanderstickereien an der Mütze; die Eisverkäufer, die Kaffeemaschinen für den Ersatzkaffee, die Aufschriften. »Auf den Boden spucken verboten.« Liebevoll betrachtete ich sogar die Flamme an der Kopfbedeckung der Carabinieri, auch sie war schließlich etwas typisch Italienisches.

Und erst die in die steilen Hänge Liguriens gehauenen Terrassen, die vor Blumen und reifem Obst überquollen; die Fischerboote, die mit eingeholten Segeln im Sand der kleinen Häfen ruhten; die gelben Stoppelfelder, die silbernen Olivenhaine der Toskana, die Sümpfe der Maremma, die Hitze der Gemäuer in Rom! Mir schien, als würde ich ein zweites Mal geboren.

Nach einigen Tagen bangen Wartens traf auch Lussu endlich ein. Seine Reise war voller unvorhergesehener Abenteuer gewesen. Mit den Schleppern von Breglio hatte er zwar schon italienisches Territorium erreicht, doch das Haus, in dem sie Unterschlupf finden sollten, war von Carabinieri und Schwarzhemden (und das nach dem 25. Juli!) umstellt gewesen, also mussten sie notgedrungen umkehren.

In Nizza erhielt Lussu dann die Information, dass einer seiner alten Kriegskameraden gerade als italienischer Konsul amtierte. Sie trafen sich privat, und der Konsul besorgte ihm umgehend die nötigen Dokumente für eine Rückkehr nach Italien. Am selben Tag noch gewährte das Innenministerium einen Sonderpassierschein.

Doch auch in Rom zog Lussu es vor, der Polizei Badoglios seine Wohnadresse zu verheimlichen, und so behielten wir einige Vorsichtsmaßnahmen, nach denen wir in Frankreich gelebt hatten, weiterhin bei. Das Leben in der Heimat schien uns vorerst wie eine Verlängerung des Exils. Unser Land führte den faschistischen Krieg fort. Das faschistische Heer war allmächtig und das bisschen wiedergefundene Freiheit blieb trügerisch.

Unser politisches Engagement musste sich daher auch weiterhin im Untergrund abspielen. Lussu beschloss die Fusion von G. L. mit dem *Partito d'Azione*, dem schon seine früheren italienischen Freunde beigetreten waren. Die kämpferischsten Republikaner, die Liberalsozialisten und andere Unabhängige hatten diesen Schritt ebenso vollzogen, da sie es wie wir für dringend nötig hielten, die Forderung nach Freiheit mit einer radikalen gesellschaftlichen Umgestaltung zu verbinden. Der *Partito d'Azione* distanzierte sich entschieden von Badoglio und dem Bündnis mit den Deutschen, deshalb waren wir auch den Behörden ein besonderer Dorn im Auge.

Am Abend des 8. September befand ich mich auf der Durchreise in San Remo, da Lussu mich zur französischen Grenze entsandt hatte, um die Kontakte mit einigen unserer Genossen wiederaufzunehmen. Ich saß gerade entspannt im Hotel, als ein Freund des *Partito d'Azione* atemlos und freudestrahlend hereinkam.

»Badoglio und der König haben den Waffenstillstand mit den Alliierten unterzeichnet!«, verkündete er. »Der Krieg ist vorbei!«

»Warum sollte der Krieg vorbei sein?«, fragte ich. Die Nachricht von diesem Waffenstillstand, der von Mussolinis Komplizen unterzeichnet worden war, bereitete mir keine rechte Freude. »Jetzt werden wir gegen die Deutschen kämpfen müssen.«

Doch der allgemeine Jubel war unbändig und grenzenlos. Die Menge strömte singend auf die Straßen, die Soldaten schrien: »Nach Hause, nach Hause!« und die Bars und Cafés waren voll mit Leuten, die auf den Frieden anstießen.

Ich schloss mich in meinem Zimmer ein. Es überraschte mich selbst, dass mich dieses so lange erwartete und erhoffte Ereignis dermaßen deprimierte. Doch die Art und Weise, wie es geschehen war, erfüllte mich mit Unruhe und Skepsis. Ebenso wie der vom König eingefädelte Sturz Mussolinis nicht das Ende des Faschismus bedeutet hatte, konnte der vom König unterzeichnete Waffenstillstand weder zu Frieden noch zu einem fairen Krieg führen. Und vor allem durfte man nicht vergessen, dass wir uns unter deutscher Okkupation befanden. Aus welchem Blickwinkel man die Sache auch betrachtete, Italien befand sich in einer schrecklichen und entsetzlich schwierigen Lage. Sie erforderte von jedermann innere Sammlung und gründliches Nachdenken. Die lärmende allgemeine Fröhlichkeit schockierte mich.

Ich beschloss, alles liegen und stehen zu lassen und mit dem ersten Zug am nächsten Morgen abzufahren. Ich befürchtete, dass mich eine wie immer geartete militärische Aktion von Rom und von Lussu abschneiden könnte.

Bei Tagesanbruch schien die allseitige Euphorie schon etwas gedämpfter zu sein und alarmierende Gerüchte begannen die Runde zu machen: Savona sei in der Hand der Deutschen; unsere Truppen an der Küste habe man vollständig entwaffnet.

Auf der Schnellstraße preschten Truppenkonvois in Richtung Osten und Lastwagenkolonnen voller Mannschaften in Richtung Westen aneinander vorbei. Die ersten, hieß es, hätten Befehl, Genua zu verteidigen, die zweiten sollten die französische Grenze sichern. Kaum blieb ein Wagen stehen, stiegen immer wieder

Offiziere oder Soldaten ab und machten sich aus dem Staub. Die meisten stahlen sich in Häuser und baten um Kleidungsstücke, damit sie sich als Zivilisten ausgeben konnten. Innerhalb weniger Stunden verschwanden so auch die königlichen Carabinieri wie von Zauberhand von der Bildfläche.

Ringsum herrschte Verwirrung. Die Freude über das Kriegsende war verflogen, es blieb die Angst vor den Deutschen. Wo mochten sie sein? Wie viele würden es sein? Was würden sie mit uns tun, um sich für unseren Verrat zu rächen?

Der Zug aus Menton traf mit enormer Verspätung ein. Er war voll besetzt mit Familien von Offizieren der Bodentruppe und der Marine, die in Frankreich Teil der Besatzungsarmee gewesen waren. Verzweifelte und ängstliche Angehörige bangten um das Schicksal ihrer Lieben, denn die Deutschen hatten unmittelbar nach der Erklärung des Waffenstillstandes fast die komplette italienische Einheit in Frankreich entwaffnet und in Konzentrationslager überstellt. Frauen und Kinder der Militärs hatten die Erlaubnis erhalten, nach Italien auszureisen.

Ich kletterte nicht ohne Mühe in den Zug, mir schien das Gedränge jetzt schon enorm. Doch als wir in Savona ankamen, wurde es erst richtig ungemütlich.

Brutal stürmte eine Horde spärlich bekleideter Offiziere und Soldaten die bereits übervollen Waggons. Ohne Waffen und allen kriegerischen Glanzes entledigt, kämpften sie, wie sie bisher wohl noch nie gekämpft hatten, um über den Gang oder durch die Fenster in die Abteile zu gelangen. Die Offiziere – die ja bekanntermaßen stets an vorderster Front sein müssen – bewiesen ihre unübertreffliche Stoß- und Durchsetzungskraft. Die meisten hatten ihre schönen Gürtel und Stiefel abgelegt, die Krägen waren aufgeknöpft, und die Haare, nicht länger von Brillantine in Form gehalten, hingen ihnen in die schweißnasse Stirn. Einige hatten ihre Ärmel aufgekrempelt, einer trug gar nur die Unterhose. Wie auch immer, die Schlacht wurde jedenfalls gewonnen und all die hartnäckigen Angreifer fanden ein Plätzchen. Nun saßen sie zuhauf auf den Toiletten, den Trittbrettern und Puffern.

Fauchend und schleppend fuhr der Zug los und blieb oft lange Zeit stehen. Alarmierende Gerüchte kursierten bezüglich der Stadt Genua. Es hieß, sie sei bereits von den Deutschen besetzt, die alle Soldaten, derer sie habhaft würden, gefangen nehmen und, falls diese bewaffnet seien, auf der Stelle erschießen würden. Panik breitete sich aus. Viele Männer verließen den Zug, sie hielten es für sicherer, sich zu Fuß über die Berge nach Hause durchzuschlagen. Ich ergatterte sogar einen Sitzplatz und saß nun zwischen einem Leutnant und einem Hauptmann, denen der Gemütszustand deutlich ins Gesicht geschrieben stand. Ich wollte wissen, wie es denn zu dem Drama von Savona kommen konnte, das zu diesem Desaster geführt hatte, und sie erzählten es mir ausführlich, schlotternd und wirr. Soweit ich ihnen folgen konnte, durfte man das, was sich tatsächlich abgespielt hatte, wohl nur folgendermaßen zusammenfassen: Um zehn Uhr morgens war ein deutscher Unterleutnant in Begleitung seines, ich hatte es nicht ganz verstanden, Adjutanten oder eines Sanitäters in ihrer Kaserne aufgekreuzt. Der befahl den italienischen Offizieren (die nicht mehr vollzählig waren, da sich der Colonello und die Majore schon während der Nacht klammheimlich mit dem Auto aus dem Staub gemacht hatten), sich vor ihm zu versammeln. Die Offiziere traten auch tatsächlich an, und der Deutsche befahl ihnen, sich in einer Reihe aufzustellen. Und so stellten sie sich dann auch in einer Reihe auf. (»Ein grässlicher Moment war das«, sagte der Hauptmann und trocknete sich den Schweiß ab, »es sah so aus, als wolle er uns erschießen lassen.«) Erst ließ sie der deutsche Unterleutnant noch ein wenig zappeln, dann hielt er ihnen die folgende Rede: »Wir sind nicht gekommen, um euch etwas anzutun. Wir wollen einfach nur wissen, ob ihr an unserer Seite weiterkämpfen wollt oder lieber nach Hause geht.« »Nach Hause! Nach Hause!«, murmelte die Truppe, die ringsum stand, wie ein Mann.

»Da ihr also lieber nach Hause zurückkehren wollt«, sagte der Deutsche, »braucht ihr auch keine Waffen mehr. Gebt sie ab und überlasst uns die Kaserne.«

»Wir waren froh, so billig davongekommen zu sein«, sagte der Hauptmann. »Wir liefen fort, so wie wir waren, ohne den Koffer zu holen, nicht einmal ein Stück Salami konnten wir mitnehmen. Dabei hat es gestern Abend erst Nachschub gegeben!«

Jetzt sorgten sie sich um die Ankunft in Genua. »Wenn wir nicht Zivilkleidung anziehen«, sagte der Leutnant nachdenklich, »dann schnappen uns die Deutschen dort erst recht.« Eine mitfühlende Frau bot einen Morgenmantel aus ihrem Koffer an, eine andere einen Trenchcoat und die Pantoffeln ihres Mannes. In dieser Verkleidung konnte man nun die Offiziere für alles halten, nur nicht für Krieger und den Deutschen würden sie, so gewandet, gewiss nicht auffallen.

In Genua wurden wir dann aber nicht von den Deutschen, die sich gar nicht blicken ließen, angegriffen, sondern von einer unfassbaren Menge italienischer Soldaten, die zehnmal zahlreicher und noch brutaler waren als die in Savona. Sie waren zu allem bereit, nur um in diesen Zug zu gelangen. Unsere beiden Offiziere stellten sich vor das Abteilfenster, um uns vor den Aggressoren zu schützen, die sich mit einem kraftvollen Sprung heraufhievten und versuchten, sich kopfüber in das Abteil zu katapultieren. Besonders der Leutnant war ziemlich kräftig, und obwohl er durch den seidenen Morgenmantel etwas behindert war, hielt er die zu verteidigende Stellung beachtlich gut.

Die endlose Reise, die zwei Tage und zwei Nächte dauerte, bot immer wieder Szenen dieser Art. Unser Geisterzug fuhr im Schneckentempo dahin und die Lokomotive war kaum in der Lage, die bis über das Dach besetzten Waggons zu ziehen. Eingezwängt in meine Ecke, halb zerquetscht von schweißnassen und erregten Leibern, die sich im Abteil zusammendrängten, nahm ich am Defilee dieser irrwitzigen Farce aus Panik und Ohnmacht teil. Offiziere in geschnürten Schuhen und herausgeputzt wie Revue-Komparsen erzählten, ohne zu erröten, von erlittenen Übergriffen und Beleidigungen. »Hauptsache ist«, sagte ein hübscher kleiner Unterleutnant, »dass wir unsere Haut retten konnten. Die Deutschen haben meine Kameraden bespuckt und ihnen Fußtritte verpasst, und als wir davonliefen, haben sie uns mit Pistolen hinterhergeschossen. Sie haben tief gezielt, um unsere Beine zu treffen, und wir sind im Zickzack gelaufen, um den Kugeln zu entgehen.« »Uns«, erzählte ein anderer, »haben sie die Peitschen quer über den Türstock gehalten, wir mussten uns bücken, um rauszukommen. Dann haben sie die Peitschen immer tiefer gehalten, so mussten die letzten schon wie Laubfrösche auf dem Bauch hinauskriechen.« »Ach, was spielt das noch für eine Rolle«, sagte ein distinguierter Major in schöner Uniform, mit langer Hose und wahrscheinlich silbernen Knöpfen. »Wir sind heil davongekommen, und nur das zählt.«

Kein Wunder, dass unter Führung so selbstverliebter Strategen die Truppe von einem einzigen Wahn besessen war: »Nach Hause! Nach Hause! Der Krieg ist vorbei!«

»Der Krieg ist nicht vorbei!«, sagte ich irgendwann verzweifelt. »Der Krieg beginnt erst jetzt. Und zwar gegen die Deutschen.«

Hätte ich es bloß nicht gesagt! Fast hätten sie mich gelyncht. Alle blickten mich hasserfüllt an und ein Offizier raunte seinem Nachbarn zu, dass ich wohl eine englische Spionin sein müsse.

Ich schwieg, mich ekelte alles an.

Über die Lage in Rom kursierten die unterschiedlichsten Angaben. Die einen sagten, die Engländer hielten es besetzt, die anderen meinten, die Deutschen, wieder andere behaupteten, es gebe einen Aufstand und das Volk habe sich bewaffnet, um die Stadt zu verteidigen. Sicher war nur, dass der König und Badoglio in Begleitung des kompletten Generalstabs geflohen waren.

Als wir uns ab Settebagni Rom näherten, starrte ich angespannt aus dem Fenster. Mein Herz ging auf vor Hoffnung. Deutsche waren nicht in Sicht. Doch da und dort erblickte man kleine Grüppchen einfacher Leute mit umgehängten Karabinern, sie ähnelten den spanischen Republikanern während des Bürgerkriegs.

»Ja, das hier ist die Volksarmee zur Verteidigung Roms«, dachte ich voll Freude. »Wenn die Soldaten davongelaufen sind und die Zivilbevölkerung den Kampf übernimmt, dann gibt es noch Grund zur Hoffnung.«

Der heillos überladene Zug fuhr langsam in den Bahnhof Termini ein. Plötzlich aber verbreitete sich wie ein gewaltiges Strohfeuer Panik unter den tausenden Soldaten und Offizieren, die sich zum Ausstieg bereitmachten. Es hieß, dass im Bahnhof zwei deutsche Soldaten seien, die die Reisenden kontrollieren würden. Der Leutnant neben mir, der eben noch gemeint hatte, ich sei eine englische Spionin, war leichenblass.

»Hören Sie«, raunte er mir zu, »als ich vor den Deutschen aus der Kaserne floh, konnte ich noch eine meiner Pistolen retten. Es ist eine wunderschöne Pistole, die hat mich eine Stange Geld gekostet. Falls es jetzt eine deutsche Kontrolle gibt, dann will ich nicht, dass man sie bei mir findet. Die könnten mich ja sofort erschießen. Ich weiß gar nicht, was ich tun soll.«

»Machen Sie sich keine Sorgen«, sagte ich. »Geben Sie sie mir, ich stecke sie für Sie ein.«

Erfreut über das Angebot überreichte er mir die Pistole, und ich legte sie in meine Handtasche. Natürlich gab es keinerlei deutsche Kontrolle, und vor dem Bahnhofsgebäude wollte ich sie ihm wieder zurückgeben.

»Hören Sie«, sagte der Leutnant ein weiteres Mal, »ich wohne nicht besonders weit weg von hier. Es könnte durchaus sein, dass wir unterwegs doch noch auf deutsche Soldaten treffen. Ich wäre Ihnen unsäglich dankbar, wenn Sie mich mit der Pistole bis nach Hause begleiten würden. Eine Frau werden sie ja wohl nicht aufhalten.«

Gemeinsam mit einem Hauptmann, der sich ebenfalls meinem Schutz anvertraut hatte, geleitete ich ihn schlussendlich bis vor sein Haustor.

An jenem 11. September sah es immer noch so aus, als bereite Rom sich auf eine Volkserhebung vor. Jeglicher Verkehr war eingestellt, alle Geschäfte waren geschlossen, auch der sonst übliche, rastlose Strom der Passanten ließ sich nicht blicken. Nur in der Straßenmitte standen dichte Menschentrauben, meist waren es Männer, die bedeutungsschwanger und aufgeregt, dem Ernst der Lage entsprechend, in gedämpftem Ton diskutierten. Carabinieri und Soldaten waren wie vom Erdboden verschwunden. »Rom wird sich verteidigen«, dachte ich hoffnungsvoll.

Doch als ich dann Lussu wiedertraf und er mir in bitteren Worten von der niederträchtigen Flucht und dem Verrat der Armeespitze erzählte, von der Weigerung, dem Volk die geforderten Waffen auszuhändigen, von unseren Kanonen, die bereit waren, auf das Volk zu schießen, aber nicht auf die Deutschen, von unseren Divisionen, die eine Handvoll deutscher Soldaten entwaffnen konnte, da fühlte ich eine Verzweiflung wie noch niemals zuvor, nicht einmal Frankreichs Niederlage hatte mich so erschüttert.

»Also werden die Deutschen in Rom einmarschieren!«

»Sie marschieren bereits ein«, sagte Lussu.

Und tatsächlich sah ich, als ich auf den Corso Umberto hinaustrat, wie ein Automobil mit zwei arroganten, hochrangigen deutschen Offizieren, in deren Blick die blanke Verachtung lag, provokant langsam an uns vorüberfuhr. Ein Lastwagen mit einem Dutzend Soldaten blieb hinter ihnen mitten auf dem Corso stehen. Zwei Männer stiegen ab und postierten ihre Maschinengewehre: eines in Richtung der Piazza del Popolo, eines in Richtung der Piazza Venezia. Die Passanten sahen ihnen stumm und reglos zu. Mit umgehängter Maschinenpistole und Handgranaten am Gürtel raubten diese ordinären Landsknechte etwas weiter oben, an der Via del Tritone, jetzt schon frech Fußgänger aus. Sie nahmen den Frauen Armbanduhren und Handtaschen ab und plünderten unter Gelächter und spöttischen Gesten diverse Geschäfte. Wie betäubt verfolgten die Menschen auf der Straße diese Vorgänge.

Finis Italiae. Armes Italien, das unsere Träume und all unsere Bestrebungen genährt hatte und dem unser ganzer Lebensinhalt galt. Wir waren Zeugen einer beispiellosen, endgültigen und nicht wiedergutzumachenden Katastrophe geworden und konnten nun selbst nichts mehr zu unserer Befreiung beitragen, sondern mussten verzweifelt und ohnmächtig auf Hilfe von außen hoffen.

So sah es vorerst einmal aus. Ich war dermaßen am Boden zerstört, dass Lussu befand, ich müsse mich in eine erfüllende Aufgabe stürzen, um meinem inneren Kompass und meiner Moral wieder eine Richtung zu geben.

»Ich habe da etwas für dich, das du tun könntest«, sagte er mir etwa zehn Tage später. »Wir wissen aus Schweizer Quellen, dass Cianca, Tarchiani und andere Freunde, die in Amerika waren, in Süditalien angekommen sind. Wir müssen mit ihnen Verbindung aufnehmen und sie über unsere Lage hier informieren. Außerdem ist es dringend nötig, auch mit den Alliierten in Kontakt zu treten. Wir haben einige unserer Leute mit dieser Mission betraut und auf den Weg durch die Frontlinie gesandt, aber sie sind entweder gefallen oder sie kamen einfach nicht durch. Für eine Frau könnte es eventuell etwas leichter sein. Willst du es versuchen?«

In Windeseile lief ich zur CIT, der staatlichen Tourismusagentur, um mich zu informieren, welche Bahnlinien noch möglichst weit in den Süden führten.

Carmela

Gegen Ende September standen die Amerikaner erst bei Salerno und die Engländer hatten Foggia noch nicht eingenommen. Südlich und westlich von Rom funktionierten noch einige Eisenbahnverbindungen bis Cisterna, Sulmona und Pescara. Ich entschloss mich für den Mittelweg, und machte mich auf in die Abruzzen. An Ort und Stelle würde ich dann sehen, ob es dafürstand, eher zur Adria hin oder zum Tyrrhenischen Meer weiterzufahren. Ich entschied mich also für den Zug nach Sulmona.

Von Sulmona aus gelangte ich anschließend mit einer kleinen Wagengarnitur voll versprengter Soldaten im Schritttempo nach Carpinone. Dort wurden drei Waggons an eine altersschwache Lokomotive, die da zufällig herumstand, angehängt und wir erreichten ziemlich zerknautscht Vinchiaturo. (Wir hatten uns in der zweiten Klasse immer weiter zusammengedrängt; zu siebzehnt kauerten wir schließlich in einem Abteil, das für vier Personen vorgesehen war.) In Vinchiaturo verbrachten wir die Nacht im Freien, einige unter einem Baum, andere an eine Scheunenwand gelehnt, denn das Bahnhofsgebäude war von der Durchreise tausender Menschen dermaßen verschmutzt, dass man darin eine Gasmaske benötigt hätte. Am folgenden Morgen brachte uns ein Truppentransport, der wer weiß woher gekommen war, bis zu einer kleinen Bahnstation etwa zwölf Kilometer vor Benevent. Meine Reise dauerte nun schon zwei Tage und zwei Nächte.

Nun aber war Schluss mit allen Annehmlichkeiten. Hier gab es keine Hoffnung mehr auf eine Weiterfahrt, denn Bombenangriffe hatten schon sämtliche Gleise zerstört. Wir befanden uns jetzt im Kriegsgebiet und hörten bereits den Donner der Kanonen und das Dröhnen der alliierten Bomber. Deutsche Lastwagen und Panzer zogen an der Hauptstraße vorbei.

Während der Reise hatte ich die Bekanntschaft von vier aus Turin kommenden Offizieren gemacht, die ebenfalls entschlossen waren, die Frontlinie zu queren. Sie hofften, sich einer unserer

Armeen, wenn es denn eine geben sollte, oder den Alliierten anschließen zu können, um gegen die Deutschen zu kämpfen.

Der fröhlichste von den vieren hieß Barabbas, dem man diesen Spitznamen aufgrund seiner Verkleidung als Räuberhauptmann gegeben hatte. Er stammte aus Umbrien und war Leutnant der Artillerie. Er sagte die lustigsten Dinge mit der ernstesten Miene der Welt und hielt die Gesellschaft bei Laune. Dann war da ein kleiner Unterleutnant von der Fliegertruppe, ein Frischling aus der Militärakademie, der von enganliegenden Uniformen und burschikosen Lockenköpfchen träumte. Der dritte, ein Maresciallo der Luftwaffe, hatte einst die Republikaner in Spanien und die Abessinier in Äthiopien bombardiert. Geläutert und bekehrt, schickte er sich nun an, die Deutschen unter Beschuss zu nehmen. Der letzte in der Runde war ein Berufssoldat, der zwei Jahre lang den Russlandfeldzug mitgemacht hatte, ein Monarchist und Badoglio-Anhänger. Wenn er an Viktor Emanuel dachte, wurde er sentimental.

»So winzig klein«, sagte er dann, und deutete mit der Hand die Statur des Monarchen an, der ihm etwa bis zur Westentasche reichen mochte, »und doch von solch geistiger und seelischer Größe. In Russland habe ich meine Soldaten immer mit dem Ruf in den Angriff geschickt: Es lebe der König! *Deus et su Rei!*«

»Ach, Sie sind ja Sarde«, sagte ich. »Ich war zwar noch nie in Sardinien, kenne es aber aus den Büchern Emilio Lussus, Ihres Landsmannes. Die habe ich in der Schweiz gelesen.«

»Emilio Lussu!«, rief der junge Mann ganz begeistert. »Emilio Lussu ist unser aller Anführer! In Sardinien warten wir sehnlichst auf sein Kommen.«

»Aber soweit ich es verstanden habe«, sagte ich, »ist Lussu alles andere als ein Monarchist. Er will die Republik, den Sozialismus …«

»Ach, das spielt keine Rolle, das spielt überhaupt keine Rolle!«, unterbrach mich der Sarde. »Auf Emilio Lussu können wir uns alle einigen.«

Ich hatte meinen Reisegefährten erklärt, dass auch ich die Frontlinie zu überwinden versuchte, um zu meiner Familie in Bari zu gelangen. Wir beschlossen also, den Marsch gemeinsam in Angriff zu nehmen und machten uns querfeldein auf den Weg, um die von den Deutschen kontrollierten Straßen zu meiden.

Je näher wir Benevent kamen, umso deutlicher erahnte man den fürchterlichen Schrecken des Krieges. Es war gerade die Stunde der täglichen Bombardements und die alliierten Verbände klinkten bereits ihre Sprengkörper über der Stadt aus. Eine Hälfte von Benevent, die historische Altstadt, war schon zur Gänze zerstört. Zwischen hohen weißen Trümmern stand nur noch der Mittelteil der Kathedrale. Talwärts kamen wir in der Nähe des Bahnhofs vorbei, von dem nur mehr Ruinen und Türme von verbogenen Eisenteilen übrig waren. Keine Menschenseele ließ sich sehen, und unter der sengenden Sonne begann man den unerträglichen Gestank frei herumliegender Leichname zu riechen. An der Mauer eines halbzerstörten Hauses lagen die Überreste eines amerikanischen Piloten. Ein grässlich zugerichteter, gänzlich verkohlter Körper saß da an der Wand, mit gekrümmten, gespreizten Beinen und offenen Armen. Er war wohl bei lebendigem Leib verbrannt. Die schwarze Haut zog sich über die Knochen und zeichnete die Konturen des Schädels nach, die toten Augäpfel lagen tief in ihren Höhlen und die gespannten und schmalen Lippen schimmerten fast noch ein bisschen rot und schienen zu grinsen. Zu Lebzeiten war er vielleicht ein rosiger, blauäugiger Jüngling mit hübschen blonden Haaren gewesen.

Durch die Ruinen der ausgestorbenen Straße kam uns ein Mann entgegen. Er sah armselig aus und trug ein großes Bündel auf seinem Rücken, wahrscheinlich Diebesgut, das er in der zerstörten Stadt zusammengerafft hatte. Wir fragten ihn nach dem Weg, da man sich zwischen den Trümmern nur schwer orientieren konnte. Man hatte uns gesagt, dass wir durch den Eisenbahntunnel in Richtung Avellino laufen sollten, um so das Stadtzentrum von Benevent zu umgehen.

Der lange Tunnel war stockdunkel. Die rauchgeschwängerten schwarzen Wände schwitzten vor Feuchtigkeit. Man watete durch Wasserlachen, stolperte unangenehm über Steine und Schwellen. Nach einer Weile hörte ich ein Kind weinen, rötliche Lichter schimmerten vor uns in der Finsternis. Als wir näherkamen, wurde das Weinen deutlicher und stärker, und heller wurden auch die kleinen Flammen links und rechts entlang der Gleise. Es schien, als wären wir in Dantes Inferno geraten, in den Höllenkreis, in dem die Ketzer bestraft wurden.

Etwas Festes, Warmes schlug mir ans Knie. Es war jedoch nicht die Seele eines Papstes, sondern ein Junge aus Fleisch und Blut. »Tut mir wirklich leid«, sagte ich und versuchte, ihn zu erhaschen. Doch der Kleine entschlüpfte mir kreischend und stürzte zu einem der kleinen Lichter. Hier loderte ein winziges Feuerchen, das von wenigen Holzresten spärlich genährt wurde. Über dem Feuer befand sich eine Pfanne, und eine schmale junge Frau, die im Schlamm hockte, versuchte müde, die Flamme weiter anzufachen. Zwei kleine, rußgeschwärzte und greinende Kinder hingen an ihrem Kittel. Ohne sich um sie zu kümmern, starrte die Frau in das Licht und raunte eine trostlose Litanei vor sich hin: »Das ist kein Leben, das ist kein Leben«, murmelte sie. »Wär besser gewesen, wenn wir alle gestorben wären.«

In der Nähe eines anderen dieser tristen Herdfeuer stand eine zerzauste Frau auf und ergriff meinen Arm. »Signorina, geben Sie mir doch etwas Brot. Seit einer Woche sind wir hier. Unsere Häuser sind zerstört. Die Deutschen haben alles gestohlen und jetzt wollen sie uns töten. Und jeden Tag dieser Bombenhagel.« »Jesus, Heiliges Herz Jesu!«, jammerte ein zerlumptes, ausgezehrtes Weib händeringend, »warum lässt du uns so leiden?«

Eine Zeit lang gingen wir zwischen dem Wehklagen und diesen kleinen Feuerstellen weiter, dann fielen wir wankend und stolpernd wieder in die Finsternis. Die Luft war schwer und stickig, man konnte kaum atmen. Als der erste lichte Schimmer von außen das dunkle Gewölbe zu erhellen begann, schien es, als hätten wir eine elendslange Reise hinter uns.

Als wir dann wieder zurück ins Sonnenlicht traten, waren wir halb am Verdursten. Neben den Schienen standen ein Bahnwärterhäuschen und ein Brunnen mit frischem Wasser. Wir stärkten uns und gingen weiter. Die Bahnlinie und die Felder ringsum waren von den Bombardements geradezu umgepflügt worden, überall sahen wir riesig große Krater. Nach einigen hundert Metern hörten wir, wie das Dröhnen von Bombern näherkam und immer bedrohlicher wurde. Wir entfernten uns von den Gleisen und warfen uns in die Felder. Die Flugzeuge flogen mit ohrenbetäubendem Lärm knapp über unsere Köpfe hinweg, unmittelbar danach explodierten die Bomben in der weichen Erde. Zwischen uns und dem nahegelegenen Tunnel erhob sich ein Vorhang aus Staub und Rauch, auch das Bahnwärterhäuschen war in die Luft geflogen.

Wir marschierten nach wie vor entlang der Bahntrasse, denn dies erwies sich als die beste Möglichkeit, den Deutschen auszuweichen. Aufgrund der häufigen Bombardements ging es zwar nicht besonders rasch weiter, doch bis zur Dämmerung kamen wir ohne größere Probleme voran. In einem Heuschuppen verbrachten wir die Nacht und bei Morgengrauen setzten wir unseren Weg in Richtung Avellino fort.

Je näher wir Avellino kamen, desto häufiger trafen wir auf Gruppen verängstigter Menschen, die aus der bombardierten Stadt flüchteten. Hin und wieder sahen wir gewissenlose Plünderer, die frühmorgens ihr Leben riskierten, um zwischen Toten und Trümmern nach Wertgegenständen zu suchen und sich dann aufgepackt davonzustehlen.

Einer von denen sagte uns: »Da stinkt es so nach Leichen, dass ich heute Morgen richtig ohnmächtig wurde. In Avellino sind nur noch Deutsche unterwegs.«

Die alliierten Bomber begannen erneut knapp über unsere Köpfe hinwegzudonnern. Als wir gerade einen lieblichen Pfad mitten durch ein Haselnusswäldchen entlangliefen, rief eine Stimme aus dem Wäldchen: »He, ihr da! Spaziert doch nicht so mitten auf dem Weg, die sehen euch ja, und hauen euch eine Bombe auf den Kopf. Kommt hierher, in Deckung!«

Wir wandten uns um und sahen einen ehrwürdigen Kapuzinerpater mit langem grauen Bart. Er hockte hinter einem Strauch und blickte besorgt um sich.

»Wir wollen durch die Front«, sagte ich, »aber wir wissen nicht, in welche Richtung wir gehen sollen. Was raten Sie uns, Sie kennen doch die Gegend?«

»Meine Lieben, ich rate euch nur eines«, sagte der Padre, »kehrt dorthin zurück, von wo ihr gekommen seid …«

Die Flugzeuge tauchten wieder auf und flogen mit immensem Getöse in geringer Höhe über uns hinweg.

»Duckt euch! Duckt euch!«, rief der guter Padre und rollte sich wie eine Katze in seinen Bart und seine braune Kutte ein. »Die bringen uns alle mit ihren Bomben um. Es ist ein einziges Blutbad! Ein Gemetzel! In Avellino bleibt kein Stein auf dem anderen.«

»Wir wollen aber auf jeden Fall weitergehen«, sagte Barabbas.

»Dann macht einen Bogen um Avellino«, antwortete der Klosterbruder, »und um die ganze Ebene dort unten. Die Deutschen lassen niemanden mehr durch. Haltet euch an die Pfade entlang der Hügelkuppen, in Richtung Atripalda und Serino. Man sagt, in San Severino seien schon die Amerikaner eingetroffen.«

Er gab uns noch Ratschläge, welchen Weg wir einschlagen sollten, während sich lautstark eine weitere Welle von Flugzeugen näherte.

»*Salva nos, Domine!*«, murmelte der Kapuziner und suchte nach seinem Rosenkranz. Als wir unseren Marsch wiederaufnahmen, blickte er uns wohlwollend, doch kopfschüttelnd nach.

Unser Grüppchen schrumpfte langsam. Der kleine Luftwaffenoffizier war am Tag zuvor in einem Weiler zurückgeblieben, da er seine Füße wundgelaufen hatte. Barabbas und der Pilot erwogen, ob es vielleicht günstiger wäre, in einem Versteck abzuwarten, bis die Front ihnen entgegenkäme, anstatt sie selbst aktiv zu suchen. Der alliierte Vormarsch war schließlich schon im Anrollen. Der Sarde jedoch hatte es eilig. Ich selbst hatte es noch eiliger, also verabschiedeten wir uns von den Gefährten und marschierten weiter.

Wir umgingen Avellino. Die Stadt lag im Bombenhagel; Frauen und Kinder mit schreckensweiten Augen strömten uns in Scharen entgegen. Doch um nach Serino zu gelangen, mussten wir durch Atripalda, das die Deutschen besetzt hielten und nun zur Sperrzone erklärten, nachdem sie zuvor noch alle Zivilisten evakuiert hatten.

Fortuna in Gestalt von Annibale Esposito, einem Kutscher, half uns, diese Hürde zu überwinden. Annibale war es gelungen, in einem abgelegenen Häuschen inmitten eines Kastanienwaldes eine Droschke und einen Maulesel zu verstecken und so vor den deutschen Beutezügen in Sicherheit zu bringen. Wir stießen auf ihn, da wir zufällig dort vorbeimarschierten. Wir boten ihm finanziell lukrative Argumente, damit er uns mit seiner Droschke ein Stück des Weges in Richtung Serino kutschierte.

»Ich soll für euch also das Maultier, die Droschke und meine Haut riskieren«, sagte Annibale, der ein rüstiges altes Männlein mit einem imposanten Schnauzbart war. »Ich aber werde euch beweisen, dass Annibale Esposito mit seinen siebzig Jahren auf dem Buckel mehr Mumm hat, als diese jungen Hüpfer mit ihren Knarren am Gürtel und dem schräg aufgesetzten Käppi.« Er sprang auf den Bock und griff nach der Peitsche. »Hü, mein Blonder«, und der wie sein Herr ebenso alte wie rüstige Maulesel trabte fröhlich drauflos.

Solange es ging, hielt sich Annibale an höhergelegene Nebenstraßen. Als es nötig wurde, auf die Hauptstraße hinunterzufahren, trafen wir sofort auf die erste deutsche Straßensperre: Ein Lastwagen stand quer über die Fahrbahn, zwei Soldaten mit Maschinengewehr hielten die Stellung.

Annibale verzog kaum das Gesicht.

»Sagt, dass ihr zum Pfarrer wollt, zu Don Anselmo«, nuschelte er rasch unter seinem Schnauzer hervor und zwinkerte uns zu. Der Sarde und ich saßen hinten in der Droschke, mit der unschuldigsten Miene der Welt und einem dämlich verliebten Lächeln für die Deutschen. Es fehlte gerade noch der Nelkenstrauß.

Erstaunt musterten die beiden Soldaten die ungewöhnlichen Fahrgäste, die scheinbar von einem friedlichen Mond in diese brutheiße, kriegerische Atmosphäre geplumpst waren. Sie waren so verdattert, dass sie Platz machten, und wir fuhren weiter und winkten freundlich.

Der Maulesel trabte willig durch die verwaisten Straßen, vorbei an leeren Häusern, deren Fenster zersplittert und deren Türen aus den Angeln gehoben waren. Annibale pfiff ein bisschen vor sich hin und dann und wann ließ er die Peitsche knallen. Immer wieder drehten sich deutsche Soldaten zu uns um und blickten uns fast freundschaftlich nach. Schließlich bogen wir in einen Feldweg ein. Atripalda lag hinter uns.

»Da wären wir«, sagte Annibale und hielt den Maulesel an der Einmündung eines Weges, der zwischen zwei hohen Hecken verlief, an. »Folgt diesem Weg, und in einer halben Stunde seid ihr in Serino.«

In dieser ländlichen Gegend waren überall Deutsche. Wir trafen auf lange Kolonnen getarnter Lastwagen, auf laubbedeckte Kanonen und Panzer, auf Soldaten im Schatten von Nuss- und Kastanienbäumen, die an den Trauben naschten, welche sie von den Feldern gestohlen hatten. Sie sahen uns, hielten uns an, die einen argwöhnisch, andere weniger misstrauisch. Ich sprach Deutsch mit ihnen, mein Begleiter erklärte den »Kameraden« auf Italienisch, Französisch und Russisch, dass er in Kiew und in Stalingrad gewesen sei und schlussendlich ließen sie uns immer wieder laufen.

Serino war vollkommen ausgestorben, kein einziger Italiener ließ sich blicken. Die Sonne war schon untergegangen. Wir kehrten zur Eisenbahnstrecke zurück und beeilten uns, zum Eingang des Tunnels zu gelangen. (»Der Tunnel«, so hatte Annibale gesagt, »endet unmittelbar vor San Severino. Wenn ihr es schafft, dann werdet ihr auf der anderen Seite auf die Amerikaner treffen.«)

»Halt, stehengeblieben!«, drohte mir ein finsterer deutscher Feldwebel, der mit vorgehaltener Maschinenpistole nebst fünf oder sechs weiteren Soldaten hinter einem Bahnwärterhäuschen hervorbrach. »Durchgang verboten!«

Ich hielt ihm einen langen Sermon und erklärte ihm, dass wir aus Angst vor den Bomben die Nacht in Sicherheit im Tunnel verbringen wollten, wie der Pfarrer von Serino, der sich auch hierher geflüchtet habe. Aber ich überzeugte ihn kein bisschen.

»Papiere!«, befahl er.

Unsere Dokumente bezeugten natürlich keineswegs unsere Herkunft aus Serino oder aus der Umgebung. Der Deutsche blickte uns feindselig an.

»So weit seid ihr also gereist«, bemerkte er sarkastisch, »bloß, um im Tunnel von Serino zu schlafen?«

»Geht dorthin, von wo ihr herkommt«, sagte er jetzt laut und mit drohender Stimme. »Und zwar auf schnellstem Wege. Ihr wollt die Frontlinie überqueren, und wer, außer Verrätern, will schon auf die andere Seite! Man sollte euch an Ort und Stelle erschießen. Ich lasse euch zwar vorerst gehen, aber haut bloß ab, und lasst euch in dieser Gegend nicht mehr blicken. Falls doch, verhaften wir euch und verfahren mit euch wie mit Spionen.«

Wir kehrten also um, verließen hinter der ersten Kurve die Bahnlinie und schlugen uns im rechten Winkel bergwärts. Da wir nicht durch den Tunnel gehen durften, würden wir über den Berg klettern.

Schon zu Anfang des Aufstiegs sahen wir ein in einem Wäldchen verstecktes, bewohntes Bauernhaus. Hier trafen wir auf eine Großfamilie, die aus Kindern jeglichen Alters, Erwachsenen und alten Leuten bestand. Der Hausvater hatte die ganze Verwandtschaft in dieser sicheren Unterkunft aufgenommen, die so abgelegen war, dass sie nicht einmal die Deutschen auf ihren Beutezügen gefunden hatten. Der Abend brach schon an und ich bat darum, bis zum nächsten Morgen bleiben zu dürfen. Sie erlaubten es uns gastfreundlich. Ich fragte sie auch, ob es denn möglich wäre, dass einer der Knaben uns am nächsten Tag in die Berge begleiten und uns den Weg nach San Severino zeigen könnte. Nein, das wollten sie nicht riskieren, da sich auf den Bergen deutsche Patrouillen befänden, die auf Zivilisten schossen.

Ich plauderte gerade mit den Frauen vor der Stalltür, als ich sah, wie sie verstummten und zum Hofeingang starrten. Ich wandte mich um. Ein großer, grobschlächtiger deutscher Offizier in kurzer Hose und Khakihemd, in der Hand eine wuchtige Ordonnanzpistole, hatte sich drohend vor meinem Begleiter aufgepflanzt und die Papiere verlangt. Ich ging zu den beiden hin.

»Guten Abend«, sagte ich auf Deutsch. »Darf ich für Sie übersetzen?«

Der Offizier – er hatte eine ausgeprägte Kieferpartie und kalte Augen, ein wahrer Teutone wie aus dem Lehrbuch – musterte mich feindselig.

»Dieser Mann«, sagte er, »ist Soldat, er kommt aus Turin, hat aber keinen Entlassungsschein. Was macht er hier in dieser Gegend? Er muss mich zum Kommando begleiten, damit wir seine Situation abklären.«

»Kein einziger italienischer Soldat hat einen Entlassungsschein«, gab ich zu bedenken. »Die Deutschen sind in seine Kaserne gekommen, haben alle entwaffnet und gesagt, dass sie nach Hause gehen sollen. Und jetzt gehen wir nach Hause.«

»Und wo ist euer Zuhause?«

»Unsere Familien leben in Bari. Wir versuchen, durch die Linien zu gelangen, um sie wiederzutreffen. Aber wir kommen nicht weiter, weil Ihre Landsleute uns immer wieder anhalten und zurückschicken. Geben Sie uns doch einen Rat! Sagen Sie uns, was wir tun sollen.«

Mit kühler Miene blickte mich der Deutsche lange an.

»Wieso sprechen Sie Deutsch?«, fragte er.

»Ich habe in Deutschland studiert«, antwortete ich. »Ich habe in Heidelberg Philosophie studiert. Eine wunderbare Stadt … bla, bla, bla«, und ich begann vom Studentenleben in Deutschland zu schwadronieren.

»Ich habe übrigens auch in Heidelberg studiert«, sagte schließlich der Deutsche. Sein finsterer Blick hatte sich etwas entspannt und in seine Fischaugen war etwas Leben eingekehrt. »Rechtswissenschaft.« Nun begann auch er zu erzählen.

Nachdem das Eis gebrochen war, setzten wir drei uns vor die Stalltür und plauderten in freundlichster Manier. Eine halbe Stunde später kehrte er, für uns völlig unerwartet, sein Innerstes nach außen.

»Ich bin ganz allein auf dieser Welt«, sagte er. »Meine beiden Brüder sind auf dem Feld der Ehre in Russland gefallen, meine betagten Eltern im Bombenhagel auf Hamburg. Auch meine Verlobte ist im Dienst für das Vaterland gestorben. Mir blieb nur ein einziger Freund, doch der wurde von den Engländern gefangen genommen und befindet sich jetzt in einem Konzentrationslager in der Nähe von Salerno.«

Er unterbrach sich und blickte uns durchdringend an, als wolle er sich versichern, ob er uns etwas anvertrauen könne oder nicht. Er kam offensichtlich zu dem Schluss, dass er es konnte.

»Und jetzt gehe ich auf die andere Seite«, sagte er, »nach Salerno, und werde versuchen, meinen Freund zu befreien. Das nämlich versteht man unter deutscher Treue. Mein Hauptmann hat mir eine Spezialerlaubnis für diese Operation ausgestellt.«

»Aber Sie werden doch wohl nicht in Uniform hinübergehen

wollen?«, fragte ich ganz verblüfft von dieser außergewöhnlichen Enthüllung.

»Die Uniform behalte ich an, solange ich unter meinen Kameraden bin, damit sie mich durchlassen. Dann muss ich nur die Dienstgrade und Spiegel abnehmen und das Käppi in die Tasche stecken. Die Engländer tragen ja auch khakifarbene Uniformen, da werde ich sicher nicht auffallen. Und sollten sie mich schnappen, dann werden sie mich wie einen Soldaten behandeln und nicht als Spion standrechtlich erschießen.«

»Wann haben Sie vor loszugehen?«

»Jetzt, sofort, sobald es dunkel ist. Ich habe das Kartenmaterial genauestens studiert und bin sicher, dass ich mich orientieren kann.«

»Wenn das so ist, dann könnten wir drei auch gemeinsam gehen«, schlug ich vor. »Wir können uns ja gegenseitig einen Dienst erweisen. Sie helfen uns, an den Deutschen vorbeizukommen, und wir helfen Ihnen bei den Alliierten.«

Der Deutsche dachte kurz nach.

»Abgemacht«, sagte er. »In einer Viertelstunde brechen wir auf. Ich gehe voran und wenn wir auf Deutsche treffen, dann überlasst ihr mir das Kommando.«

So kam es, dass wir im Gefolge dieser merkwürdigen Gestalt zu nächtlicher Stunde den Berg hochkletterten.

Rasch stakste er auf seinen langen, muskulösen Beinen über Felder und Weinberge hinauf. Ich armes Ding, vom Hunger geplagt und schon müde von den bisherigen Märschen und all den schlaflosen Nächten, hechelte hinterher. Stets hielt er seine Pistole in der Hand.

»Wozu braucht es eigentlich diese Pistole?«, fragte ich ihn bei einer Rast. »Falls wir auf Italiener treffen sollten, dann sind dies ja Freunde und keiner muss schießen, und falls wir auf eine deutsche Patrouille stoßen, dann müssen wir uns erst recht keinen Kampf liefern.«

»Man kann nie wissen«, antwortete er. »Lassen Sie mich nur machen. Wenn wir auf eine deutsche Patrouille stoßen, dann hockt ihr euch eine Weile hin. Ich werde mit denen sprechen. Hört ihr einen Pfiff, so kommt ihr nach. Hört ihr aber zwei Pfiffe, bedeutet das Gefahr und ihr bewegt euch nicht. Und drei Pfiffe heißt, dass die Gefahr vorbei ist, dann könnt ihr weitergehen.«

Schon kurze Zeit später hörten wir in der Nähe Stimmen und Schritte. Der Deutsche deutete uns, dass wir uns ducken sollten und ging alleine voraus. Nach etwa zehn Minuten ertönte ein Pfiff und wir sahen, wie er wieder auf uns zuschritt.

»Alles in Ordnung«, sagte er. »Wir können weiter.«

So marschierten wir stundenlang. Die Anstrengung lähmte mir die Beine. Inzwischen war sich der Deutsche nicht mehr sicher, wohin der Weg führte, er hatte sichtlich die Orientierung verloren. Zweimal oder dreimal kehrten wir um und änderten die Richtung.

»Ich fürchte, dass ich mich in der Dunkelheit hier verlaufe«, gestand er ein. »Es ist vernünftiger, wenn wir abwarten, bis es wieder hell wird.«

Auf einer Lichtung stand ein Schuppen und wir zogen etwas Heu heraus, um uns darin schlafen zu legen. Ich deckte mich bis zur Nasenspitze zu, da es kühl war und ich nach der großen Anstrengung schwitzte. Bis zur Morgenröte war es nicht weit hin.

Als es gerade zu dämmern begann, wachte ich nach sehr, sehr kurzem Schlaf auf. Auf der einen Seite schlief der Sarde, ganz entspannt, wie ein kleines Kind. Auf der anderen der Deutsche, seltsam düster auch im Schlaf. Er schnarchte leise und in seiner Rechten hielt er immer noch die Pistole fest, die aus dem Heu, mit dem er sich bedeckt hatte, herausragte.

Ich spitzte meine Ohren. Kein Zweifel. Nicht weit entfernt von uns sprach jemand Deutsch. Waren sie stehengeblieben? Aber nein, deutlich hörte man das Geräusch schwerer Schritte, die sich uns näherten.

»He, hallo!«, rief ich leise, und rüttelte den Deutschen an der Schulter. Wie eine Katze schnellte er mit schussbereiter Pistole auf. Ich fürchtete schon, dass er im Eifer des Gefechts auf mich losgehen würde. »Da kommen Deutsche näher«, flüsterte ich.

Besorgt lauschte er kurz, dann schüttelte er sich das Heu ab, das noch an ihm hing und sagte: »Ich bin sofort wieder da.«

Nach einigen Minuten hörten wir zwei Pfiffe. Gefahr! Wir kauerten uns unter das Heu und bedeckten auch die Köpfe. Zehn

Minuten vergingen, zwanzig Minuten, eine halbe Stunde. Wir hörten keine Pfiffe, doch auch keine Stimmen mehr. Der Deutsche hatte sich in Luft aufgelöst. Hin und wieder vernahm man den schweren Schritt einer Patrouille, die auf einem Pfad über oder unter uns vorbeikam.

Die Lage war verzwickt. Wir wussten überhaupt nicht, wo wir uns befanden.

Vorsichtig gingen wir auf Erkundung. Wir wählten einen Steig, der steil in einen Kastanienwald führte. Nach zwei Stunden Aufstieg (alles war ruhig und still um uns herum, es schien, als sei der Krieg gar nicht mehr so nahe) erreichten wir ganz oben auf dem Berg ein winziges, wunderliches Dorf. Da standen zwei, drei herrschaftliche Gebäude in spanischem Stil, mit großen, bauchigen Balkonen, maurischen Toren und ummauerten Gärten. Doch diese herrschaftlichen Häuser waren verschlossen. Das Dorf schien unbewohnt zu sein. In einer armseligen Hütte trafen wir schließlich auf ein altes Ehepaar, das uns barmherzig aufnahm.

Der Ort, sagten sie uns, heiße Canale und der Berg sei der Solofra, unter dem geradewegs der berühmte Tunnel nach San Severino verlief.

»Und genau dort möchte ich hin«, sagte der Sarde. »Aber ich will nicht ins Tal hinunter, ich will nicht auf die Deutschen treffen. Ist hier jemand, der uns führen könnte? Es gäbe dafür eine anständige Belohnung.«

Der alte Agostino nahm seine Pfeife, die wir mit reichlich Zigarettentabak versorgt hatten, aus dem Mund, spuckte mit großer Präzision bis über das Gartentor und räusperte sich. Er war hager und runzelig, hatte schlaue und sehr lebhafte Augen. Hätte er einen Spitzhut anstelle seiner unförmigen Filzkappe aufgehabt, hätte er einen vorzüglichen Banditen aus Fra Diavolos Schar abgegeben.

»Ich kenne hier auf diesem Berg jeden Stein«, begann er. »Und meine Beine sind auch noch ganz gut in Schuss. Aber hier haben wir es mit den Deutschen zu tun. Was wird denn aus meiner Frau, sollte ich ihr abhandenkommen?«

Agostino schien wirklich ein alter schneidiger Brigant zu sein. Wir boten ihm eine nicht unbeträchtliche Entlohnung an.

»Wer sagt euch denn, dass die Amerikaner bereits in San

Severino sind?«, wandte er ein. »Und wenn sie noch viel weiter entfernt sind?«

»Versuchen wir es. Dann werden wir schon sehen.«

Ausführlich und langatmig erörterte er alle Gefahren dieses Unterfangens. Schließlich holte er ein wahrhaft beeindruckend großes, mindestens einen halben Meter langes Messer aus einer Truhe und steckte es in seine zerknitterte Hose. Er besaß auch noch eine zweiläufige Pistole, ihrem Stil nach aus dem achtzehnten Jahrhundert, mit einer Reserve an kirschgroßen Bleikugeln. Wir lächelten.

»Damit«, sagte Agostino gekränkt, »schießt man größere Löcher in einen Bauch als mit eurem modernen Zeugs.« Danach steckte er sich die Pistole unter sein Hemd an die Brust, ergriff zwei knorrige Wanderstäbe und gab einen davon meinem Gefährten. »Wenn wir einen oder zwei allein antreffen«, sagte er, »dann können die was erleben.« Schließlich marschierten wir los.

Wir gingen immer hoch oben entlang der Bergkämme, über Steige, die meist versteckt durch Kastanienwälder führten. »Die Deutschen kommen selten hier herauf«, sagte er, »die bleiben lieber unten in der Ebene.«

Von einem Aussichtspunkt überblickten wir schließlich die Ebene von San Severino. Von unten her hörte man den Höllenlärm der Explosionen, das Dröhnen der Flugzeuge und Kanonenschüsse. In all den Rauch- und Staubwolken war San Severino nicht zu sehen. Gerade in diesem Augenblick erlitt es das Bombardement, das es größtenteils dem Erdboden gleichmachen sollte.

»Amerikaner in San Severino? Aber keine Spur!«, sagten uns die Flüchtlinge, die auf der Suche nach Unterschlupf den Berg hochgeeilt waren. »Um die Deutschen zu verjagen, braucht es schon mehr Einsatz!«

»Aber wo sind denn die Amerikaner?«, fragten wir immer wieder während unseres nun recht ungewissen Marsches.

»Sie sollen in Montoro eingetroffen sein«, sagte schließlich einer, der informiert zu sein schien.

»Bis Montoro sind es aber fünf Stunden zu Fuß«, erklärte Agostino. »Meine Frau wartet auf mich, ich muss nach Hause zurück.«

Ich erhöhte den Tarif und er ließ sich dazu überreden, uns den Weg zu zeigen. Er verließ die ausgetretenen Pfade, und wir zogen eine lange und mühsame Schleife durch Wälder und Unterholz, um einen Abstieg in die Ebene zu vermeiden. Erneut stiegen wir wieder ganz hoch hinauf. Obwohl nirgendwo der Horizont auszumachen war, orientierte sich Agostino mit der Sicherheit eines alten Wilddiebes. Wir trafen keine Menschenseele, die Wälder waren verwaist.

»Werden sie da sein? Oder etwa doch nicht?«, fragte ich mich und lauschte auf den Gefechtslärm der Artillerie.

Wir verließen den Wald. Etwas weiter unten sah man die leere Hauptstraße.

»Hier geht es nach Montoro«, erklärte Agostino. »In einer Viertelstunde seid ihr da. Ich kehre jetzt um.« Und er streckte die Hand aus, um das versprochenen Geld entgegenzunehmen.

»Nein«, sagte mein Begleiter. »Das sehen wir uns an. Wenn sie nicht da sind, musst du mit uns weitergehen.«

Widerwillig und vor sich hin murrend folgte uns Agostino.

Hochaufmerksam und nach allen Seiten ausspähend schritten wir die von Panzerketten durchfurchte Hauptstraße entlang. Seltsam, dass da niemand sein sollte. Schon sah man die ersten Häuser.

Plötzlich erstarrten wir und drängten uns an den linken Straßenrand. Rechts, etwas weiter unten, unter dem Abhang, standen einige mit Gebüsch bedeckte Panzer und ringsum lagerten etwa fünfzig staubbedeckte, müde Soldaten, die wohl gerade aus einem Gefecht kamen und sich in der Stille ausruhten. Deutsche Soldaten.

Gebückt gingen wir rasch weiter, sodass sie uns nicht sehen konnten. Wir gelangten zum ersten Haustor des Dorfes und versuchten es zu öffnen. Es war aber verbarrikadiert. Aufgeregt klopften wir.

»Wer ist da?«, fragte eine Frauenstimme schroff.

»Macht uns auf! Wir sind Italiener!«

»Was wollt ihr?«

»Kurz hinein und uns ausruhen!«

»Und was wollt ihr hier bei uns?«

»Macht doch auf!«, antworteten wir ängstlich, da wir schon

das Geräusch eines Lasters, der auf dem Weg ins Dorf war, vernahmen.

Das Tor öffnete sich einen Spalt und wir schlüpften hinein. Die Frauen, die uns umringten, sahen abgekämpft aus, ihre Augen, starr vor Panik und Groll, blickten uns böse an.

»Warum kommt ihr hierher? Was wollt ihr? Geht weg, haut ab. Die Deutschen können jeden Augenblick kommen und wenn sie euch hier finden, geht es uns an den Kragen! Weg, weg mit euch!«

»Gebt uns doch ein bisschen Wasser, dann gehen wir auch sofort wieder«, sagte ich, ganz kaputt vor Müdigkeit und Durst.

»Hier gibt es kein Wasser, ihr müsst zum Brunnen hinaus. Geht weg! Geht fort!«

»Ich kehre um«, sagte Agostino, der jegliches Draufgängertum verloren hatte. »Behaltet euer Geld, aber ich kehr um.«

Wir gaben ihm den versprochenen Lohn und er machte sich aus dem Staub. Nun standen wir wieder auf der Straße. »Versuchen wir das Dorf zu durchqueren. Wir können auf keinen Fall umkehren.«

Von oben her tauchten schon deutsche Soldaten auf. Wir kauerten uns an ein Haus, das bereits Bombenschäden trug, öffneten die übel zugerichtete Tür und versteckten uns. Aus einem der Nebenhäuser drangen Geschrei und Gejammer von Frauen zu uns. Wir machten die paar Schritte durch die Trümmer und traten dort ein. Mehrere Bäuerinnen hielten einander umarmt und weinten unter lautem Wehklagen.

»Unsere Männer! Unsere Männer! Die haben sie sicher umgebracht!«

»Mein Sohn! Mein Sohn! Was haben sie dir angetan!«

Die Deutschen hatten alle Männer, die nicht rechtzeitig in die Berge geflohen waren, fortgeschafft. Nur ein hüftlahmer armer Mann mit traurigen und intelligenten Augen war zurückgeblieben. Ich fragte ihn nach den Amerikanern.

»Man hat uns gesagt, dass sie in Cervanico angekommen sind«, berichtete er. »Ihr könntet es über die Berge versuchen, es werden an die zwei, drei Stunden Fußmarsch sein.«

Die weinenden Frauen standen mitfühlend und fürsorglich um uns herum. »Ihr Armen! Ihr Armen! Was wollt ihr bloß in dieser Hölle hier? Die Deutschen bringen uns noch alle um! Kehrt zurück in die Berge!«

Wie es uns der Hüftlahme empfohlen hatte, gingen wir durch die Wälder in Richtung Cervanico. Kurz vor Anbruch der Dunkelheit erreichten wir die ersten Häuser. Weder Amerikaner noch Deutsche noch Italiener waren zu sehen. Was sollten wir nun machen? Ich beschloss fürs Erste, auf Erkundung voranzugehen und nach Lebensmitteln Ausschau zu halten.

Ich erkannte aber rasch, dass in Cervanico nicht die Amerikaner waren, sondern die Deutschen. Warum wunderte mich das nicht? Die Amerikaner waren für mich inzwischen zu einer Art unerreichbarer Fata Morgana geworden. Unvorsichtig und schwärmerisch folgte man ihr über Stock und Stein, bis sie, des Spieles müde, einen in den Abgrund stürzen und sterben ließ. In meinem vor Müdigkeit und Hunger ermatteten Gehirn sah ich mich schon bis in alle Ewigkeit von Dorf zu Dorf rennen, immer war ich auf der Suche nach den Amerikanern, stets aber fand ich nur die Deutschen vor.

War mein Hirn auch ermattet, so waren die Empfindungen meines leeren Magens äußerst wach. Ich klopfte und bettelte an vielen Türen. Überall erhielt ich abschlägige und oft auch harsche Antworten.

»Wenden Sie sich doch an den Cavalier Santanna«, sagte mir schließlich eine Frau. Und sie erklärte mir, dass etliche andere Leute vom Cavaliere schon Kartoffeln geschenkt bekommen hätten.

Der Cavalier Santanna, der in Reitmontur auftrat, schien ein örtlicher Faschistenbonze zu sein. Er empfing mich mit väterlichem Wohlwollen und schenkte mir einige schöne patriotische Phrasen. Ich brauchte aber kein hohles Gerede, ich wollte Kartoffeln. Schließlich ließ er mir ein paar rohe Knollen bringen.

»Und wie soll ich die kochen?«

»Fragen Sie doch irgendwo in einem Haus«, sagte der Cavaliere. »Es tut mir schrecklich leid, aber mehr kann ich für Sie nicht tun.«

»Sagen Sie mir noch eines, wo sind denn die Amerikaner?«

»Was ich so gehört habe, sind sie heute in Giffoni eingetroffen.

Aber man kommt nicht durch, weil die Deutschen Geschützbatterien auf den Bergen postiert haben.«

Auf der Suche nach einem Feuer und einem Topf für meine rohen Kartoffeln ging ich wiederum von Tür zu Tür, klopfte viele Male an, doch niemand wollte sie mich kochen lassen. Niedergeschlagen kehrte ich um, ich wollte mich nur mehr unter einen Kastanienbaum legen und schlafen. Vielleicht würde ich davon träumen, dass ich in ein Dorf käme, in dem die Amerikaner waren und nicht die Deutschen und es gekochte Kartoffeln gäbe anstatt all der Kieselsteine entlang der Straße.

Schließlich stieß ich wieder auf meinen Begleiter, der gerade in ein Gespräch vertieft war. Eifrig palaverte er mit einem armen Teufel in zerlumpten Kleidern und ohne Schuhe, einem unrasierten Hungerhaken mit struppig schwarzem Bart.

»Das ist Battistino«, sagte der Sarde. »Er ist ein wahrer Ehrenmann und er verspricht, dass er uns zu essen und ein Dach über dem Kopf geben wird.«

Battistino lächelte mir mit freundlichen und klaren Augen unter seinen dichten schwarzen Brauen zu. Wir marschierten zu seiner Behausung, die ebenso armselig war wie er selbst. Sie bestand aus einem einzigen, unter einem Heuschuppen liegenden Raum, der als Küche, Stall und Schlafstelle zugleich diente.

Hier gab es kein künstliches Licht, nicht einmal einen bescheidenen Kerzenstummel oder eine Öllampe. Carmela, Battistinos Ehefrau, bereitete den Esstisch im Freien unter dem Sternenhimmel vor. Er bestand aus einem Holzbrett, das auf zwei Steinen lag, und die gekochten Kartoffeln wurden in einem rauchschwarzen Kochtopf kredenzt. Es gab aber Obst, soviel man wollte, da in den Weinbergen die Trauben reif waren und man sie lieber selbst aß, als sie den deutschen Razzien zu überlassen.

Carmela wirkte kräftig und hager, ihre Haut war dunkel, ihre Kleidung ebenso. Sie hatte pechschwarzes glattes Haar und wie auf einem Kupferstich von Albrecht Dürer zeichneten sich ihre Gesichtszüge hart und scharfkantig ab. Ihre Hände waren langgliedrig und schön, jedoch ebenso schwielig wie schmutzig. Die besonderen Merkmale einer jahrtausendealten Aristokratie ließen sich trotz ihres von aller Mühe und Plage verhärteten Körpers immer noch erahnen. Wenn sie jedoch den Mund auftat, schien es, als wären viele Jahrhunderte, die das Land und den Geist ihrer Vorfahren zivilisiert hatten, vergebens verstrichen. Ihre Sprache war ungebildet, wirr und beschränkt.

In ihrer dennoch gutherzigen und fürsorglichen Art nahm sie uns auf und teilte freudig ihr karges Mahl. Anschließend setzte sie sich den Terrakotta-Krug auf ihr Haupt und schickte sich an, Wasser zu holen.

Nur wenige Minuten später kam sie mit schreckverzerrtem Gesicht schon wieder angerannt. »Die Deutschen, die Deutschen!«

Battistino und der Sarde sprangen auf, sie stürmten über die Hecke und verschwanden in Richtung Wald. Carmela weinte und jammerte händeringend: »Jesus Maria! Heilige Jungfrau! Die Deutschen, die Deutschen! Das sind doch keine Menschen, die kommen ja nicht aus dem Schoß einer Mutter wie unsereins!«

Drei Soldaten marschierten auf dem Weg unter uns vorbei, sie blieben aber nicht stehen und verschwanden wieder.

»Stimmt es denn«, fragte mich Carmela, »dass diese Deutschen keine Mütter haben? Dass nicht Frauen sie zur Welt bringen, wie bei uns? Wie werden denn dann die Deutschen geboren, wenn sie keine Mütter haben?«

Die Männer kehrten nicht zurück und ich überzeugte Carmela, dass wir nicht die ganze Nacht zuwarten sollten. Mit ihren beiden Kindern, einem hübschen und etwas wilden Mädchen und einem etwa zehnjährigen Knaben, legten wir uns schlafen. Das Bett bestand aus dem Stroh, das auf dem Boden verstreut lag und zwei schmuddeligen Decken. Sich zur Nacht etwa auszuziehen oder am Morgen zu waschen, entsprach nicht den Lebensgewohnheiten von Carmelas Familie. Es gab in der armseligen Behausung weder eine Waschschüssel noch einen Kamm. Als ich am Morgen aus meiner Tasche die Zahnbürste und ein paar weitere Toilettenartikel nahm, verfolgten meine Gastgeber mein *petit lever* reichlich erstaunt und amüsiert.

Der wunderhübsche und kräftige blonde Junge war ein kleiner Wildfang, der nie ein Wort sprach. Er lief auf der Tenne umher, ging in den Weinberg hinab und streunte aus reiner Freude an der Bewegung ziellos herum. Hin und wieder eilte er davon, kehrte aber kurz danach wieder zurück. Er ähnelte einem vor Gesundheit strotzenden Jungtier.

»Geht er denn nicht in die Schule?«, fragte ich Carmela.

»In die Schule!«, rief sie und ihre Stimme vibrierte vor grenzenloser Verachtung. »Wer soll denn dann Battistino helfen?«

Mit etwas Reisig entfachte sie gerade ein Feuer, um wieder Kartoffel zu kochen. Sie entzündete es auf dem Boden, und da es in dem Raum keinen Kamin gab, war im Nu alles verraucht. Zwei magere Hühner irrten durch die Hütte und ich schlug Carmela vor, eines zu kaufen und es zu braten.

»Ich kann aber kein Huhn braten«, sagte sie. »Ich hab keine Pfannen.«

»Esst ihr denn nie Fleisch?«

»Niemals.«

Ich hielt es für so unwahrscheinlich, dass Carmela nicht imstande sein sollte, ein Huhn zu braten, dass ich erst recht darauf bestand. Sie legte das entfiederte Tier auf das brennende Holz, verbrannte es außen herum und ließ es innen roh. Doch sie wusste, wie man Brot machte, denn auf heißen Steinen buk sie *Foccacce* aus Hefeteig.

Die Kanone, die während der Nacht geschwiegen hatte, donnerte nun wieder ununterbrochen. Bei jedem Schuss bekreuzigte sich Carmela und rief den Heiligen Josef an. Vor dem Essen kehrten die Männer zurück.

Ich stieg einen Abhang hinauf, um mir ein Bild von der Gegend und der Situation zu machen. Man überblickte die ganze Ebene von Salerno bis zum Meer hinaus. Es wurde gekämpft und die Alliierten griffen an. Eine ununterbrochene Sperrlinie aus Staub und Rauch durchschnitt die Ebene in ihrer Breite und markierte das Schlachtfeld. Cervanico stand unter Beschuss, die Erde bebte.

Der Lärm war ohrenbetäubend. Die Kanonen der englischen Marine donnerten vom Meer her; im Westen um Acerno krachten die amerikanischen Geschütze; am Fuße des Hügels die deutschen Mörser und oben, über mir, die leichte Artillerie auf den Anhöhen. Die Kampfzone war so nah, dass man das Rattern der Maschinengewehre und jeden einzelnen Gewehrschuss hören konnte. Ab und zu flog eine Granate pfeifend über meinen Kopf hinweg.

Am darauffolgenden Morgen marschierten wir über die Berge in Richtung Giffoni wieder los. Nun waren wir zu viert. Ein Soldat und ein Unteroffizier, die zu Fuß von Dalmatien gekommen waren und ebenfalls versuchten, die Frontlinie zu queren, um zu ihren Familien zu stoßen, hatten sich dem Sarden und mir angeschlossen. Keiner von uns kannte den Weg und kein Geld der Welt hatte die Einheimischen überzeugen können, uns als Führer zu begleiten. Doch der Unteroffizier verfügte über einen bemerkenswerten Orientierungssinn und so folgten wir ihm.

Der Marsch war höllisch anstrengend, denn hier handelte es sich um ein richtiges Gebirge. Wir gingen nicht auf ausgewiesenen Pfaden, sondern hielten uns stets in Deckung und kamen durch dichtestes Unterholz, das uns ins Gesicht peitschte und Haut und Kleidung aufriss. Entlang steiniger, ausgetrockneter Bachbette krabbelten wir auf Händen und Füßen zu den Gipfeln empor. Die Sonne stach unbarmherzig vom Himmel, der Durst brachte uns fast um.

Da Brandbomben sämtliche Bäume vernichtet hatten, waren hier alle Berghänge kahl. Die schwarzen toten Baumstümpfe boten weder Schatten noch Schutz und auf dem Boden lag feinster Aschestaub, der bei jedem Schritt aufstob und in die Poren der Haut, in Augen und Mund eindrang und das Brennen zusätzlich verstärkte. Es ging bergauf, bergab und wieder bergauf. Bisweilen machte uns eine allzu nah hörbare Explosion darauf aufmerksam, dass sich auf dem nächsten Hügel eine deutsche Batterie befand und wir demnach unseren Kurs ändern mussten. Es war ein höllischer Marsch.

Schließlich bot sich von einer Anhöhe aus ein vollständiger Überblick über die Landschaft zu unseren Füßen. Unser Unteroffizier hatte als Anführer hervorragende Arbeit geleistet. Dort unten, hinter dem langgestreckten waldigen Gebirgskamm, musste Giffoni sein. Wir hatten die Hälfte der Strecke hinter uns gebracht.

Doch um zu jenem Waldstück zu gelangen, mussten wir wohl oder übel mehrere hundert Meter weit ohne Deckung laufen. Es gab keinen anderen Ausweg. Kaum aber waren wir losmarschiert, hörten wir schon einen Gewehrschuss, dann noch einen und einen dritten. Und schließlich begann ein Maschinengewehr laut zu rattern.

»Das gilt uns«, sagte der Unteroffizier, »geht zu Boden!«

Wir warfen uns hinter verbranntes Buschwerk und das Feuer wurde eingestellt. Ich war so müde, dass ich nur noch dachte: »Werde ich es jemals schaffen, wieder aufzustehen?«

»Wir müssen versuchen, das freie Gelände im Laufschritt zu queren«, sagte der Unteroffizier. »Wenn wir zuwarten, dann schnappen sie uns. Sie sind dort drüben hinter den Felsen.«

Meine Begleiter stürmten in Richtung der Anhöhe los. Das Maschinengewehr begann wieder zu rattern, abwechselnd knallten dazu Gewehrsalven. Nach fünf Minuten befanden sich die Männer bereits hinter einem Felsbrocken am Rande des Waldes in Sicherheit.

Jetzt stand ich auf und startete los. Tak, tak, tak, tak machte das Maschinengewehr; dann wieder pling, pling, pling das Gewehr. Ein paar Mal schlugen die Kugeln pfeifend und Staub aufwirbelnd direkt vor meinen Füßen ein. Darum kümmerte ich mich jedoch kaum. Sorgen bereiteten mir meine Beine, die durch die übergroße Anstrengung steif und wie gelähmt waren, und ich hoffte bloß, dass sie in Bewegung blieben und mich voranbrachten. Meine Lunge fühlte sich bleiern an und ich atmete nur mehr mühsam.

Ich benötigte fast eine halbe Stunde, um in Sicherheit zu gelangen, was andererseits nicht gerade für die Treffsicherheit der Schützen sprach. Hier durften wir aber keineswegs verweilen. Wir mussten in das Tal hinabsteigen und so schlitterte und kullerte ich bald den Abhang, der schon fast eine Schlucht war, hinunter. Was für ein Martyrium!

Im Talgrund war es dann wunderbar kühl und ich gestatte mir endlich eine Ruhepause. Ich gönnte mir eine halbe Stunde Entspannung, anschließend nahm ich einen gehörigen Schluck Wasser aus dem klaren Bach und war schon wieder bei Kräften. Jetzt mussten wir nur noch das Tal hinaus in Richtung Giffoni gehen.

Wir marschierten bereits eine Weile, als wir eindeutige Hinweise auf eine Patrouille ausmachten, die durch diesen Wald gegangen sein musste. Der Boden trug dichte Spuren genagelter

Schuhe. Von Deutschen oder Alliierten? Wie sollte man das je herausfinden? Mit einem Freudenschrei hoben wir schließlich eine leere Schachtel Chesterfield vom Boden auf und einige Schritte weiter eine halbe Bonbonrolle mit englischer Beschriftung. Wir jubelten schon. Doch ach, oh je, etwas später fand sich eine leere Dose, darauf stand *Frankfurter Würstchen Hamburg*. Wir waren immer noch nicht klüger als zuvor.

Vorsichtig schritten wir weiter, bis wir endlich aus dem Wald herauskamen. In der Ferne stand ein Hirtenjunge mit einer Herde von Kühen, die ruhig auf der Weide graste. Das schien uns ein gutes Zeichen zu sein. Wo die Deutschen sind, da sieht man keine Kuhherden in Frontnähe.

Wir liefen zu dem Hirtenjungen hin. »Sind da Deutsche oder Amerikaner?«

»Amerikaner«, sagte er gelassen.

Und tatsächlich kam uns nun eine Patrouille Yankees auf dem Weg entgegen. Wir hätten am liebsten jeden einzelnen umarmt.

Gemeinsam erreichten wir den Vorposten der Amerikaner. Da standen sie nun, die großen Kanonen, die ich seit Tagen gehört hatte. Jetzt sah ich, wie sie flammenspeiend abgeschossen wurden.

Mit fürsorglichem Interesse umringten mich Onkel Sams Neffen und boten mir Bonbons, Zigaretten, Butterkekse und einen mit Wasser gefüllten Helm mit Seife an, damit ich mir das Gesicht waschen konnte.

»Und Sie haben tatsächlich die Feuerlinie durchquert?«, fragten sie mich. »Wie haben Sie das nur gemacht? Kaum zu glauben, das ist ja richtig abenteuerlich!«

In der Tat musste ich ziemlich abenteuerlich ausgesehen haben: Ich war schwarz vor Staub und Asche, die Haut war vom Gebüsch aufgerissen, meine schweißnassen, strähnigen Haare standen mir vom Kopf ab wie die kleinen Schlangen der Gorgo Medusa.

»Sie bringen uns militärische Informationen?«, fragte mich ein Hauptmann, der hinzugetreten war.

»Nein«, sagte ich, »ich komme in politischer Mission und ich möchte nach Salerno weiterfahren.«

»Ich werde Sie nach Acerno, zum Kommando unserer Division begleiten«, antwortete der Hauptmann. »Dort können Sie dann um ein Fahrzeug bitten.«

Nachdem ich mich von meinen Begleitern verabschiedet hatte, fuhr ich mit dem Hauptmann in einem Jeep los und spät nachts kamen wir in Acerno an. Man führte mich in ein beleuchtetes Zelt, in dem sich schon fünf oder sechs Offiziere aufhielten. Sie musterten mich nicht unhöflich, dennoch fühlte ich mich unbehaglich. Mir schien, als verdächtigten sie mich, eine Spionin zu sein.

Ich erklärte, dass ich den Auftrag hätte, mit einigen italienischen Persönlichkeiten Kontakt aufzunehmen, die sich, aus Amerika kommend, in Salerno aufhielten. Ein Major sagte, dass er sogleich seinem Colonel Bericht erstatten wolle. Nach einer Weile kehrte er zurück.

»Der Colonel«, erklärte er mir, »ist der Meinung, dass Sie schlecht informiert sind, wenn Sie glauben, dass sich die von Ihnen erwähnten Politiker in Italien aufhalten. Die Genannten haben von der amerikanischen Regierung keine Erlaubnis erhalten, nach Italien auszureisen, und halten sich weiterhin in den Vereinigten Staaten auf.«

Das hatte ich nicht erwartet und war am Boden zerstört. »Aber wir haben doch genaueste Informationen aus der Schweiz!«, rief ich.

»Das sind leider falsche Informationen«, sagte der Major. »Ich lasse Sie nun zum Kommando der Fünften Armee überstellen, wo Sie Ihre Lage dann klären können.«

Wieder fuhr ich in einem Jeep durch die Nacht. Das Kommando der Fünften Armee befand sich in Paestum, wo ich gegen drei Uhr früh eintraf. Man führte mich in ein Feldlazarett. Hier nahm sich eine Krankenschwester meiner an und zeigte mir in einem geräumigen Zelt eine Pritsche, auf der ich mich ausruhen konnte.

Ich hätte sicherlich zwanzig Stunden durchgeschlafen, doch um sechs Uhr wurde ich schon wieder geweckt und musste aufstehen, denn eine Nachtschwester benötigte meine Liegestatt. Dann erschien ein Arzt. Er versorgte mich und verband mir die wundgelaufenen Füße. Man bot mir Pantoffeln an und ich humpelte zum Frühstück in die Offiziersmesse. Dort traf ich auf die

Ärzte und Krankenschwestern des Lazaretts, Letztere standen durchwegs im Dienstgrad eines Unterleutnants.

Es gab ausgiebiges und abwechslungsreiches Essen, Zigaretten und Süßigkeiten nach Belieben, und ich hätte eigentlich glücklich sein sollen. Doch ich war es nicht. Ich sah, wie mich meine Tischgenossen mit misstrauischer Neugier beobachteten. »Diese italienische Signora«, las ich in ihren Gesichtern, »kann nur eine Spionin sein.«

Etwas später erschien ein Colonel vom Generalstab, um mich zu verhören. Er bestätigte mir nochmals, dass keiner unserer Freunde eine Ausreisegenehmigung für Italien erhalten hätte.

Am Nachmittag tauchten zwei junge Offiziere auf, die mir erneut dieselben Fragen stellten.

»Wir sind vom Geheimdienst«, erklärten sie. »Man hat uns mit den Untersuchungen beauftragt.«

Ich erklärte ihnen, wie sie sich in kürzester Zeit alle Informationen zu meiner Person beschaffen könnten. Mit großem Eifer schrieben sie alles auf.

Der nächste Tag verging, dann noch einer. Niemand kümmerte sich um mich. Schließlich wandte ich mich an die Leiterin des Lazaretts und bat sie, den Colonel anzurufen. Der ließ mir ausrichten, ich solle mich nicht aus dem Lazarett entfernen.

Schon längst hatte ich begriffen, dass man mich hier gefangen hielt. Ich konnte mich zwar zwischen den Zelten frei bewegen, aber kaum näherte ich mich einem der Ausgänge, lief eine Wache herbei und sagte höflich: »Ein Verlassen des Lagers ist Ihnen untersagt!« Mir stand ein eigenes Zelt zur Verfügung, doch in den Nächten blieb ich nicht allein. Ein Soldat mit aufgepflanztem Bajonett hielt ständig Wache. Jedes Mal, wenn ich mich auf meiner Pritsche bewegte, leuchtete er mir mit einer starken elektrischen Stablampe ins Gesicht. Das war reichlich zermürbend. Am Anfang sagte ich noch nichts, da ich beschlossen hatte, die Angelegenheit zu ignorieren. Doch schließlich begehrte ich auf.

»Hören Sie doch endlich auf, mit dieser Lampe herumzufuchteln!«, rief ich und fügte noch so einiges hinzu. Doch er blieb stumm und leuchtete weiter zu mir her, sobald die Pritsche knarzte. Erst bei Tagesanbruch gelang es mir, ihn zu verjagen.

»Raus hier!«, schrie ich. »Ich werde doch wohl das Recht haben, mich zu waschen und anzuziehen!« Und er schlich davon, vermutlich ganz froh, seinen Dienst als Kerkermeister beendet zu haben.

Am vierten Tag war ich ob meiner Behandlung so erzürnt, dass ich beschloss, in einen Hungerstreik zu treten. Wie Achilles zog ich mich in mein Zelt zurück, legte mich auf die Pritsche und rührte mich nicht mehr. Wenn der Wachposten mich zum Essen rief, antwortete ich, dass ich keinen Hunger hätte. Doch angesichts der grotesken Situation, in der ich mich befand, kam mir die Galle hoch. Ich hatte doch so viel riskiert, um bloß keinen einzigen Tag, keine einzige Stunde zu verlieren! Am meisten aber bekümmerte mich die Tatsache, dass unsere Freunde es nicht nach Italien geschafft hatten. All meine Mühe war vergebens gewesen.

Zum Glück musste ich den Hungerstreik nicht allzu lange fortsetzen. Zwei Tage später bekam ich erneut Besuch von den jungen Geheimdienstlern.

»Haben Sie sich nun davon überzeugt, dass ich keine Spionin bin?«

Sie lächelten ausweichend. Ganz überzeugt waren sie wohl nicht.

»Wir überstellen Sie nach Agropoli«, sagten sie, »zum Hauptquartier der alliierten Militärregierung. Wir werden Sie mit hochrangigen englischen Persönlichkeiten in Kontakt bringen und Sie werden Ihre Situation erläutern können.«

Einer dieser »hochrangigen Engländer«, der mir in Agropoli vorgestellt wurde, war ein etwa fünfzigjähriger Hauptmann, der die typische Uniform eines schottischen Regiments trug. Er sprach waschechtes Neapolitanisch und er begann seine Rede mit der Erklärung, dass ich nicht auf die Rangabzeichen auf seinen Schultern achten solle, denn er habe weit höhere Befugnisse als ein Hauptmann. Ich hatte schon kapiert, dass er vom *Intelligence Service* kam.

Auch er bestätigte mir, dass unsere Freunde nicht in Italien waren. Er stellte viele aufdringliche Fragen bezüglich des Befreiungskomitees. Um mich zum Reden zu bringen, hielt er die Konversation auf der Ebene von Salongeplauder und zeigte große

Vertrautheit im Umgang mit römischen Fürsten und neapolitanischen Herzögen. Ich beteuerte, diese nicht einmal vom Hörensagen zu kennen. Er aber ließ sich nicht abbringen und erzählte, dass er mit Don Pietro, also mit Badoglio, per Du sei; die Namen der Großkämmerer und Haushofmeister des Königshauses hatte er einzeln parat. Ich erklärte, dass Don Pietro und Vittorio Emanuele einen Prozess wegen Hochverrats verdient hätten, und wenn das italienische Volk gegen die Deutschen kämpfe, dann wohl nicht aus Liebe zu diesen Herrschaften.

»Sehr interessant, sehr interessant«, sagte der Engländer mit besorgter Miene. »Heute Abend komme ich mit dem Colonel wieder.«

Sein Colonel war vom Typ her der perfekte englische Gentleman. Seine Ignoranz in Bezug auf Italien war allerdings erschütternd. Langsam begann ich zu verzweifeln.

In Agropoli wurde mir meine Gefangenschaft dann jedoch um einiges versüßt. In einer von englischen und amerikanischen Offizieren besetzten Villa erhielt ich einen eigenen Raum zugeteilt, und man brachte mir köstliche Speisen auf mein Zimmer. Ich durfte mich auch in Agropoli frei bewegen, da ich meinen Kerkermeistern versprochen hatte, keinen Fluchtversuch zu unternehmen, zumindest nicht vorläufig.

»Für ein paar Tage gebe ich Ihnen mein Wort«, hatte ich geantwortet. »Dann werde ich es aber probieren, wenn Sie mich weiterhin hier festhalten.«

Zwei, drei weitere Tage vergingen. »Jetzt wird es Zeit, dass ich mich aus dem Staub mache«, dachte ich. »Hier sind mir die Hände gebunden, ich gehe wieder durch die Front zurück.«

Frühmorgens schließlich, ich war gerade aufgestanden, klopfte ein in der Villa stationierter englischer Major an meine Tür. »Hier ist ein Captain, der Sie sprechen möchte«, sagte er.

»Engländer oder Amerikaner?«, fragte ich.

»Engländer.«

Ein Captain in einer staubigen Khakiuniform und mit einem khakifarbenen Barett auf dem blonden Haarschopf trat ein.

»Na, so was!«, rief ich. »Wie geht es dir?« Ich küsste ihn schallend auf beide Backen.

Der englische Major senkte schamhaft seine Blicke, errötete und eilte hinaus. Er war sichtlich schockiert.

Wie hätte er auch ahnen sollen, dass dieser Captain mein Bruder war?

Die Jungfrauen von Letino

Ich hatte meinen Bruder seit sechs Jahren nicht mehr gesehen und vermutete ihn in den Vereinigten Staaten von Amerika. Im Jahr 1933 war er britischer Staatsbürger geworden und es war ihm erstaunlicherweise gelungen, Italien zu verlassen, wo man ihn zuvor aufgrund seiner Aktivitäten für *Giustizia e Libertà* zu einem Gefängnisaufenthalt mit anschließender Verbannung verurteilt und festgesetzt hatte. (Den Krieg in Italien verfolgte er jedoch weiterhin sowohl an vorderster Front als auch hinter den Linien, schließlich wurde er noch der berühmte »Colonello Max« des Mailänder Aufstandes.) Durch eine Indiskretion eines Offiziers hatte er ganz zufällig erfahren, dass man mich in Agropoli gefangen hielt.

Mit seinem Jeep brachen wir umgehend nach Salerno auf. Die Stadt lag nach den Bombardements halb zerstört unter Trümmerbergen begraben. Dort traf ich auch die Freunde von *Giustizia e Libertà*, Cianca und Tarchiani, Valiani, Pierleoni, Garosci und Gentili. Warum mich die englischen und amerikanischen Geheimdienste glauben machen wollten, dass sie nicht eingetroffen wären, blieb mir ein Rätsel.

So führte ich meine Mission also doch noch zu Ende und übermittelte via Radio unsere ersten Nachrichten aus dem befreiten Italien nach Rom: »Tiber eins, Tiber zwei …«

Wenige Tage später machte ich mich auf den Rückweg.

Diesmal sollte ich aber von Anfang an einen ortskundigen Begleiter an meiner Seite haben: einen jungen Artillerieoffizier, der ein versierter Frontgänger war und den wir Torquato Tasso nannten. Ein englischer Major begleitete uns in seinem Jeep bis an die vorderste Kampflinie. Unterwegs informierte er sich bei dem jeweiligen Divisionskommando bezüglich der günstigsten Stelle für unseren Übergang.

Die Front befand sich in jenen Tagen in steter Bewegung, die Stagnation bei Cassino lag noch in weiter Ferne. Avellino und Benevent, die Städte, die ich zwei Wochen zuvor so mühevoll durchquert hatte, waren inzwischen in der Hand der Alliierten, und die Deutschen zogen sich nahezu kampflos zurück. Doch die Amerikaner führten ihren Krieg damals gewissermaßen vom hohen Ross herab. Erst bombardierten sie die Ortschaften, bis sich die Deutschen zum Rückzug entschlossen. Wenn die Deutschen dann verschwunden waren, trafen sie einige Stunden später mit ihren Lastwagen ein und die von Nazifaschismus und dem Bombenhagel erlöste Bevölkerung empfing sie unter stürmischem Beifall. Eine Probe dieser Jubelstimmung wurde auch uns zuteil, als wir ein Dorf erreichten, das die Deutschen soeben verlassen, die Amerikaner aber noch nicht besetzt hatten. Rasch improvisierte Triumphbögen mit großen Aufschriften – »Ein Hoch auf die Befreier!« – zierten die Hauptstraße; die Fenster waren mit Teppichen und Wandbehängen geschmückt. Dorfpfarrer, Bürgermeister und Apotheker warteten vor dem Gemeindeamt und trugen die Kokarde mit der Trikolore an ihrer Brust zur Schau. Unser Jeep wurde überschwänglich begrüßt, die Kinder versuchten, bei uns aufzusteigen. »Ein Hoch auf die Amerikaner!«, rief die Menge. »Ein Hoch unseren Befreiern!« Der Bürgermeister, der den Tumult im Griff hatte, versuchte die ersten Willkommensgrüße an die Helden aus Übersee zu formulieren. Dies alles brachte uns reichlich in Verlegenheit. Zum Glück erschienen bald danach die ersten Lastwagen der wahren Befreier und unser Jeep konnte sich aus dem Staub machen.

Auf ihrem Rückzug zerstörten die Deutschen alles und jedes mit wissenschaftlicher Akribie, noch die winzigste Brücke jagten sie in die Luft. Doch die Jeeps und der restliche kraftstrotzende Fuhrpark der Alliierten ließen sich nicht aufhalten. Man durchpflügte improvisierte Furten und stieß in endlosen Kolonnen Richtung Front weiter vor.

Nach eineinhalb Tagen Fahrt trafen wir in Guardia ein. Die Deutschen hatten den Ort drei Stunden zuvor aufgegeben, und die Amerikaner waren eben erst angekommen. Das Dorf lag noch unter deutschem Mörserbeschuss, hin und wieder regnete es Granaten auf die Straße und die Häuser. Wir ließen den Jeep mitten in einem Feld stehen. Hier war Schluss. Einen Kilometer entfernt vor uns, jenseits der kürzlich zerstörten Brücke, lagen die Deutschen.

Der mit dem Kommando für unsere Aktion beauftragte amerikanische Colonel zeigte mir anhand einer topografischen Karte die Route, der ich über die Berge folgen sollte, um den Deutschen möglichst aus dem Weg zu gehen. Ich sollte mich stets in Gipfelnähe halten, ohne mich den Dörfern zu nähern. So würde ich dann die Matese-Hochebene erreichen. Wir machten uns zum Abmarsch bereit. Schweren Herzens leerte ich all meine Taschen, in denen noch Zigaretten, Zucker und Süßigkeiten steckten. Wir durchsuchten uns penibel, um sicherzugehen, dass es keine Spuren gab, die Rückschlüsse auf unseren Aufenthalt bei den Alliierten zuließen. Torquato und ich brachen bergwärts in Richtung eines einsamen Waldes auf. Unter uns, entlang der Straße, befanden sich die Deutschen.

Je weiter wir bergauf stiegen, desto schöner und anmutiger wurde die Landschaft. Dies hier waren nicht mehr die verbrannten Berge mit ihren stacheligen Sträuchern und dem Felsgestein, auf denen ich hoch über der Ebene von Salerno so gelitten hatte. Dies hier waren sanfte Hänge, liebliche Wäldchen und weicher Weideboden, der wie ein persischer Teppich unter unseren Füßen lag. Geradezu ein Sonntagsausflug. Torquato konnte sich gut orientieren, der Anstieg verlief gleichmäßig und ziemlich zügig. Wir marschierten fünfzig Minuten lang, danach ruhten wir uns für zehn Minuten aus. Voll Staunen betrachteten wir die friedliche Natur ringsum. Der Kanonendonner wurde immer leiser, bis er ganz verschwand. Wir begegneten keiner Menschenseele. In einem grünlichen Talkessel schlugen wir bloß eine Büffelherde in die Flucht, kurzhaarige schwarze Ungetüme mit ihren für sie typischen, diabolischen Mäulern.

Als es langsam Abend wurde, verzichteten wir auf unsere zehnminütige Rast und schritten noch forscher aus, denn in dieser verlassenen Berggegend durften wir uns keinen Unterschlupf erhoffen. Es war kalt und es sah nach Regen aus.

Die Nacht brach herein. Wo sollten wir nun Halt machen? Da es noch nicht völlig dunkel war, marschierten wir vorsichtig querfeldein weiter. Hier gab es keine Wege mehr und inzwischen regnete es schon in Strömen.

Mir war, als hörte ich in der Ferne Hundegebell. Wir steuerten darauf zu, und unter einem Felsvorsprung erblickten wir eine kleine Berghütte. Zwei riesige Schäferhunde wüteten und tobten, als wollten sie uns verschlingen. Ein Mann mit einem großen Stab trat aus der Hütte und musterte uns lange Zeit kritisch, bevor er die Hunde endlich zurückpfiff.

»Kommt herein, kommt herein!«, sagte er dann, wir schienen nun doch vertrauenswürdig zu sein. »Was macht ihr denn um diese Zeit hier im Gebirge?«

»Wir haben uns verlaufen«, sagte ich und setzte mich auf den Boden neben der Feuerstelle, über der in einem Kessel etwas Vielversprechendes brodelte. In dieser winzigen Klause gab es keinen Kamin und man erblindete fast im Rauch. Die Hälfte des Raumes nahm ein mit Stroh bedecktes Holzgestell ein.

»Die Suppe sollte für uns alle reichen«, sagten unsere Gastgeber freundlich. Es handelte sich um drei Bauern aus Pietraroia, dem Dorf, das wir meiden sollten, da es noch von den Deutschen besetzt war. »Und schlafen werdet ihr ebenfalls hier, es wird schon irgendwie gehen. Um diese Uhrzeit läuft man nämlich nicht durch die Berge, schon gar nicht bei diesem Sauwetter. Außerdem streunen da draußen in den Wäldern auch immer noch Wölfe herum.«

Wir teilten uns die Zwiebelsuppe, die in zwei großen Schüsseln aufgetragen wurde.

»Hin und wieder steigen wir herauf«, erklärte der Älteste, »um das Vieh zu kontrollieren, das wir von Pietraroia und Cerreto hergetrieben haben. Hier ist es in Sicherheit, weil die Deutschen bisher nicht in diese Höhen vorgedrungen sind. Doch unten, in den Dörfern, da wüten sie wie die Teufel.«

Zu fünft legten wir uns zum Schlafen auf das Holzgestell. Der Rauch war so dicht, dass man kaum atmen konnte, und ich erstickte fast. Meine Gastgeber waren wohl an diese Luft gewöhnt, denn sie schnarchten friedlich vor sich hin.

Endlich wurde es drei. Um diese Uhrzeit wollten wir wieder weitermarschieren. Der älteste Schäfer würde uns ein Stück begleiten und uns den Weg durch die Nacht zeigen. In einen weiten Wetterfleck gehüllt flatterte er wie eine riesige Fledermaus den Abhang vor uns hinab. Unsere Augen gewöhnten sich an die Dunkelheit und wir schlugen ein zügiges Tempo an.

Im Morgengrauen gelangten wir in einem dichten Kastanienwald zu einer weiteren Hütte. Der Hirte dort bot uns gebratene Kastanien an und willigte ein, uns den Weg durch das Matese-Massiv zu zeigen.

Der Aufstieg über die steinigen Pfade mitten durch die Wälder dauerte lange. Danach stiegen wir bergab und später erneut bergauf. Schließlich erblickten wir den großen Talkessel mit seinen grünen Wiesen, in dem sich das Wasser des Matese-Sees friedlich kräuselte.

»Hier sind die Deutschen«, sagte unser Bergführer. »Ich kehre um. Gott schütze euch!«

Wir querten einen Forstweg und gingen auf die ersten Häuser zu. Kein Mensch war weit und breit zu sehen. Wir verspürten das dringende Bedürfnis, uns etwas frisch zu machen, da unser ungepflegtes Aussehen allzu deutlich erkennen ließ, dass wir über die Berge gekommen waren. Wir traten in das erste der bewohnten Häuser ein.

»Wo kommt ihr denn her?«, fragten uns drei verängstige Frauen, die in der Küche saßen.

»Aus Pietraroia«, antwortete ich. »Die Amerikaner werfen ihre Bomben ab und da haben wir uns aus dem Staub gemacht.«

Die guten Frauen gaben uns Wasser, sodass wir uns abwaschen konnten. Schluchzend und wehklagend erzählten sie uns, dass alle Männer in den Wäldern versteckt seien und dass die Deutschen jeden Tag von Pietralife heraufkämen, um die Ernten dieses fruchtbaren Tales zu requirieren. Sie durchstöberten die Häuser vom Keller bis unter das Dach, und wenn sie nichts finden konnten, vermuteten sie, dass die Lebensmittel woanders versteckt wären. Dann versuchten sie mit roher Gewalt, das Geheimnis um die Verstecke aus Frauen und Kindern herauszuprügeln. Eisern würden sie immer wieder nachbohren und wissen wollen, wo die Männer seien, und später jagten sie ihnen dann hinterher. Drei hätten sie in den Häusern versteckt gefunden und auf der Stelle erschossen. Die Frauen flehten uns an, so schnell als möglich wieder zu gehen, doch boten sie uns, gastfreundlich wie sie waren, noch Milch an, die sie rasch erwärmten.

Wir tranken gerade den ersten Schluck, als ein krummer, dünner alter Mann wie ein Schatten unter dem Fenster vorbeihuschte und die Tür einen Spalt öffnete. »Die Deutschen«, flüsterte er.

Ich sah, wie die Gesichter der drei Frauen verfielen und vor Schreck ergrauten. All ihre Glieder fingen zu zittern an, mit leeren Augen starrten sie zu uns her.

Durch die Fenster sah man zwei Trupps Deutscher auf das Haus zukommen. An Flucht war nicht mehr zu denken. Torquato stahl sich in den Nebenraum und versteckte sich in einem Schrank. Ich zögerte noch. Sollte ich mich auch verstecken oder lieber offen zeigen? Wenn die Deutschen uns in einem Schlupfwinkel vorfänden, würden sie sofort ihre Schlüsse ziehen. Ich hielt es für besser, mich zu zeigen.

So blieb ich also bei Tisch sitzen und tunkte ruhig mein Brot in die Milch. Stiefelpolternd, türenschlagend und laut durcheinanderbrüllend traten die Deutschen in das Haus. Die Frauen hatten nicht übertrieben. Das waren keine Soldaten, sondern beutegierige, gewaltbereite, entfesselte Banditen.

»*Vino, Vino*« schrien sie, schon als sie hereinkamen. Sie waren zu sechst, einer von ihnen ein Obergefreiter.

»Ich habe keinen Wein mehr«, stammelte die Hausherrin verzweifelt. Speichel tropfte ihr aus dem halboffenen Mund, ihre Augen füllten sich mit Tränen.

»Wein!«, forderten die Soldaten nur noch lauter.

»Aber der Wein ist aus«, wiederholte die arme Frau, und um sie zu überzeugen, öffnete sie den Küchenschrank. Doch ihre Hände zitterten so stark, dass die Türchen unter ihrem Griff wankten, unsicher, ob sie nun auf- oder zugehen sollten.

»Die sagt, dass nichts mehr da ist!«, rief der Obergefreite, ein junger Mann mit erhitzten Wangen und irrem Blick, höhnisch seiner Truppe zu. »Das sagen sie alle, diese Miststücke. Aber wir machen jetzt eine kleine Hausdurchsuchung, nicht wahr?«

Die Frauen blickten sie versteinert an, die Tränen rannen über ihre fahlen Wangen, doch keine schluchzte mehr.

»*Mariti! Mariti! Dove?*«, rief der Obergefreite und trat drohend einen Schritt auf sie zu. In der Hand hielt er eine Reitgerte.

»Die sind fort … fort zur Arbeit … sie arbeiten in Pietralife …«, ließ die älteste der Frauen zaghaft vernehmen.

»*No, no!*«, brüllte der Deutsche. »Ich sage euch, die sind hier.« Er wandte sich an die Soldaten, die an der Tür standen.

»Diese verdammten Drecksschweine sind alle gegen uns. Und sie verstecken sich, weil sie ein schlechtes Gewissen haben.«

»Sie sind aber nicht im Haus, sie sind nicht im Haus«, wiederholten die Frauen vergeblich und händeringend. Die Deutschen lachten. Es war ein unwürdiges Schauspiel.

Ich war bisher stumm in meiner Ecke geblieben und hatte weitergefrühstückt, als ginge mich dies alles nichts an. Der Obergefreite entdeckte mich schließlich und pflanzte sich vor mir auf. Ich sah ihn jedoch nicht an und aß weiter.

»Da schau her, da ist ja noch so eine!«, sagte er auf Deutsch. »Was machst du da, du Missgeburt?«

Ich hob den Kopf und blickte ihn an.

»Was wollen Sie damit andeuten?«, antwortete ich auf Deutsch.

Dass hier jemand ihre Sprache verstand und sprach, erstaunte sie. Durch die Truppe ging ein Ruck und aller Augen konzentrierten sich auf mich.

»Wieso sprechen Sie Deutsch?«, fragte mich der Obergefreite aggressiv.

»Ich habe in Deutschland an der Universität studiert«, sagte ich in der Hoffnung, dass es Eindruck machen würde. Doch um diese Berserker zur Raison zu bringen, wären andere Methoden vonnöten gewesen.

»Dann übersetzen Sie mal für uns«, schnauzte er mich an. »Sagen Sie diesen Weibern, dass sie lügen und dass wir das wissen, und wenn sie uns nicht sagen, wo sie die Männer und die Lebensmittel versteckt haben, dann gnade Ihnen Gott.«

»Wie führt ihr euch denn auf?«, rief ich aus. »Das soll ehrliches Soldatenhandwerk sein? Ihr geht von Haus zu Haus und terrorisiert Frauen, Kinder und alte Leute? Kein Wunder, dass diese armen Frauen solche Angst vor euch haben.«

»Alle Italiener sind Verräter«, sagte der Obergefreite und blickte mich mit flackernden Augen an. »Und dafür behandeln wir sie noch viel zu gut. Natürlich haben sie Angst vor uns, weil sie ihr schlechtes Gewissen plagt. Unser Befehl lautet jedenfalls klipp und klar, alles mitzunehmen.«

»Wenn ihr euch schon kriegsbedingt versorgen müsst«, wandte ich ein, »dann kann man das doch aber auch anders machen. Ist es denn unbedingt nötig, wie Räubergesindel die Häuser zu stürmen? Sie, Sie, zum Beispiel …«, ich suchte nach einer geeigneten Bezeichnung für den Obergefreiten, der mich, mit seiner Peitsche in der Hand, unverschämt anstierte. Doch mir lag nur ein Ausdruck auf der Zunge, welchen man für Kinder verwendet, die sich bei Tisch nicht manierlich benehmen oder in der Nase bohren: »Sie sind ein unartiger Bengel!«

Ich sah zwei, drei Gesichter hinter ihm, die sich ein Grinsen nicht verkneifen konnten. Die Stimmung begann sich zu meinen Gunsten zu drehen. Der Obergefreite war aber noch nicht gezähmt.

»Wo kommen denn Sie jetzt eigentlich her?«, fragte er mich und seine Stimme klang verschlagen und argwöhnisch.

»Ich bin aus Pietraroia«, antwortete ich. »Ich bin von dort weg, weil sie uns bombardierten.«

»Und wohin wollen Sie?«

»Nach Florenz, zu meiner Tante.«

Diese Antwort erheiterte die Landsknechte.

»Nach Florenz! Florenz ist aber weit von hier entfernt! Wie wollen Sie denn dorthin kommen?«

»Zu Fuß«, antwortete ich. »Transportmittel gibt es ja keine, also gehe ich zu Fuß.«

»Ab Rom nordwärts wird es dann auch wieder Züge geben«, sagte einer der Soldaten, schon fast in zivilisiertem Tonfall. »Ich weiß das, denn ich bin unlängst selbst damit gefahren.«

»Los Männer, wir durchsuchen jetzt das Haus!«, sagte der Obergefreite schroff. »Wir haben keine Zeit zu verlieren!«

Torquato hatte inzwischen sicherlich keine Möglichkeit gefunden, durch das Fenster zu entfliehen, denn es standen weitere Deutsche um das Haus herum.

»Seid ihr zu Fuß oder mit dem Lastwagen gekommen?«, fragte ich die Soldaten.

»Unser Lastwagen wartet oben an der Straße auf uns«, antworteten sie.

»Und wohin wollt ihr anschließend fahren? Könntet ihr mich nicht mitnehmen? Ich mag nicht mehr zu Fuß gehen. Vielleicht finde ich in Pietralife dann eine nächste Mitfahrgelegenheit, die mich ein bisschen weiter nach Norden, in Richtung Rom bringt.«

Der Obergefreite blieb stumm. Schließlich verließ ich gemeinsam mit den Soldaten das Haus. Die drei Frauen, die kein Wort unseres Gesprächs verstanden hatten, blickten uns entsetzt von der Türschwelle aus nach. Der Obergefreite marschierte ins Dorf, ich wandte mich mit den Soldaten zum Lastwagen, der auf dem Hügel über dem Talkessel wartete. Ein Schwein und mehrere Säcke mit Kartoffeln lagen schon auf der Ladefläche. Der Wagen fuhr jedoch nicht sofort los, denn man erwartete noch weitere Beute von den auf Razzia ausgeschwärmten Soldaten.

Ich hatte im Grunde wenig Lust, mit diesen Kerlen mitzufahren, also nutzte ich einen Augenblick, als alle mit dem Aufladen der Säcke beschäftigt waren, und verschwand nach unten durch den Wald. Erneut stieg ich den Talkessel hinab und dieses Mal erreichte ich, im Unterschied zu meiner ersten Ankunft, das andere Ufer des kleinen Sees. Eilig schritt ich aus, ängstlich bemüht, die Abzweigung nach Letino nicht zu übersehen.

Plötzlich hielt ein Eselskarren, voll bepackt mit Kartoffeln, auf mich zu und hinter dem Karren tauchte, ganz ohne Begleitung, der Obergefreite auf. Dieses Aufeinandertreffen kam mir jetzt äußerst ungelegen. Doch als ich ihn anblickte, erkannte ich rasch, dass er, vor dem ich mich so maßlos fürchtete, auch etwas Angst vor mir hatte. Und tatsächlich grüßte er mich jetzt recht artig. Abseits des Rudels, ohne den Kitzel der kollektiven Gewalt, war er eher unbeholfen.

»Ich bin nun doch nicht mit Ihren Kameraden gefahren«, sagte ich, »weil sie mich zu lange warten ließen. Und außerdem führt der beste Weg für mich über Letino.«

»Gute Reise«, sagte der Deutsche, salutierte und schlug schneidig und korrekt die Hacken zusammen.

Der Weg war nicht besonders anstrengend, doch lang. Ich wollte aber unbedingt vor Einbruch der Nacht Letino erreichen. Irgendwann traf ich unterwegs auf zwei unrasierte Bauern in ihren für die Ciociaria typischen Sandalen und mit verknittertem Filzhut. Diese beiden waren für mich zweifelsfrei Einheimische.

»Wie weit ist es noch bis Letino?«, fragte ich.

»Was sagt sie?«, fragte der ältere Bauer den jüngeren in perfektem Englisch, denn es waren britische Kriegsgefangene, die versuchten, die Frontlinie zu queren.

Talauswärts traf ich danach immer wieder auf Frontgänger, unter ihnen auch italienische Offiziere und Soldaten. Ich gab allen bestmögliche Informationen und riet ihnen, die Dämmerung abzuwarten, bevor sie den Talkessel mit dem See durchquerten.

So lange ich auch marschierte, ich erreichte Letino einfach nicht. Schließlich kam ich zu einem schönen Gehöft aus roten Ziegeln und mit einer großen Tenne, wie sie wohlhabende Bauern haben. Hier traf ich auf eine junge Frau, die in teure und bunte Festtagstracht gekleidet war. Unter ihrem reich verzierten roten, wollenen Bolero trug sie eine üppig bestickte weiße Bluse. Der schwere, gerade geschnittene und vorne offene Überrock gab den Blick frei auf ein ebenfalls spitzenbesetztes Unterkleid in kräftigem Rot. Ihre Strümpfe waren aus weißem Leinen, ihre ledernen Schuhe hatten hochgebogene Spitzen. Auf dem Kopf trug sie ein buntes, zum Rechteck gefaltetes Tuch über ihrem strohfarbenen Haarkranz. Sie begrüßte mich freundlich und rief den Vater herbei, einen wohlgenährten Großbauern, der standesgemäß Drillich und Lederstiefel trug. Die beiden wollten gerade nach Letino hinabgehen, wo sie ein Haus besaßen. Ihr Gehöft diente bloß als Stall und Speicher, in dem man das Vieh und die Ernte versteckt hielt.

In Begleitung dieses Fräuleins wanderte ich also nach Letino. Sie war fröhlich und redselig, stellte mir tausend Fragen, wie und warum ich mich in dieser Gegend aufhielte. Sie berichtete mir, dass es in Letino keine fest stationierten Deutschen gebe. Sie kämen zwar hin und wieder, um Lebensmittel auszuheben, aber nur selten, weil Letino abseits lag und man von Capriati aus dreißig Kilometer bergwärts fahren musste.

Die junge Frau hieß Assunta und hatte noch keinen Bräutigam vorzuweisen, so gern sie auch unter die Haube kommen wollte. Als ich sie genauer betrachtete, sah ich, dass sie auf die dreißig zuging. Ich fragte mich, wie es möglich war, dass ein gesundes, liebenswürdiges junges Wesen, das offensichtlich auf eine reiche Mitgift zählen konnte (es genügte schon ein Blick auf die schweren goldenen Ohrgehänge, die ihr die Ohrläppchen langzogen), bisher noch keinen geeigneten Ehemann gefunden hatte.

Assuntas Haus stand gleich am Dorfeingang. Über eine gemauerte, breite und saubere Treppe gelangte man in eine geräumige Küche mit einem großen Kamin, in dem ein Holzfeuer brannte. Außer einem Backtrog, dem Tisch und einigen mit Flechtwerk bespannten Stühlen gab es keine weiteren Möbelstücke. Und doch roch es hier nach gemütlichem Wohlstand.

Assuntas Mutter und ihre Schwester saßen neben der Feuerstelle. Auch sie trugen Tracht, wobei die Kleidung der Mutter etwas dunkler und weniger üppig mit Stickereien besetzt war. Ich fragte sie erstaunt, ob sie diese teuren und aufwändig gemachten Gewänder jeden Tag und auch bei der Arbeit anhätten.

»Die tragen wir immer, auf dem Feld wie bei der Hausarbeit«, sagte die Mutter, eine steife, kantige ältere Frau, die mich mit der spröden Höflichkeit einer englischen Herzogin zur Kenntnis nahm. »Vom Weben des Stoffes am Webstuhl bis zu den Stickereien dauert es Monate, bis diese Kleidung angefertigt ist. Doch ist es einmal so weit, dann hält sie zehn Jahre und länger. Und jedes Stück kostet natürlich ein Vermögen«, fügte sie stolz hinzu.

Assuntas jüngere und hübschere Schwester hieß Natalina. Doch auch sie war nicht verlobt. Und da es keine Brüder gab, waren die beiden jungen Frauen reiche Erbinnen und somit gute Partien.

»Da werden aber gewiss viele Verehrer um ihre schönen Töchter herumschwirren«, sagte ich zur gestrengen Dame des Hauses.

»Ja, so ist es auch, an denen mangelt es nicht, doch Vaters Wort wiegt schwer«, antwortete sie. »Vater sagt, dass sie nur wegen der Mitgift kommen und verjagt einen nach dem anderen. Selten kommt jemand von auswärts und die jungen Männer aus dem Dorf kennen wir ja alle.« Sie seufzte, Assunta und Natalina seufzten ebenfalls. Sie saßen um das Feuer, ihre Hände lagen im Schoß, und sie betrachteten wehmütig die wertvollen Stickereien an ihrer Kleidung.

Schließlich betrat der Vater die Küche. Jovial und dennoch Autorität ausstrahlend bewegte er sich mit der Selbstgefälligkeit eines Tyrannen, der es sich im Wissen um seine unumstrittene

Machtposition leisten konnte, zu seinen Untertanen freundlich zu sein. Äußerst zuvorkommend bot er mir seine Gastfreundschaft an: Ich solle mit ihnen zu Abend essen und würde dann bei Assunta und ihrer Schwester schlafen.

Nach der Rückkehr des Hausherrn trafen immer mehr Menschen ein. Großherzig hatte er eine Gruppe evakuierter Zigeuner aus Isernia unter seine Fittiche genommen, durch deren Pferdehandel er selbst auch schon zu einträglichen Geschäften gekommen war. Eine bunte und lärmende Schar erfüllte in Kürze den Raum mit pittoresker, überschäumender Vitalität: junge Frauen mit Säuglingen an der Brust, Kinder allen Alters, alte Wahrsagerinnen mit öligen Haaren unter Flitterzeug, zungenfertige, wild und wie Marktschreier gestikulierende Rosshändler. Sie setzten sich im Kreis um das Feuer herum, auf das sie eine mit Hühnerfleisch gefüllte, riesengroße Pfanne stellten. Die Hühner hatten sie vermutlich nicht gekauft. Alle sprachen gleichzeitig, die einen im Dialekt der Abruzzen, die anderen Italienisch, manche in ihrem unverständlichen Jargon.

Assunta beteiligte sich lebhaft und fröhlich am allgemeinen Geschnatter. Natalina hingegen schwieg beharrlich und hielt ihre Hände im Schoß. Sie war in die Betrachtung der Stickerei an ihrem schönen Kleid versunken und zupfte verträumt daran herum. Doch ab und an hob sie den Kopf und schlug die Augen ganz langsam auf, als ziehe sie ein unwiderstehlicher, geheimnisvoller Lockruf in den Bann. Ich folgte der Richtung ihres verzauberten Blicks und sah, dass er schüchtern auf einen jungen Mann fiel, der ihr gegenübersaß. Er war ein Kerl mit frechem Gesicht, mit geschwungenen roten Lippen und dichtem schwarzen Haar, der ihr immer wieder feurige Blicke zuwarf.

»Arme Natalina«, dachte ich. »All die Strenge deines Vaters wird vergebens gewesen sein. Dieser Räuber wird dich in den Sattel eines seiner grauen Rösser setzen und du wirst ihm wie ein Lämmchen folgen.«

In den Gesprächen ging es vorwiegend um Pferde. Ich bat die Zigeuner, mich mit ihrem Einspänner nach Capriati zu bringen, damit ich nicht mehr so lange laufen musste. Erst wollten sie nicht, denn sie fürchteten sich vor den Deutschen; schließlich stimmten sie zu, mich nachts, vor der Morgendämmerung, einige Kilometer aus dem Dorf hinauszufahren.

Etwas später zogen sich die Zigeuner mit ihrer Hühnerpfanne zurück und ich aß mit den Hausleuten Kartoffeln und Speck. Anschließend ging ich mit den jungen Damen zu Bett. Ihr Zimmer lag hinter dem der Eltern, ohne eigenen Ausgang und mit einem eisernen Gitter vor dem Fenster. Der tyrannische Vater ging eben keinerlei Risiken ein. Die Zimmer waren blitzsauber, darin standen hohe, wahrhaft riesige Betten mit Wolldecken und handgewebten Laken. Assunta und Natalina legten die schweren bestickten Gewänder ab und behielten ihre weiten, strahlend weißen und plissierten Unterröcke an. Assunta plauderte ungezwungen, Natalina schwieg nachdenklich.

Als ich in der Nacht abfahren sollte, stand auch Assunta auf und begleitete mich zur Tür. Natalina schlief offensichtlich weiter. Als ich hinausging, sah ich jedoch, wie sich ein weißlicher Schatten an das Fenstergitter klammerte. Sie blickte dem jungen, hübschen Zigeuner nach, der den Einspänner an das Pferd schirrte.

Bei eisigem Nordwind fuhren wir los. Flink trabte das kleine Pferdchen durch die nächtliche Stille die Kurven der Bergstraße hinab. Zwei Kilometer vor Capriati, es war noch nicht hell geworden, hielten wir an. Ich spürte die Kälte schmerzhaft in meinen Knochen und fühlte mich müde, noch bevor mein Marsch wieder begann.

Ich durchquerte das menschenleere Capriati und nahm die Hauptstraße nach Venafro. Die Sonne ging auf, drang jedoch noch nicht in den Talgrund vor. Niemand und nichts erwachte zu neuem Leben. Die Bauernhäuser schienen unbewohnt, die Felder verlassen. Kein Mensch ging zur Arbeit. Alle hatten sich in die Wälder und auf die Berge geflüchtet. Nur in der Ferne hörte man den Lärm der ersten deutschen Lastwagen.

Sämtliche Wegweiser waren auf Deutsch angeschrieben. Hin und wieder sah ich große, viereckige Löcher in der Straßenmitte, die man später mit Dynamit füllen würde. Stacheldrahtverhaue entlang der Straßenränder wiesen darauf hin, dass die Deutschen dort schon Minen verlegt hatten. Die fünfzehn Kilometer zwischen Capriati und Venafro schienen mir zehnmal so lang zu sein.

Die Brücke über den Volturno war beiderseits von deutschen Wachposten besetzt. Ein Grüppchen Italiener arbeitete unter Aufsicht eines deutschen Gefreiten und grub Löcher für die Minen. Ihre Kleidung war zerlumpt, in ihren eingefallenen und bärtigen Gesichtern standen Leid, Schrecken und Erschöpfung. Sie blickten mich mit weit aufgerissenen Augen an, als erwarteten sie von mir Hilfe. »Ich hab Hunger«, murmelte einer, als ich an ihm vorbeiging. Ich nahm ein Stück Brot, das sie mir in Letino geschenkt hatten, aus meiner Tasche. Doch der Gefreite eilte herbei und sagte scharf: »*Verboten, verboten!*« Die Augen der Unglücklichen, die angesichts des Brotes zu leuchten begonnen hatten, erloschen wieder und sie beugten sich erneut über die Arbeit.

Venafro war durch die Bombardements zerstört, die Bevölkerung befand sich auf der Flucht. Müde setzte ich mich auf ein Mäuerchen. Wenn ich so weitermachte, würde ich mehr als zehn Tage bis nach Rom benötigen. Ich sah keinen einzigen Italiener weit und breit, bloß Lastwagenkolonnen voll deutscher Soldaten. Ich beschloss, mich durch ein Handzeichen bemerkbar zu machen, und hoffte, dass sie anhalten und mich mitnehmen würden. So konnte ich dann auch immer wieder ein Stück weit mitfahren und noch vor Anbruch des Abends traf ich in Rom ein.

***

Vom langen Winter in Rom unter deutscher Besatzung will ich an dieser Stelle nicht sprechen. Ich werde nicht von den Ängsten erzählen, den Gefahren, dem Martyrium so vieler Freunde, auch nicht vom verzweifelt weitergeführten Kampf. Das zähe Warten bis zum Abend des 4. Juni 1944, als die Deutschen, vier Jahre nachdem sie unbesiegt und stolz in Paris einmarschiert waren, Rom fluchtartig verließen, werden andere gewiss besser beschreiben als ich.

An jenem besagten Abend verließ ich unsere Wohnung und ich postierte mich am Ponte Risorgimento, um das Schauspiel des erbärmlichen und ungeordneten Rückzugs der Deutschen genüsslich mitanzusehen. Automobile und Panzer fuhren vorbei, die meisten Männer gingen jedoch staubig und erschöpft zu Fuß, ihr Blick war düster und verängstigt. Nun flohen sie, die Schlächter, nun saß ihnen selbst die Todesangst im Nacken. Eine

Frau aus dem Volk murmelte neben mir etwas in der Art: »Die sind ja auch nur arme Teufel.« Aufgebracht wies ich sie zurecht: »Solange wir Mitleid mit ihnen haben, werden wir selbst niemals Frieden finden.«

Ein ausgezehrter und unbewaffneter Soldat, dem selbst das Barett auf den staubweißen Haaren fehlte, stellte sich an die Straße und deutete den Fahrzeugen, die an ihm vorüberfuhren, dass sie anhalten sollten. Doch keiner blieb stehen. An einem Bein trug er einen Stiefel, das andere war mit schmutzstarrenden und zerrissenen Stofffetzen bandagiert. Ein halb leeres Automobil, besetzt mit zwei Offizieren, näherte sich. Der Soldat winkte heftig, doch die beiden fuhren zügig weiter, fast hätten sie ihn niedergestoßen.

»Schweine! Verdammte Schweine!«, brüllte der Soldat und sprang auf die Seite. Er lehnte nun am Brückengeländer, nicht weit von mir entfernt, und fluchte wütend vor sich hin. »Verdammt noch mal, verdammte Schweine!«

Mochte es auch nur ein Selbstgespräch sein, doch mitanzuhören, wie ein deutscher Soldat seine Offiziere als Schweine titulierte, bereitete mir ein selten genossenes Vergnügen. Daher lächelte ich.

»Hier sind wohl alle glücklich«, sagte der Mann, der mich zwar anblickte, doch weiterhin zu sich selbst sprach, »glücklich, weil die Amerikaner kommen.«

»In der Tat, wir sind ausgesprochen glücklich«, bestätigte ich ihm auf Deutsch.

»Diese Autos bleiben einfach nicht stehen«, immer noch hing er seinen Gedanken nach, obwohl ihn mein Einwurf überrascht hatte. »Und jetzt? Was soll ich jetzt tun? Man wird mich wohl gefangen nehmen.«

»Das wäre auch besser für Sie!«, behauptete ich. »So können Sie wenigstens niemanden mehr umbringen.«

»Im Grunde«, meinte der Soldat gedankenverloren, »ist das vielleicht tatsächlich gar nicht so übel.« Er sprach im schleppenden Tonfall der Sachsen. »In der Heimat wartet niemand mehr auf mich und auch Fronturlaub habe ich nie bekommen.« Dann fügte er noch hinzu: »Verfluchter Krieg.«

»Verflucht, jawohl, aber ihr führt ihn immer noch weiter.«

»Wir führen Krieg«, sagte der Deutsche, »weil wir eine verfluchte Rasse sind. Eine verfluchte Rasse. Warum sonst würden wir weitermachen? Mein Vater, ein alter Sozialist, wurde 1931 von den Nazis ermordet, und ich führe für die Nazis Krieg. Meine Frau und mein Kind sind im Bombenhagel ums Leben gekommen, und ich führe Krieg für die Nazis. Warum? Weil wir eben eine verfluchte Rasse sind.«

»Der Fluch, der über uns liegt, rührt daher«, fuhr er fort, »dass wir alle sofort habt Acht stehen, wenn sich nur ein einziger Offizier mit Mütze, Monokel und Handschuhen vor uns hinstellt. Fünf Minuten zuvor dachten wir vielleicht noch daran, ihn umzubringen. Doch wenn er dann da ist, uns ansieht und *Habt Acht!* sagt, dann schlagen wir die Hacken zusammen. Er sagt zu uns: Tötet und lasst euch töten, also töten wir und lassen uns töten. Warum? Ja, das eben ist unser Fluch, so ist es immer schon gewesen und so wird es immer sein. Wenn ein Offizier kommt, werden wir immer und ewig habt Acht stehen. Solange es Offiziere gibt, werden wir weiter töten und uns töten lassen.«

Humpelnd verließ er die Brücke, die unter den Ketten der Panzerfahrzeuge erzitterte. Schließlich verschwand er im Strom der Flüchtenden.

Glossar

S. 10: *widme ich meiner Mutter*: **Giacinta/Cynthia Galletti di Cadillhac** (* 1876 San Venanzo/Ascoli Piceno, † 1960 San Tommaso) Aufgrund einer Denunziation wegen staatsfeindlicher Aktivitäten wurde die sechundsechzigjährige Cynthia Salvadori am 28. August 1941 verhaftet und in das Gefängnis nach Ascoli gebracht. Im Oktober 1941 überstellte man sie an ihren Verbannungsort Montereale in der Provinz L'Aquila.

S. 11: *in jenen Junitagen*: Einmarsch deutscher Truppen in Paris am 14. Juni 1940.

S. 11: *wie einst die römischen Senatoren*: Der Sage nach verblieben zu Beginn des Keltensturms 387 v. Chr. einige Senatoren und der Pontifex Maximus in der Stadt/auf dem Marktplatz; sie wurden alle getötet; die auf dem Kapitol Verschanzten sollen sich durch das Geschnatter der Gänse gerettet haben.

S. 11: *unsere liebgewonnene Wohnung*: in der Rue de l'Estrapade; Joyce und Emilio Lussu verließen Paris am 14. Juni 1940; drei Tage später erreichten sie Toulouse.

S. 13: *Massenflucht ganzer Völkerschaften*: Vgl. dazu u. a. Léon Werth: 33 Tage. Ein Bericht. Mit einem Vorwort von Antoine de Saint-Exupéry und einem Nachwort von Peter Stamm, Frankfurt a. M. (Fischer) 2016.

S. 14: *Fünfte Kolonne*: historische Legende, die beweisen sollte, dass deutsche Spione in den eroberten Ländern Vorarbeiten für den Kriegsfall geleistet hätten; führte zu unkontrollierten Verdächtigungen und Massenhysterie und traf auch politische Exilanten. Vgl. dazu u. a. Hans-Albert Walter: Deutsche Exilliteratur 1933–1950. Bd. 3: Internierung, Flucht und Lebensbedingungen im Zweiten Weltkrieg, Stuttgart (J. B. Metzlersche Verlagsbuchhandlung) 1988, S. 139ff.

S. 16: **Henri Philippe Pétain** (1856–1951), französischer Marschall, »Held von Verdun«; 1934 Kriegsminister; 1940 bis 1944 autoritärer *Chef de l'État* (Staatschef) des mit dem nationalsozialistischen Deutschen Reich kollaborierenden Vichy-Regimes; 1945 wegen Hoch- und Landesverrats zum Tode verurteilt; zu lebenslanger Haft begnadigt.

S. 16: **Maxime Weygand** (1867–1965), französischer General im Ersten und Zweiten Weltkrieg; Weggefährte Pétains; Verteidigungsminister der Vichy-Regierung; von der SS verhaftet und auf Schloss Itter/Tirol bis Kriegsende interniert; danach Verhaftung wegen Kollaboration, später rehabilitiert.

S. 16: Croix-de-Feu: »Feuerkreuzler«, rechtsextreme Organisation in Frankreich bis 1936.

S. 16: Comité des forges: Interessenverband der französischen Kohle- und Stahlindustrie; dessen Präsident Francois de Wendel war frühes Mitglied der Croix-de-Feu.

S. 17: *Pakt zwischen Russland und Deutschland*: deutsch-sowjetischer Nichtangriffspakt (Hitler-Stalin-Pakt); am 24. August 1939 unterzeichnet; sollte dem

Deutschen Reich für zehn Jahre die sowjetische Neutralität bei einer Auseinandersetzung um Polen und mit den Westmächten garantieren; geheimes Zusatzprotokoll zur Gewährung sowjetischer Einflusszonen in Ostpolen, Finnland, Estland und Lettland.

S. 17: *Niemand (...) hat den Krieg wirklich ernst genommen*: Frankreich befand sich seit September 1939 im Kriegszustand mit Deutschland; doch es wurde nicht gekämpft; man spricht von »Sitzkrieg« und *Drôle de guerre* (»komischer, seltsamer Krieg«).

S. 17: *Boches*: französisch umgangssprachlich-abwertende Bezeichnung für Deutsche.

S. 18: *10. Juni 1940*: Kriegseintritt Italiens an der Seite Deutschlands; Kriegserklärung an Frankreich und Großbritannien.

S. 19: *Belgier*: Nach der Kapitulation Belgiens im Mai 1940 und der Bildung einer belgischen Exilregierung in London unter Hubert Pierlot verblieben belgische Militäreinheiten als *Forces belges libres* an der Seite der Allierten.

S. 20: *Nachricht von der Kapitulation*: Ende des Frankreichfeldzugs der Deutschen Wehrmacht mit dem Waffenstillstand von Compiègne am 22. Juni 1940.

S. 20: **Charles Maurras** (1868–1952), französischer rechtsextremer Schriftsteller und politischer Publizist.

S. 20: *Candide* (*Candide maurrassien*): französische rechtsextreme, nationalistische, antisemitische Wochenzeitschrift; 1924–1944.

S. 21: *Dépêche du Toulouse*: regionale Tageszeitung; gegründet 1870; radikal-sozialistische Ausrichtung; journalistische Beiträge von Jean Jaurès und Georges Clemenceau; während der deutschen Besatzung in der Hand von Kollaborateuren; 1944 verboten; ab 1947 als *Dépêche du Midi* wieder erschienen.

S. 21: *wie es in Italien geschehen war*: In Italien hatten über Jahre hinweg faschistische Schlägertrupps (*squadristi*) sozialistische und kommunistische Parteilokale, Gewerkschaftshäuser, Druckereien straffrei überfallen und zerstört sowie eine Unzahl von politischen Morden begangen.

S. 21: **Joseph Fouché** (1759–1820), französischer Politiker während der Zeit der Großen Revolution; Polizeiminister im Kaiserreich und in der Restauration; Inbegriff eines Mannes, der allen Regimen dienen kann.

S. 21: **Pierre Laval** (1883–1945), französischer Politiker und mehrfacher Ministerpräsident; gemeinsam mit Philippe Pétain für die Kollaboration mit dem nationalsozialistischen Deutschland hauptverantwortlich; stellvertretender Ministerpräsident und später Außenminister des Vichy-Regimes; am 13. Dezember 1940 von Pétain entlassen und verhaftet; ab 1942 Mitglied der Kollaborationsregierung; 1945 von US-Truppen an die neue französische Regierung ausgeliefert und hingerichtet worden.

S. 21: **Silvio Trentin** (* 1885 San Donà di Piave/Venezia, † 1944 Monastier/Treviso), Jurist, sozialistischer Abgeordneter zum italienischen Parlament vor 1922, Antifaschist; im französischen Exil Inhaber der politischen Buchhandlung »Librairie du Languedoc« in Toulouse; Mitgliedschaft bei *Giustizia e Libertà*; nach Mussolinis Sturz Rückkehr nach Italien; Organisator des bewaffneten Widerstands im Veneto.

S. 22: *Dorf am Fuße der Pyrenäen*: in der Grafschaft Foix, Département Ariège.

S. 22: *von einem sozialistischen Genossen empfohlen*: Laut Emilio Lussu war dies der Professor für Geologie an der Universität Toulouse S. Goron; vermutlich Lucien Goron (1886–1954), Professor an der *École normale* von Foix.

S. 26: *Vichy-Behörden/Vichy-Regime*: Regierung des *État français* (»französischen Staates«) nach der mit dem Waffenstillstand vom 22. Juni 1940 anerkannten militärischen Niederlage gegen das Deutsche Reich. Mit dem Verfassungsgesetz vom 10. Juli 1940 löste das Vichy-Regime die Dritte Französische Republik ab; bestand bis 1944 und erhielt den Namen nach seinem Regierungssitz, dem Kurort Vichy in der Auvergne.

S. 27: *Waffenstillstandskommissionen*: politische Verwaltungsgremien; Aufgabe: Gewährleistung und Beaufsichtigung der Frankreich auferlegten Waffenstillstandsbedingungen, insbesondere in militärischer Hinsicht; Sitz der deutschen Waffenstillstandskommission in Wiesbaden, der italienischen in Turin.

S. 27: **Simon Sabiani** (1888–1956), korsischer Geschäftsmann und Politiker; stützte seinen Aufstieg auf Zusammenarbeit mit der korsischen Mafia; nach Anfängen in der sozialistischen und kommunistischen Linken nach dem Ersten Weltkrieg Exponent der Kollaboration und des *Parti populaire français* (PPF); Sekretär der *Légion des volontaires français contre le bolchevisme* (LVF); nach dem Krieg zum Tode verurteilt; Flucht; Exil in Spanien.

S. 27: **Roberto Farinacci** (* 1892 Isernia, † 1945 Vimercate), italienischer Rechtsanwalt, Journalist und faschistischer Politiker; anfänglich tätig in Cremona; von 1925 bis 1926 Generalsekretär des *Partito Nazionale Fascista*, »rechte Hand Mussolinis«; beeinflusste durch seine antisemitische Einstellung die Propaganda der PNF; Mitglied des Faschistischen Großrats; während des Zweiten Weltkriegs beste Beziehungen zur NS-Spitze; Rückkehr nach Italien; von Partisanen festgenommen; zum Tode verurteilt und am 28. April 1945 erschossen.

S. 28: **Frank Bohn** (1878–1975), geb. in Ohio; Studium in Michigan; amerikanischer Journalist und Gewerkschafter; Beauftragter des *American Joint Labor Committee* zur Rettung europäischer Gewerkschaftsführer (https://en.wikipedia.org/wiki/Frank_Bohn_(socialist)) (13. 3. 2020).

S. 30: *ein Schiff in gutem Zustand*: Zur Geschichte der *Bouline* siehe auch Varian Fry: Auslieferung auf Verlangen. Die Rettung deutscher Emigranten in Marseille 1940/41, Frankfurt a. M. (Fischer) 2009, S. 108ff.

S. 30: *Sich an seine Flucht (…) erinnernd*: In einer konzertierten Aktion, die internationales Aufsehen erregte, flüchtete Emilio Lussu 1929 mit Carlo Rosselli und Francesco Fausto Nitti unter Mithilfe von Giacchino Dolci, Italo Oxilia und Paul Vonin von der Gefängnisinsel Lipari per Schiff über Nordafrika nach Marseille. Das Unternehmen war mit Geldern der Familie Rosselli finanziert worden.

S. 32: *G. L. – Giustizia e Libertà* (»Gerechtigkeit und Freiheit«): italienisch liberalsozialistische Widerstandsbewegung; entstanden aus verschiedenen lokalen Zellen in Italien; gegründet 1929 in Paris durch Carlo Rosselli, Emilio Lussu und Alberto Tarchiani als revolutionäre, antifaschistische, republikanische, demokratische und für soziale Gerechtigkeit einstehende Bewegung; Herausgabe einer gleichnamigen Wochenschrift; in der Frühphase Planung und

Durchführung von Bombenattentaten und anderen militanten Aktionen; harte und rasche Vorgehensweise des faschistischen Staates gegen Exponenten durch Unterwanderung der Organisation, Verhaftungen, Gefängnisstrafen und Verbannung von Aktivisten; im französischen Exil Teil der »Antifaschistischen Konzentration« mit der Sozialistischen (PSI) und Republikanischen Partei (PRI); aktive Unterstützung der republikanischen Kräfte im Spanischen Bürgerkrieg; 1936 Ermordung der Brüder Carlo und Nello Rosselli durch Mitglieder der französischen rechtsextremen Cagoul; Emilio Lussu übernimmt Führungsfunktion; ab 1940/41 verstärkte Zusammenarbeit mit kommunistischen Exponenten bis hin zu einer Aktionseinheit; nach dem Sturz Mussolinis und der Rückkehr vieler Mitglieder nach Italien geht die Bewegung im 1942 gegründeten Partito d'Azione (Aktionspartei) auf; aktive Teilnahme am Partisanenkampf durch Parteibrigaden; nach Kriegsende politische Spaltungen und Positionierung der Exponenten vorwiegend entweder in der Sozialistischen oder der Republikanischen Partei. Vgl. https://www.socialismoitaliano1892.it/2019/11/04/emilio-lussu-la-nascita-di-giustizia-e-liberta (25. 2. 2020).

S. 32: **Ezio** und **Claudina Cervia**, dem politischen Anarchismus nahestehende italienische Emigranten aus Carrara in Le Penne-sur-Huvaune.

S. 33: **Romeo Tonarelli** (1900–1966), aus Carrara stammender Maurer, Maler; 1921 Emigration nach Frankreich; Spanienkämpfer in anarchistischer Einheit; Haft in Marseille; Mitglied bei *Giustizia e Libertà*; Flucht über Casablanca nach Mexiko; nach der Befreiung wieder in Frankreich; nach dem Krieg in Carrara; Kampf um Anerkennung als politisch Verfolgter und Pension bis in die 60er Jahre.

S. 35: **Varian Fry** (1907–1967), US-amerikanischer Journalist; organisierte im Auftrag des *Emergency Rescue Committee* (ERC) in Marseille ein Rettungsnetzwerk, das etwa 2.000 Menschen ermöglichte, vor den Nationalsozialisten zu fliehen.

S. 37: **Omero Ferrarini** (* 1905 Carrara, † 1975 Rom), Maler-Dekorateur; 1930 Emigration nach Frankreich (Paris und Marseille); 1936 im Spanischen Bürgerkrieg (Colonna Ascaso und Colonna Italia), Rückkehr nach Frankreich; Heirat mit **Valentina Monti** (1912–2005); Flucht über Casablanca nach Mexiko; Rückkehr nach Europa 1946; Auswanderung nach Venezuela 1948; erneute Rückkehr nach Italien 1956; Eröffnung eines Fotostudios in Mailand; Übersiedelung nach Rom. Valentina Monti arbeitete seit ihrem Exil in Paris in der Versicherungsbranche und beendete ihr Arbeitsleben 1986, als ihre letzte Firma (Ras) von der Bayrischen Allianzversicherung übernommen wurde. Als Dokumentenfälscherin in Marseille betätigte sich jedoch, anders als von Joyce Lussu angegeben, **Albertina Ferrarini Monti**, die Schwester von Valentina Monti; sie heiratete 1947 Omero Ferarrinis Bruder Loris. Vgl. dazu Fabio Galluccio: Non potevi fare altrimenti. Valentina Monti Ferrarini, una vita per la democrazia. Civezzano (Nonluoghi libere edizioni) 2005.

S. 38: *im gastfreundlichen Haus*: in der Rue Deployé.

S. 38: *Carbonari*: Mitglieder des bedeutendsten Geheimbundes (*Carboneria*) zur Zeit der italienischen Einigungsbewegung im 19. Jahrhundert.

S. 38: *Squadrismo*: erste Phase des italienischen Faschismus, als paramilitärische Schlägertrupps systematisch und gewaltsam linke Partei- und Gewerkschaftsinstitutionen und linke Aktivisten angriffen.

S. 40: **Rudolf Hilferding** (1877–1941), Arzt und Politiker; geb. in Wien; Theoretiker des Austromarxismus; ab 1920 deutscher Staatsbürger; Redakteur des *Vorwärts*; 1923 und 1928/29 Reichsfinanzminister; 1933 Exil (CSR, Schweiz, Frankreich); am 9. Februar 1941 von der Vichy-Regierung an die Gestapo ausgeliefert und in der Haft am 12. Februar 1941 nach schweren Misshandlungen verstorben.

S. 40: **Rose Hilferding**, geb. Lanyi/Löwinger (1884–1959), Ärztin und Fachübersetzerin; Medizinstudium in Leipzig; in erster Ehe mit dem Publizisten und Biologen Curt Thesing verheiratet, in zweiter Ehe mit Rudolf Hilferding; 1933 Emigration in die Schweiz; 1938 nach Frankreich; einige Monate nach der Auslieferung Rudolf Hilferdings an die Gestapo 1941 über Kuba Flucht mit Erika Müller-Biermann in die USA; Arbeit als Ärztin in einer Bostoner Klinik. Vgl. https://www.bundesarchiv.de/nachlassdatenbank/viewsingle.php?category=H&person_id=35354&asset_id=40185&sid=2a19f8e15fce3401b8ebc (7. 12. 2020).

S. 40: **Rudolf Breitscheid** (1874–1944), deutscher sozialdemokratischer Politiker; ab 1920 außenpolitischer Sprecher der SPD-Reichstagsfraktion; 1933 Emigration; nach Auslieferung am 9. Februar 1941 durch die Vichy-Behörden an die Gestapo zunächst in Berlin, später KZ Sachsenhausen und Buchenwald, wo er in »Schutzhaft« mit seiner Frau in einer Isolierbaracke lebte; am 24. August 1944 bei einem Luftangriff auf die Hallen des Gustloff-Rüstungswerkes verschüttet und dabei nach offiziellen Angaben ums Leben gekommen oder verletzt von den Wachen ermordet.

S. 40: **Tony Breitscheid**, geb. Drevermann (1878–1968), Publizistin, Kämpferin für das Frauenwahlrecht, Feministin; 1908 Heirat mit Rudolf Breitscheid; von der französischen Polizei Ende 1941 an die Deutschen ausgeliefert; mit ihm Anfang 1942 in das Konzentrationslager Sachsenhausen und von dort im September 1943 in das KZ Buchenwald überstellt und in einer Sonderbaracke für sogenannte prominente Häftlinge (u. a. mit Prinzessin Mafalda von Savojen, Tochter des italienischen Königs Vittorio Emanuele III.) untergebracht; am 24. August 1944 bei einem Luftangriff auf die Hallen des Gustloff-Rüstungswerkes verschüttet, jedoch schwerverletzt gerettet. Sie lebte ab August 1945 bis zu ihrem Tod bei ihrem Sohn Gerhard in Kopenhagen-Charlottenlund in Dänemark und kehrte bewusst nie mehr nach Deutschland zurück.

S. 41: **Alberto Cianca** (1884–1966, Rom), italienischer Journalist; Flucht aus dem faschistischen Italien über Korsika nach Paris; Mitbegründer von *Giustizia e Libertà*; Propagandatätigkeit im Spanischen Bürgerkrieg; nach 1940 Flucht über Casablanca in die USA; Mitbegründer des *Partito d'Azione* und des CLN in Italien ab 1943, Ministerposten in Nachkriegskabinetten; später Senator für den PSI.

S. 41: **Bruno und Renato Pierleoni**, Brüderpaar; Gewerkschafter; Antifaschisten; Exil in Übersee; Mitglieder bei *Giustizia e Libertà*.

S. 41: **Leo Valiani** (* 1909 Fiume/Rijeka, † 1999 Mailand), italienischer Politiker, Journalist, Antifaschist; Internierung auf Ponza; Exil in Frankreich; ab 1943 in Italien; Widerstand gegen die deutsche Besetzung in Norditalien; nach mehreren Parteiwechseln ab den 1980ern Mitglied des *Partito Repubblicano Italiano.*

S. 41: **Aldo Garosci** (* 1907 Meana di Susa, † 2002 Rom), italienischer Journalist und Historiker; Mitbegründer der Gruppe *Giustizia e Libertà* in Turin; Flucht nach Paris; Spanienkämpfer; Flucht in die USA; nach Auflösung des *Partito d'Azione* Mitglied des PSI und späterer Abspaltungen.

S. 43: **Franco Venturi** (* 1914 Rom, † 1994 Turin), italienischer Historiker, Essayist und Journalist; ab 1932 Exil und Studium in Frankreich; Mitglied bei *Giustizia e Libertà*; nach Fluchtversuch und über einem Jahr Kerkerhaft von der spanischen Polizei 1941 an Italien ausgeliefert; Gefängnis- und Lageraufenthalt; nach Sturz Mussolinis aktives Mitglied der Resistenza im Rahmen des *Partito d'Azione* v. a. im Val Pellice; 1947–1950 Kulturattaché an der italienischen Botschaft in Moskau; lehrte ab 1951 Geschichte an den Universitäten Cagliari, Genua und Florenz (Schwerpunkt: Aufklärung, russische Geschichte).

S. 48: *Boccadillo*: (span.) belegtes Brötchen.

S. 49: *Raquete-Corps*: ursprünglich paramilitärische Carlistische Jugendorganisation *Requete*; im Spanischen Bürgerkrieg an der Seite Francos; 1937 mit der *Falange Española Tradicionalista y de las JONS* zwangsvereinigt

S. 53: *Badajoz*: spanische Festungsstadt in der Extremadura; im August 1936 Angriff der Franco-Truppen; nach dem Fall der Stadt tagelange Massaker, Massenerschießungen und Vergewaltigungen an der Zivilbevölkerung.

S. 53: *Guapo*: (span.) hübsch, fesch, gut aussehend.

S. 65: **Umberto Calosso** (* 1895 Belveglio, † 1959 Rom), Journalist, sozialistischer und antifaschistischer Politiker und Universitätsdozent; Freundschaft mit Antonio Gramsci; ab 1931 im Exil in Frankreich London und Malta; verheiratet mit Clelia Lajolo; 1936 Teilnahme an Kämpfen in Spanien; Gestaltung von Radiosendungen für BBC 1943–1944; Rückkehr nach Italien; Herausgeber der Tageszeitung *Sempre Avanti*; mehrfach Ziel neofaschistischer Angriffe; 1953 Rückzug in das Privatleben.

S. 73: *eine faschistische Diktatur*: 1926 Ende der Ersten Republik in Portugal durch Militärputsch; Beginn einer Militärdiktatur als *Estado Novo* – konservativ-autoritärer Ständestaat unter António de Oliveira Salazar zu Beginn der 30er Jahre; Einparteienregime; Stützen: Militär, Großgrundbesitzer, Kolonialadministration, katholische Kirche; Verbot von Gewerkschaften; Streikverbot; Zensuswahlrecht; Pressezensur; Geheimpolizei (PVDE/PIDE); im Zweiten Weltkrieg neutral; endete 1974.

S. 74: **António de Oliveira Salazar** (1889–1970), durch kirchliche Unterstützung Studium der Ökonomie und Finanzwissenschaften in Coimbra; Universitätsprofessur; ab 1928 Finanzminister in Militärregierung; ab 1932 Premierminister; 1933–1968 Ministerpräsident und zeitweilig Präsident Portugals; autoritärer Diktator.

S. 74: *Dom Manuel Cereguieira*/**Dom Manuel Goncalves Cerejeira** (1888–1977), Ausbildung und Theologiestudium in Braga und Coimbra; Universitätsdozent in Coimbra; ab 1929 Erzbischof und Patriarch von Lissabon.

S. 75: *Chef der politischen Polizei*: PVDE/*Policía de Vigilância e Difesa do Estado* (1933–1945); Werkzeug der politischen Justiz und Unterdrückung; verfügte über zahlreiche Sondergerichte sowie Spezialgefängnisse; mithilfe der deutschen Gestapo eingerichtet, die ihre Kenntnisse über Räume zur Folter von Oppositionellen und für die Archivierung von Geheimdienstmaterial einbrachte; abgelöst von PIDE; beim hier erwähnten »eigentlichen Chef« der Geheimpolizei dürfte es sich um den in Deutschland ausgebildeten Paulo Cumano handeln.

S. 76: *Besagter Brief*: Brief an Alberto Tarchiani, in dem sich Emilio Lusso von der Idee einer Italienischen Legion distanzierte und eine antifaschistische Revolte in Sardinien ansprach.

S. 77: **Luigi Sturzo**, auch **Don Sturzo** (* 1871 Caltagirone/Sizilien, † 1959 Rom), italienischer Priester und Politiker; Gegner des faschistischen Regimes Mussolinis; Emigration nach Großbritannien; 1940–1946 in den USA; 1946 Rückkehr nach Italien.

S. 77: **Carlo Sforza** (* 1872 Lucca, † 1952 Rom), italienischer Politiker, Diplomat (China, Serbien); 1920 Minister unter Giolitti; ab 1927 Exil in Frankreich, England, Schweiz; Rückkehr 1943 nach Italien; Vorsitz in der *Consulta Nazionale* (Übergangsparlament); 1946 in die Verfassunggebende Versammlung gewählt; Beitritt zum *Partito Repubblicano Italiano*; 1947–1951 Außenminister; bis 1952 Senator.

S. 77: *vielleicht einmal ein Buch*: 1955 erschien *Diplomazia clandestina (14 giugno 1940–25 luglio 1943)*, Quaderni del Ponte/La Nuova Italia.

S. 82: *Thackeray*: William Makepeace Thackeray (1811–1863), bedeutender britischer Schriftsteller des Viktorianischen Zeitalters; u. a. *Jahrmarkt der Eitelkeiten, Das Buch der Snobs.*

S. 84: *als Studentin in Heidelberg*: Studium der Philosophie von November 1930 bis August 1932.

S. 87: *Singapur* (…) *Tobruk*: Schlacht um Singapur vom 31. Jänner bis zum 15. Februar 1942; größte Niederlage einer von britischen Offizieren geleiteten Streitmacht gegen japanische Truppen; Tobruk wurde von April bis November 1941 von deutsch-italienischen Truppen belagert; eingenommen im Mai 1942 nach der Kapitulation der alliierten Streikräfte; nach der Niederlage der Achsenmächte bei El-Alamein im November 1942 wieder aufgegeben.

S. 89: *meine Großmutter mütterlicherseits*: **Margaret Isabella Galletti di Cadilhac/ Margaret Collier** (* 1846 Plymouth, † 1929 Devon), Schriftstellerin; Tochter von Sir Robert Porret Collier (Lord Monkswell) und Lady Isabel Rose; in liberalem, antiklerikalem und feministischem Umfeld erzogen; nach Romreise 1873 Heirat mit garibaldinischem Offizier Arturo Galletti di Cadilhac; Umzug nach Torre San Patrizio/Ascoli Piceno; Trennung von ihrem Mann und Rückkehr nach Großbritannien; Publikationen: u. a. eine Darstellung ihrer Umgebung in den Marken: *Our Home by the Adriatic* (London 1886, Richard Bentley and Son).

S. 90: *eine majestätische Sunderland*: viermotoriges Langstrecken-Mehrzweckflugboot »Short S. 25 Sunderland«, gebaut ab 1935 bei Short Brothers für die Royal Air Force.

S. 95: Im Original: »*Polonia restituta*«.

S. 105: *seinen Freunden in Amerika*: darunter Cianca, Tarchiani, Garosci, die sich der 1939 gegründeten Mazzini Society angeschlossen hatten.

S. 106: **Italo Balbo** (* 1896 Quartesana/Ferrara, † 1940 Tobruk), italienischer faschistischer Politiker und Luftfahrtpionier; Luftwaffenminister (1929–1933) und Luftmarschall; zentrale Figur beim Aufbau der italienischen Luftwaffe (*Regia Aeronautica*); Generalgouverneur von Italienisch-Libyen (1934–1940); nach offiziellen Angaben durch italienische Flugabwehr versehentlich abgeschossen.

S. 106: **Rodolfo Graziani** (* 1882 Filetino/Frosinone, † 1955 Rom), italienischer faschistischer General und Politiker; seit 1936 »Marschall Italiens«; Feldzüge in Afrika; in Libyen für Massenerschießungen und in Äthiopien für Einsatz von Senfgas verantwortlich; Kollaboration mit dem Dritten Reich als Verteidigungsminister der faschistischen Republik von Salò; Haft in amerikanischem und italienischem Gewahrsam; in den 50er Jahren Beitritt zum neofaschistischen MSI – *Movimento Sociale Italiano.*

S. 106: *in Bengasi*: Joyce Lussu hielt sich vom November 1932 bis Mai 1933 in Libyen auf.

S. 106: **Omar-el-Muktar/Umar al-Muchtar** (1862–1931), libyscher Koranlehrer und Freiheitskämpfer; Anführer des libyschen Widerstands in der Cyrenaika (1923–1932); 1931 Gefangennahme durch italienische Faschisten und im Konzentrationslager Soluch gehängt.

S. 108: *S. O. L.: Service d'ordre légionnaire*; kollaborationistische Miliz; von Joseph Darnand gegründet.

S. 109: *das faschistische italienische Heer besetzte* (...): 1940 sicherte sich Italien die Grenzstadt Menton und 15 Ortschaften und Almen in den Grenzdepartements. Bei der Invasion der Südzone wurden Korsika und die Gebiete östlich der Rhône italienisch besetzt (11. November 1942 bis 8. September 1943).

S. 110: **Maria Guidi Biasini**, **Giuseppe Biasini**: langjährige Freunde und Mitstreiter Emilio Lussus in Annemasse.

S. 114: *Agnolotti*: gefüllte Teigtäschchen.

S. 126: *Rutabaga*: Steckrübe.

S. 126: *Topinambur*: essbare Wuzel eines Korbblütlers.

S. 127: *Mostaccino*: Spitzname (»kleines Gesicht/kleine Schnauze«) für G. L.-Mitglied, in dessen Wohnung in Lyon auch Verhandlungen über eine antifaschistische Aktionseinheit mit Kommunisten und Sozialisten stattfanden; möglicherweise Guido Checchi, Angestellter der Reinigungsfirma L'Activité von Ettore Scarmagnan. Quelle: Philippe Videlier: Décines – Une ville, des vies. Vénissieux (Paroles d'aube) 1996, S. 146.

S. 127: *wie einst schon Machiavelli*: Anspielung auf Brief Nicolo Machiavellis an seinen Freund Francesco Vettori vom 9. April 1513: »Wenn der Abend kommt, gehe ich nach Hause und in mein Arbeitszimmer. An der Schwelle werfe ich den Bauernkittel voll Schmutz und Schlamm ab, lege prächtige Hofgewänder an und begebe mich, angemessen gekleidet, in die Säulenhalle der großen Alten.« – Original abrufbar unter: https://it.wikisource.org/wiki/Lettere_(Machiavelli)/Lettera_XI_a_Francesco_Vettori (8.12.2020).

S. 127: *unser Freund Giordani*: vermutlich Ottorino/Ottò Giordani; Direktor der Berlitz School in Lyon.

S. 127: **Dino Compagni** (ca. 1246/1247–1324), florentinischer Kaufmann, Politiker und Chronist.

S. 129: **Stefano Dellamore**: aus der Romagna stammend, italienischer Spanienkämpfer, laut Emilio Lussu konnte er flüchten.

S. 130: *O. V. R. A./OVRA*: mehrere Erklärungen des Akronyms: *Organizzazione/Opera di Vigilanza e Repressione dell'Antifascismo* – »Organisation/Werk zur Überwachung und Bekämpfung des Antifaschismus« oder *Opera Volontaria per la Repressione dell'Antifascismo*; italienische politische Geheimpolizei mit umfangreichem Spionage- und Spitzelnetzwerk 1927–1943; tätig aber auch noch in der *Repubblica Sociale Italiana* (RSI) von 1943–1945.

S. 131: **Peppino/Giuseppe Sardelli** (* 1880 Brindisi, † 1972 Rom), italienischer sozialistischer Gewerkschafter der Transportarbeiter; Antifaschist; ausgedehnte internationale Reise- und Propagandatätigkeit; Exil in Frankreich; enge Zusammenarbeit mit *Giustizia e Libertà*; Rückkehr nach Italien 1944; in der Nachkriegszeit Gewerkschaftsführer.

S. 131: **Giuseppe Saragat** (* 1898 Turin, † 1988 Rom), italienischer Politiker aus sardischer Familie; von 1926 bis 1943 im Exil in Österreich, Frankreich und der Schweiz; in engem Kontakt zu Pietro Nenni; 1943 Rückkehr nach Italien; im militärischen Widerstand gegen Republik von Salò (RSI); Exponent des wiedergegründeten PSI; an Parteispaltungen im sozialistischen Lager beteiligt; 1947 bis 1949 als stellvertretender Ministerpräsident und Sozialminister im Kabinett De Gasperi; 1963–1964 Außenminister; 1964–1971 Präsident der Republik Italien.

S. 132: **Francesco Fausto Nitti** (* 1899 Pisa, † 1974 Rom), italienischer Journalist und Kämpfer gegen den italienischen Faschismus; 1926 inhaftiert in Lipari; Flucht mit Lussu 1929; Exil in Frankreich; Mitbegründer von *Giustizia e Libertà*; Spanienkämpfer; Lagerhaft in Frankreich; nach Flucht Anschluss an französischen *Résistance*; 1946 Rückkehr nach Italien; Leiter der *Associazione Nazionale Partigiani d'Italia* (A. N. P. I.); Kommunalpolitiker in Rom.

S. 132: *Libérer et Fédérer*: revolutionäre, föderalistische italienisch-französische Widerstandsorganisation und gleichnamige Zeitschrift; gegründet von Silvio Trentin.

S. 132: **Pietro Nenni** (* 1891 Faenza, † 1980 Rom), italienischer Journalist und Politiker; 1911 Heirat mit Carmela/Carmen Emiliani; vier Töchter; ab 1921 (nach Bruch mit Mussolini) Eintritt in den PSI; Chefredakteur des *Avanti*; Exil in Frankreich; Spanienkämpfer; 1939 Kauf einer Druckerei; ab 1943 Organisator des PSI; Mitglied des Nationalen Befreiungskomitees, 1945–1947 stellvertretender Ministerpräsident und ab 1946 italienischer Außenminister; 1948–1970 Abgeordneter des italienischen Parlaments; 1950 Präsident des Weltfriedensrats; ab 1970 Senator auf Lebenszeit

S. 132: *Nennis Schwiegersohn (…) und seine Frau*: **Vittoria »Viva« Dabeuf**, geb. **Nenni** (* 1915 Ancona, † 1943 Auschwitz), drittjüngste Tochter Pietro Nennis; 1936 Heirat mit Henry Daubeuf; nach der Besetzung von Paris Geschäftsführerin der Druckerei *Société française d'éditions et d'impressions*; aktiv im französischen Widerstand; Verhaftung 1942; Überstellung nach Auschwitz; Tod nach unbehandelter Krankheit. **Henry Daubeuf** (* 1911, † 1942 bei Paris), Heirat mit Vittoria Nenni; Mitarbeit in der Druckerei der Familie; 1942 verhaftet und im Zuge einer großangelegten Geiselerschießung (11. August 1942 bei Mont-Valérien) von SS-Truppen ermordet. Vgl. http://maitron-fusilles-40-44.univ-paris1.fr/spip.php?article145575 (8.12.2020).

S. 132: *Santé*: Gefängnis im 14. Arrondissement; Haupttor in der Rue de la Santé.

S. 132: **Giuseppe Emanuele (Mené) Modigliani** (* 1872 Livorno, † 1947 Rom), italienischer Jurist, Journalist und sozialistischer Politiker aus bürgerlich-jüdischem Haus; Bruder des Malers Amedeo Modigliani; sozialistischer Parteisekretär der Toskana; Parlamentarier 1913–1924; Heirat mit Vera Funaro; Anwalt im Matteotti-Prozess; Opfer wiederholter faschistischer Gewalt gegen seine Person; ab 1926 Exil in Österreich, Frankreich und der Schweiz; Herausgeber der Zeitschrift *Rinascita socialista*; Vertreter der Sozialistischen Internationale; 1944 Rückkehr nach Italien; Mitglied des Übergangsparlaments *Consulta Nazionale* und der Verfassunggebenden Versammlung *Assemblea Costituente*.

S. 132: **Oddino Morgari** (* 1865 Turin, † 1944 Sanremo), italienischer sozialistischer Politiker und Journalist; 1906–1909 Parteisekretär des PSI; 1908 Chefredakteur der Parteizeitung *Avanti*; 1897–1929 Parlamentarier; umfangreiche Reisetätigkeit; 1926 Exil in Frankreich; beteiligt an Reorganisation sozialistischer Kräfte; Kontakt mit Emilio Lussu; 1940 Krankenhausaufenthalt in Paris; unter Auflagen Rückkehr nach Italien. Vgl. http://www.storiaxxisecolo.it/antifascismo/biografie%20antifascisti146.html (3.10.2019).

S. 132: **Nullo Baldini** (* 1862 Ravenna, † 1945 Ravenna), italienischer sozialistischer Politiker, Gewerkschafter und Genossenschaftler; ab 1921 Parlamentarier; 1924–1941 Exil in Frankreich; auch hier Gründung von Genossenschaften (z. B. in Nérac/Guascogne), die italienische Emigranten beschäftigten; führte Hotel, Bar, Mensa *La Popote* als Zentrum der italienischen Exilanten; nach langer Krankheit 1941 Rückkehr nach Italien; ab 1943 illegaler Wiederaufbau sozialistischer Organisation; nach Befreiung 1945 Kommissar für Kooperativen in Ravenna.

S. 132: **Léon Jouhaux** (1879–1954), französischer Gewerkschafter; Mitbegründer der Internationalen Arbeitsorganisation (IAO); 1943 festgenommen und in das KZ Buchenwald, zwei Monate später nach Itter/Tirol deportiert; Befreiung am 5. Mai 1945; Gründung der sozialdemokratischen Gewerkschaft *Force Ouvrière*; 1951 Friedensnobelpreis für seine herausragende Rolle innerhalb der gewerkschaftlichen Friedensbewegung und im jahrelangen Kampf für die Rechte der Arbeiterschaft.

S. 133: *Signora Vera*: **Vera Funaro Modigliani**, geb. **Nella Funaro** (* 1888 Alessandria/Ägypten, † 1974 Rom), Änderung des Vornamens als Hommage an die russische Revolutionärin Vera Ivanovna Zasulič; ab 1926 im Exil in Österreich, Frankreich und der Schweiz; ab Ende 1934 gemeinsam mit ihrem Ehemann mehrwöchige antifaschistische Propagandareise in die USA; Buchpubliktionen: *L'Italien d'aujourd'hui* (Hatier); *Pour bien savoir l'italien* (Payot), *Les procès célèbres d'Italie* und Erinnerungsband an die Exilzeit *Esilio* (1946

Garzanti), darin detaillierte Darstellung der Fluchthilfe durch Joyce Lussu; 1949 Gründung von *ESSMOI: Ente per la Storia del Socialismo e del Movimento Operaio Italiano*, heute *ESSMOI – Fondazione G. E. e. V. Modigliani* (http://www.fondazionemodigliani.it).

S. 133: *Alpini*: italienische Gebirgsjäger; Untergattung der Infanterie des italienischen Heeres; gegründet 1872.

S. 133: *Carabinieri*: italienische Gendarmerie; 1814 entstanden als Truppengattung des piemontesischen, später italienischen Heeres; Militärpolizei; bis 1946 *Carabinieri Reali*, heute: *Arma dei Carabinieri*; verschiedenen Ministerien zugeteilt.

S. 133: *Mademoiselle Bally*: **Cecile Bailly**, geb. als C. Kahn 1922 in Voves, 1944 Deportation erst nach Ravensbrück, dann nach Mauthausen; Befreiung am 22. April 1945 und repatriiert. Vgl. http://www.monument-mauthausen.org/spip.php?page=print-fiche&id_article=10190&lang=fr (3. 10. 2019) und Vera Modigliani Esilio, S. 431, Anm. 1.

S. 134: *am Rande eines reizenden Städtchens*: Nach vielen Ortswechseln (u. a. Nîmes, Castres, Lisle-sur-Tarn) verbrachten Vera und Giuseppe Emilio Modigliani ihre letzten Tage vor der Flucht in Gaillac/Département Tarn/heute: Region Okzitanien; Abreise am 16. März 1943 (Vera Modigliani Esilio, S. 428).

S. 140: *Chasseurs alpins*: »Alpenjäger«, eine seit 1888 verwendete Bezeichnung für anfangs zwölf Jägerbataillone, heute Gebirgsjäger, der französischen Armee.

S. 150: *Porca madonna! Dio boia!* – herkömmliche italienische Flüche; entsprechen »Verflucht noch mal« oder auch »Himmelherrgottsakrament!«.

S. 162: *Divisione Re*: 13. Infanterie Division »*Re*« (»König«); installiert 1940; seit dem Überfall auf Jugoslawien im April 1941 in Kroatien, Dalmatien und Herzegowina Einsätze im Kampf gegen Partisanen; beteiligt an umfangreichen Kriegsverbrechen.

S. 165: *eure Vespri*: Am 30. März 1282 (Ostermontag zum Zeitpunkt der Vesper) zunächst in Palermo auf Sizilien ausgebrochene und von Massakern an Franzosen begleitete Erhebung der sizilianischen Bevölkerung gegen die französische Herrschaft unter Karl I., die sich schnell über die ganze Insel ausbreitete und zur Vertreibung des Hauses Anjou aus Sizilien führte.

S. 173: *die Nacht zum 25. Juli 1943*: Zusammentreffen des Faschistischen Großrates in Rom am 24. Juni 1943; nach Abstimmung Empfehlung an den König, den Oberbefehl über die Streitkräfte, den Mussolini seit 1940 innehatte, wieder selbst zu übernehmen; Viktor Emanuel III. akzeptierte am nächsten Tag den Vorschlag und entließ Mussolini auch als Ministerpräsidenten; Festnahme und Internierung Mussolinis.

S. 175: *Ita novas?*: sardisch für »Gibt es Neuigkeiten?«.

S. 175: **Pietro Badoglio** (* 1871 Grazzano Monferrato, † 1956 Grazzano Monferrato), italienischer General und Politiker; Militärakademie in Turin; Feldzüge in Ostafrika und Libyen; im Ersten Weltkrieg Vize-Generalstabschef nach Rückzug zum Piave; Mitunterzeichner des Waffenstillstands 1918 mit Österreich-Ungarn; ab 1919 Senator; 1922–1924 italienischer Botschafter in Brasilien; 1925–1940 Generalstabschef der Streitkräfte im faschistischen Regime; 1929–1934 Generalgouverneur in der Kolonie Libyen; ab 1935 Oberbefehlshaber der italienischen Invasionstruppen in Abessinien/Äthiopien;

Befehle zu massivem Giftgaseinsatz; Rücktritt nach italienischem Feldzug gegen Griechenland; nach Mussolinis Sturz am 26. Juli 1943 von König Viktor Emanuel III. zum Ministerpräsidenten ernannt; Weiterführung des Krieges an der Seite Hitlerdeutschlands; Beibehaltung eines autoritären Kurses; Geheimverhandlungen mit den Allierten bis zum Waffenstillstand (3. September 1943) von Cassibile/Sizilien; vor dem Eintreffen deutscher Truppen in Rom Flucht mit dem König über Pescara in das unbesetzte Brindisi; Kriegserklärung Italiens an das Deutsche Reich im Oktober 1943; nach der Befreiung Roms am 8. Juni 1944 zum Rücktritt gezwungen; 1946 aus dem Senat ausgeschlossen, zwei Jahre später wieder rehabilitiert.

S. 178: **Emilio Zannerini** (* 1891 Massa Marittima, † 1969 Grosseto), Maurer, Teilnahme am Ersten Weltkrieg, Gewerkschafter; Vizesekretär des PSI bis 1922; 1926 Exil in Frankreich; Inhaber einer Baufirma in Nizza; aktiv im sozialistischen Widerstand; nach Mussolinis Fall aktiv im militärischen Widerstand in der Toskana; Parlamentarier.

S. 179: **Emilio (Mimmo) Sereni** (* 1907 Rom, † 1977 Rom), Agrarwissenschaftler, Publizist, Parteifunktionär des PCI; Heirat mit Xenia Silberberg; erste Verhaftung 1930 in Portici; amnestiert 1935; Exil in Frankreich; Aufbau von Verbindungen, die zur Gründung des CNL führten; 1943 Verhaftung durch italienische Besatzungstruppen und Überstellung nach Cuneo; dort Haft unter SS-Truppen; Befreiung 1944; in der Nachkriegszeit höchste PCI-Parteiämter, Parlamentarier und wissenschaftliche Tätigkeit.

S. 179: **Marina Sereni/Xenia Silberberg** (* 1906, † 1952 Lausanne) Antifaschistin, Schriftstellerin; in Russland geboren; nach vollstrecktem Todesurteil an ihrem Vater Flucht mit der Mutter nach Rom; 1928 Heirat mit Emilio Sereni; 1935 Flucht nach Frankreich; Gründung der Monatszeitschrift *Noi donne*; drei Töchter: Lea Ottobrina (geb. 1929), Marina (geb. 1936) und Clara (1946–2018); ihre 1955 posthum erschienene Autobiografie: *I giorni della nostra vita* wurde zum Bestseller in der kommunistischen Welt (dt.: Marina Sereni: Tage unseres Lebens, Berlin, Tribüne, 1958); eine davon abweichende Erzählung der Familiengeschichte in Clara Sereni: *Il gioco dei regni*, Firenze (Giunti) 1993.

S. 183: *Wohnadresse verheimlichen*: Als Professor Raimondi mit Gattin wohnten Emilio und Joyce Lussu im Stadtviertel Prati.

S. 183: *Partito d'Azione*: republikanisch, liberal-sozialistische Partei in der Tradition Giuseppe Mazzinis und des Risorgimento; gegründet 1942 in Italien von Mitgliedern der Gruppierung *Giustizia e Libertà*, Sozialisten und Liberaldemokraten; ab 1944 Parteiorgan »*L'Italia libera*«; nach Rückkehr Emilio Lussus Aufgehen von *Giustizia e Libertà* im *Partito d'Azione*; im Partisanenkampf Teilnahme mit eigenen Brigaden; Zusammenarbeit mit dem Nationalen Befreiungskomitee CNL; bedeutende Rolle in ersten Nachkriegsregierungen; zunehmende Differenzen innerhalb der Partei; Abwanderung von Mitgliedern zu anderen Parteien (v. a. PRI und PSI); bei der Wahl zur Verfassunggebenden Versammlung (*Assemblea Costituente*) 2. Juni 1946 eklatante Niederlage (1,5 %); Auflösung der Partei 1947.

S. 183: *8. September 1943*: Veröffentlichung des Waffenstillstands von Cassibile (3. September 1943) zwischen dem Königreich Italien unter der Regierung von Marschall Pietro Badoglio und zwei der Alliierten der Anti-Hitler-Koalition, USA und Großbritannien; Loslösung Italiens aus dem Bündnis mit dem Deutschen Reich; deutsche Truppen entwaffneten in kürzester Zeit das italienische Heer.

S. 186: *Drama von Savona*: nach der Aufforderung durch die italienische Heeresführung, jegliche Feindlichkeit gegen deutsche Truppen zu vermeiden, kam es innerhalb eines Tages zur Übernahme des Kommandos über die gesamte ligurische Küste durch deutsche Militäreinheiten.

S. 195: *Dantes Inferno Ketzer*: Vgl. 6. Höllenkreis, in: Dante Alighieri, Die Göttliche Komödie, Hölle, ab Gesang IX., Übertragung W. G. Hertz, München (Winkler-Verlag) 1966, S. 43ff.

S. 197: *Salva nos, Domine*: Rette uns, o Herr!

S. 204: *Fra Diavolos Schar*: Fra Diavolo/Michele Pezza, Brigant und Kämpfer gegen die Franzosenherrschaft in Süditalien; 1806 in Neapel gehängt.

S. 207: *Cervanico*: Bei dieser Angabe dürfte es sich um Calvanico handeln (A. d. Ü.).

S. 210: *petit lever*: kleines Morgenritual.

S. 219: *mein Bruder*: **Massimo/Max William Salvadori Paleotti** (* 1908 London, † 1992 Northampton/USA), Historiker, Antifaschist; Exil in der Schweiz, Promotion in Genf 1928, weiterer Studienabschluss in Rom; Mitglied bei *Giustizia e Libertà*; 1932 Verhaftung und Internierung auf Ponza; nach der Erklärung seiner Unterwerfung unter das faschistische Regime Hausarrest in Fermo; 1933 Flucht aus Italien über die Schweiz nach Großbritannien; als britischer Staatsbürger Teilnahme am Sizilienfeldzug und an der Landung alliierter Truppen bei Salerno; als Agent des *British Special Operations Executive* für Waffenlieferungen an Partisanen in Norditalien und Verbindungen zum *Partito d'Azione* zuständig; 1945–1972 am Smith College in Northampton/MA tätig; Übernahme von Aufgaben für UNESCO und NATO; umfangreiche Publikationstätigkeit.

S. 220: *die Freunde von Giustizia e Libertà*: Tarchiani, Cianca, Aldo Garosci waren mit der zum Truppentransporter umgebauten »Queen Mary« am 30. Juni 1943 von den USA aus gestartet; Leo Valiani und Bruno Pierleoni kamen aus Mexiko. Vgl. http://www.storiaxxisecolo.it/antifascismo/biografie%20anti fascisti56.html (8. 12. 2010)

S. 220: **Alberto Tarchiani** (* 1885 Rom, † 1964 Rom), italienischer Journalist und Politiker; 1919–1925 Chefredakteur des *Corriere della Sera*, Exil in Frankreich, Mitbegründer von *Giustizia e Libertà*; ab 1940 in den USA, Mentor der *Mazzini Society*, Rückkehr nach Italien 1943, Eintritt in den *Partito d'Azione*, Minister unter Badoglio, italienischer Botschafter in Washington.

S. 220: **Dino Gentili** (* 1901 Mailand, † 1984 Mailand), Enkel des Rabbiners von Mantua; Sozialist, Antifaschist, Handelsunternehmer (»sozialistischer Rothschild«); 1919 Mitglied des PSI; Mitbegründer von *Giustizia e Libertà*; Exil in London, Paris und USA; 1944 Rückkehr über London nach Italien; 1944 Verlagsgründung (*Edizioni U*); Wiederaufbau gewerkschaftlicher Strukturen; enge Beziehungen zu Pietro Nenni; Großfinanzier des PSI; erfolgreiche Geschäftstätigkeit im Handel mit China und Osteuropa.

S. 220: *Torquato Tasso* (* 1544 Sorrent, † 1595 Rom), italienischer Dichter zur Zeit der Gegenreformation; Hauptwerke: *La Gerusalemme liberata*, *Aminta*; bekannt für sein von körperlichen und psychischen Leiden geprägtes Leben.

S. 220: *Ein englischer Major*: **Malcolm Munthe** (1910–1995), Sohn des schwedischen Arztes und Schriftstellers Axel Munthe und dessen Frau Hilda Pennington-Mellor; als britischer Staatsbürger Teilnahme am Zweiten Weltkrieg; Spionage und Sabotageakte in Schweden und Norwegen; in Süditalien Teilnahme an der Landung der Alliierten bei Anzio; Tapferkeitsauszeichnung *Military Cross*; nach dem Zweiten Weltkrieg u. a. karitatives Engagement und Verwaltung des umfangreichen Privatbesitzes in Schweden, Großbritannien und Italien. Vgl. https://en.wikipedia.org/wiki/Malcolm_Munthe (30. 9. 2019).

S. 220: *Stagnation bei Cassino*: von 17. Jänner bis 18. Mai 1944 verlustreiche Kämpfe um Stadt, Berg und Kloster Montecassino, die alliierten Vormarsch nach Mittelitalien verzögerten.

S. 228: *Ciociaria*: Landschaft in Mittelitalien östlich von Rom, nördlich des Saccotals; im Zuge des deutschen Widerstands gegen den alliierten Vormarsch schwer in Mitleidenschaft gezogen; »Sandalenland« – der Name stammt wohl von *Ciòcie*, dem traditionell geschnürten Schuhwerk.

Joyce Lussu
Stationen einer bewegten Biografie

CHRISTA KOFLER

»Meine Geschichte ist ein bisschen kompliziert.«

> In die Fremde verbannt, von Polizeiapparaten unter nazistischer Terrorherrschaft verfolgt und zu einem Leben voller Entbehrungen, Opfer und Mühsal gezwungen, hielt sie die Flamme des Widerstandes über drei Jahre lang hoch und kämpfte mit beispielloser Überzeugung und tapferer Beharrlichkeit für die Befreiung des Vaterlandes.[1]

Das mit 24. Dezember 1955 datierte, am 24. Juni 1957 amtlich veröffentlichte und am 16. Mai 1958 von Ministerpräsident Adone Zoli unterschriebene Dekret des italienischen Staatspräsidenten bescheinigte der zu ehrenden Person überdies die Überwindung todbringender Gefahren, ein tollkühnes Queren von Fronten und Grenzen, die Ausführung von heikelsten und äußerst bedeutsamen Missionen sowie den Nimbus legendenhaften Handelns.

Aus all diesen Gründen sollte Lussu Gioconda Salvadori als kämpfende Partisanin der Widerstandsorganisation *Giustizia e Libertà* mit der silbernen Tapferkeitsmedaille im Range eines Hauptmanns (seit 1945 in Reserve) und einer lebenslänglichen finanziellen Zuwendung von anfänglich 750 Lire ausgezeichnet werden.

Als es weitere zwei Jahre später darum ging, ihr den Orden endlich zukommen zu lassen, wollte man dies *brevi manu* still und heimlich erledigen. Sie aber berief sich auf die Gesetzeslage und bestand auf einer öffentlichen militärischen Zeremonie. So kam es, dass am 21. Mai des Jahres 1961 – sechzehn Jahre nach Kriegsende – vor einer Ehrenformation mit bereitgestellter Musikkapelle und unter Anwesenheit vieler Festgäste in einer Kaserne in Cagliari ein etwas nervöser General der überzeugten Pazifistin die militärische Auszeichnung an ihr knallrotes Kleid heftete.[2]

Dieses rote Kleid darf vorbehaltlos als politisches Statement gesehen werden, denn bei Joyce Lussu handelte es sich um eine undogmatische Sozialistin, um eine kämpfende und kämpferische Antifaschistin, Politikerin, Antiimperialistin, Schriftstellerin und Übersetzerin, die zeitlebens von sich und ihren Mitmenschen aktivstes politisches und gesellschaftliches Engagement einforderte. Wollte man längerfristig mit ihr in Kontakt bleiben, musste man schon eine schlüssige Antwort auf die Frage: »Che cosa fai per migliorare il mondo?« – »Was tust du, um die Welt zu verbessern?« parat halten.[3]

Joyce Lussus Namen wird man vergeblich in italienischen Literaturgeschichten, Geschichts- und Schulbüchern suchen. Einzig ein Gedicht aus der Nachkriegszeit, das die Ermordung von Kindern im Konzentrationslager Buchenwald thematisierte (»Le scarpette rosse«), gelangte zu einiger Bekanntheit.

So zählt sie zu der gar nicht kleinen Schar Unsichtbarer und fast Vergessener, die für ein »anderes«, ein gerechteres und besseres Italien kämpften und lebten. Diese mangelnde Rezeption lässt sich einerseits auf eine allgemeine tendenzielle Unterbewertung weiblicher Positionen in Politik und Gesellschaft zurückführen, im Falle Joyce Lussus dürfte sie auch dem Umstand geschuldet sein, dass sie selbst sich nie längerfristig, weder in politischem noch literarischem Umfeld, institutionell verankern ließ. Bis in ihr hohes Alter hinein blieb sie widerständig, streitbar, fordernd, einem vermeintlichen Mainstream voraus, spontan, neugierig und auf ihre Freiheit und Unabhängigkeit bedacht. Dennoch steht ihre Biografie mehr als exemplarisch für die historischen Bruchlinien ihrer Epoche und die politischen wie gesellschaftlichen Debatten des 20. Jahrhunderts.

Ihr äußerst umfangreiches schriftstellerisches Werk, das vorwiegend in Klein- und Kleinstverlagen erschien, entzog sich konsequent herkömmlichen literarischen Kategorisierungen. Eine der wenigen Anthologien, in die sie Eingang fand, siedelte sie im Bereich »künstlerisch-kreativer Essayistik« an.[4]

Bei allem gesellschaftspolitischen Anspruch verknüpfte Joyce Lussu ihre literarische Arbeit immer wieder mit autobiografischen

Elementen, die sie im Laufe der Jahre mehrmals in unterschiedlichen Varianten neu sortierte. Ihr Schreiben sollte und musste nicht ästhetischen Kriterien genügen, ihr ging es um Kommunikation, um einen Dialog mit der sie umgebenden Welt. Deshalb mag es auch nicht verwunderlich sein, dass – neben *Portrait, cose viste e vissute* aus dem Jahr 1988[5] – der Interviewband *Joyce L. Una vita contro* von und mit Silvia Ballestra als das eigentliche große Vermächtnis der vielseitigen Autorin angesehen werden kann.

Weit über ihren Tod im Jahr 1998 hinaus dominierte Joyce Lussu die Lesart der von ihr preisgegebenen Informationen, und in einer ersten Phase der wissenschaftlichen Beschäftigung mit der Autorin wurden fast ausschließlich deren eigene Texte als Quelle herangezogen. Erst in den letzten Jahren kam es zu einer verstärkten Berücksichtigung archivalischer Materialien, die eine nicht ausschließlich hagiografische Zugangsweise zu ihrem Werk erlaubte und einer kritischeren Kontextualisierung Platz machte.

Trotz alledem gibt es immer noch Lebensabschnitte im Wirken von Joyce Lussu, die ungenügend gewürdigt und nur fragmentarisch erforscht sind. So fehlen bisher Untersuchungen zu ihrem Engagement im Umfeld sozialistischer Parteien und in der Frauenorganisation *Unione Donne Italiane* während der unmittelbaren italienischen Nachkriegszeit. Auch eine Aufarbeitung ihrer Bemühungen schon ab den frühen 60er Jahren des 20. Jahrhunderts, dem antiimperialistischen Kampf afrikanischer, insbesondere portugiesischer Kolonien in Italien eine Stimme zu verleihen, könnte sicherlich noch weitere wertvolle Facetten der vielschichtigen Persönlichkeit Joyce Lussus offenbaren.

»Ich wurde als Kind armer, aber rechtschaffener Eltern in Florenz geboren.«

Gioconda Beatrice Salvadori Paleotti wurde am 8. Mai 1912 als drittes Kind des Ehepaares Guglielmo Salvadori Paleotti und Giacinta Galletti di Cadilhac in Florenz geboren.[6] Beide Elternteile entstammten dem Landadel der Region Marken und hatten mütterlicherseits jeweils aus England stammende Vorfahrinnen.[7] Diese reisefreudigen britischen Groß- und Urgroßmütter brachten im 19. Jahrhundert einen frischen Wind in die italienische Provinz, die zu jener Zeit noch Teil des Kirchenstaates war. So äußerten sie sich ablehnend gegenüber der katholischen Kirche und ließen ihre Kinder nicht taufen. Sie verstanden sich als den Männern gleichberechtigte Wesen; sie lasen Bücher, deren Inhalt nicht religiös war; sie gingen oder ritten ohne Begleitung aus, sie schwammen allein im Meer und pflegten gerne untereinander ihre auf den britischen Inseln üblichen Rituale.[8] Auf dieses englische Erbe ging die später auch offiziell übernommene Namensgebung der meisten Familienmitglieder im Hause Salvadori Paleotti in Florenz zurück. Der Vater firmiert als Willie Salvadori, die Mutter Giacinta als Cynthia, Massimo, der Sohn, als Max, die älteste Tochter hieß Gladys und Gioconda wurde zu Joyce Salvadori Paleotti.

Die männlichen Vorfahren der Familie waren als Großgrundbesitzer in der Gegend um die Stadt Fermo und in Porto San Giorgio fest verankert und hatten teilweise militärische Karrieren in garibaldinischen Feldzügen und politische Ämter als Abgeordnete im römischen Parlament aufzuweisen.[9]

Joyce-Giocondas Familie lebte in Florenz jedoch unter prekären ökonomischen Verhältnissen, da sich sowohl Guglielmo Salvadori Paleotti als auch seine Ehefrau Giacinta von ihrer jeweiligen Herkunftsfamilie ideologisch losgesagt hatten und über keinerlei verlässliche Einkünfte aus Brotberufen verfügten. Sommerliche und ferienbedingte Aufenthalte bei der grundbesitzenden und wohlhabenden Verwandtschaft in den Marken nahm man den Kindern zuliebe aber in Kauf.[10]

Guglielmo Salvadori Paleotti (1879–1953), ein dem Positivismus verpflichteter und in seinen Kreisen äußerst gut vernetzter liberaler Wissenschaftler, hatte als einer der Ersten in Italien Soziologie studiert und in Florenz und Leipzig promoviert. Er übersetzte das Gesamtwerk des englischen Philosophen Herbert Spencer für den italienischen Verlag Bocca und lehrte als freier – demnach auch schlecht bezahlter – Dozent für Rechts- und Moralphilosophie an den Universitäten von Pisa und Rom. Für die britische Wochenzeitschrift *New Statesman* und für die Tageszeitung *Westminster Gazette* verfasste er Artikel, die sich einerseits kritisch mit den Praktiken britischer und französischer Kolonialpolitik auseinandersetzten, andererseits die antidemokratischen Dimensionen des italienischen Faschismus aufzeigen sollten.

Giacinta Galletti di Cadilhac (1876–1960) hatte ihre Bildung standesgemäß durch Hauslehrer erhalten. Ein Jahr lang studierte sie Malerei in Neapel, ein weiteres Jahr verbrachte sie in Indien, wo ihr Bruder Arthur als Funktionär der britischen Kolonialregierung lebte. 1903 heiratete sie Guglielmo Salvadori Paleotti und begleitete ihn zu seinem Studienaufenthalt nach Leipzig. Sie sprach vier Sprachen und fühlte sich ideologisch feministischen, antimilitaristischen, antifaschistischen und laizistischen Positionen verpflichtet. Sie betätigte sich ebenfalls als Korrespondentin englischer Zeitungen und schrieb für den *Manchester Guardian* und den *New Statesman.*[11]

Die Familie verfügte über eine reichhaltige Bibliothek, derer sich der Nachwuchs jederzeit frei bedienen konnte.

Ab 1918 besuchte Joyce-Gioconda Salvadori die Grundschule in Florenz, doch ihr Verbleib im italienischen Schulsystem war nicht von langer Dauer. Im Jahr 1923 beschloss die Familie, ihre Kinder dem in der Zwischenzeit faschistisch geprägten Bildungssystem zu entziehen, zumal dieses durch Schulgebühren, Bücherankauf und die Verpflichtung zur Schuluniform einen nicht unbeträchtlich hohen finanziellen Aufwand erforderte. Joyce Salvadori erhielt in der Folge eine umfassende klassische Bildung auf Basis der Kenntnisse beider Elternteile. Aus Joyce Salvadoris Kindheit stammen auch schon ihre frühesten literarischen Versuche. Ihr erstes Gedicht »*Fantasia*« ist mit 12. Mai 1920 datiert und fand Eingang in das Familienarchiv.[12]

»Nieder mit der faschistischen Partei, nieder mit Mussolini, es lebe die Republik!«

Die Zeit zwischen dem Ende des Ersten Weltkriegs und dem Jahr 1920 ging in die italienische Geschichte als *biennio rosso* ein. In der umfassenden politischen, wirtschaftlichen und sozialen Krisensituation kam es zu landesweiten Industrie- und Landarbeiterstreiks, zu Fabriks- und Landbesetzungen und zum Versuch, der italienischen Gesellschaft nach dem Vorbild der russischen Revolution neue Gestalt zu verleihen.[13]

Am Höhepunkt dieser Auseinandersetzungen gründete Benito Mussolini im März 1919 in Mailand die faschistischen Kampfbündel *Fasci di Combattimento*, die sich, trotz deutlicher sozialistisch-populistischer Programmatik, von Anfang an gegen die Arbeiterbewegung, ihre Exponenten und Unterstützer in Stellung brachten.

Waren die frühen *Fasci* eher ein Phänomen der Großstädte, so entstanden ab 1920 auf dem Land unzählige neue Einheiten, die als Schlägertrupps, *squadristi* genannt, brutal und überfallsartig gegen »rote« Landarbeiterligen, Ortsgruppen von Gewerkschaften, linke Parteien und sozialistisch dominierte Kommunalverwaltungen vorgingen. Der *squadrismo* wurde tatkräftigst von der grundbesitzenden Elite unterstützt und der Mittelstand zeigte sich euphorisiert von der Zurückdrängung sozialistisch-kommunistischer Tendenzen.

Die Verwandtschaft der Familien von Willie und Cynthia Salvadori in den Marken bildete in diesem Zusammenhang durchaus keine Ausnahme. Joyce Salvadoris Großvater finanzierte den ersten faschistischen Schlägertrupp in Porto San Giorgio, sein ehemaliger Stallknecht stieg, ausgestattet mit Schlagstock, Rizinusöl und Revolver, zum Anführer der Truppe auf. Onkel und Cousin wurden jeweils faschistischer Parteisekretär und faschistischer *podestà* (Bürgermeister).[14]

In Florenz waren sich alle Mitglieder der Familie Salvadori der Brisanz und Gefahren bewusst, die von der angespannten und unsicheren politischen Lage ausgingen. Dass man gegen den immer stärker werdenden Faschismus ankämpfen musste, war allen klar. Wie gefährlich dieser Kampf werden konnte, sollten vor allem Willie und Max Salvadori am eigenen Leib erfahren:

Joyce Salvadoris Vater, der auch nach Mussolinis Sieg für britische Zeitungen unbeirrt antifaschistische Artikel verfasst hatte, wurde am 1. April 1924 zu einer Vorsprache im faschistischen Hauptquartier von Florenz gezwungen und dort brutal misshandelt. Zudem überfiel ihn, inzwischen in Begleitung seines Sohnes Max, auf dem Nachhauseweg in die Via Foscolo ein

Schlägertrupp. Das Eingreifen eines zufällig anwesenden Offiziers der Carabinieri konnte das Schlimmste verhindern, doch die Faschisten drohten mit weiteren »Lektionen«.[15]

Der Anblick des bis zur Unkenntlichkeit verletzten Gesichtes des Vaters ließ seine Tochter Joyce zu einer für ihre Zukunft bestimmenden Erkenntnis gelangen:

> »Es ist nichts, es ist nichts«, sagte mein Vater und versuchte mit seinen verquollenen Lippen zu lächeln. In diesem Augenblick verstand ich, wie sehr er uns liebte. Doch noch ein weiterer Gedanke schoss mir wie ein Pfeil durchs Hirn. Wir Frauen waren zu Hause geblieben, in relativer Sicherheit, während die beiden Männer der Familie Kopf und Kragen riskiert hatten und äußeren Gefahren und einer Brutalität auf Leben und Tod ausgesetzt gewesen waren. Ich schwor mir, dass ich niemals meine weiblichen Privilegien ausnützen würde: Wenn es denn in Zukunft notwendig sein sollte, einen Kampf auszufechten, dann würde auch ich mich diesem Kampf stellen.[16]

Die Familie beschloss nach diesen Vorfällen, Italien umgehend zu verlassen und in die Schweiz ins Exil zu flüchten. Willie Salvadori schaffte den Grenzübertritt in Ermangelung eines gültigen Passes mithilfe eines Touring-Club-Ausweises, und die Schweizer Behörden gewährten ihm in den folgenden Jahren politisches Asyl.

Cynthia, Max und Joyce Salvadori verließen ebenfalls das Land, die älteste Tochter Gladys hielt sich schon seit längerer Zeit in der Schweiz auf.

»In meinem Exil am Genfer See verbrachte ich meine Jugendzeit in einem Schloss und ritt auf wunderbaren Pferden.«

Die erste Anlaufstelle der Familie Salvadori befand sich im Kanton Waadt am Genfer See. In der Gemeinde Gland, im Bezirk Nyon gelegen, hatte die Quäkerin Emma Thomas, eine Bekannte von Cynthia Salvadoris englischen Cousinen, 1921 eine *Fellowship School* ins Leben gerufen. Hier nahm man die politischen Flüchtlinge auf und verzichtete auf den Erlag der Studiengebühren. Die Schule sollte nach den Prinzipien überaus experimenteller Pädagogik Gewaltlosigkeit und eine Kultur der Brüderlichkeit unter den Völkern fördern.[17]

Kinder, Erwachsene und Lehrpersonal verschiedenster Nationalitäten lebten gemeinschaftlich in einer Gartenanlage mit Bungalows, und Unterricht gab es, wenn die Schüler und Schülerinnen ihn verlangten. Man kochte gemeinsam vegetarisch, alle waren für Reinigungsdienste und den Garten zuständig, und die Jugendlichen wurden zu Kreativität und Mehrsprachigkeit angeleitet. Internationale Gäste, darunter Romain Rolland, Bertrand Russell, Pandit Nehru und Richard Coudenhove-Kalergi, hielten vielbeachtete Vorträge.

Doch auch in der um Friedenskultur bemühten Schule kam es zu Konflikten, sodass die Familie Salvadori den Ort verließ. Es folgte eine Odyssee durch diverse Schweizer Pastorenhaushalte, die die Exilanten rührig und hilfsbereit aufnahmen. Schließlich konnten sie sich zu günstigen finanziellen Konditionen in der Weinbaugemeinde Begnins, Kanton Waadt, im bisher unbewohnten Château du Martheray längerfristig niederlassen. Hier eröffnete sich für Joyce Salvadori auch die Möglichkeit, ihre Reitkünste, die sie auf dem Hof des Großvaters in den Marken erlernt hatte, an Schweizer Militärpferden zu trainieren.[18]

Der Kontakt nach Italien blieb vor allem für die Kinder der Familie Salvadori immer aufrecht. Sie fuhren wiederholt zu ihren Verwandten väterlicherseits in die Villa Marina bei Porto San Giorgio. Sämtliche Reisen der als »antifaschistische Elemente« registrierten Jugendlichen nach Italien wurden jedoch polizeilich genauestens dokumentiert.[19]

In den Marken umsorgte man die »schwarzen Schafe« der Familie nichtsdestotrotz bestens. Zudem legten Gladys, Max und Joyce Salvadori in Italien auch all ihre schulischen Prüfungen als Externisten bis zum Abitur ab. Damit sollte ihnen die Möglichkeit zu weiterführenden universitären Studien offen bleiben.

Für Joyce Salvadori gab es neben der »Wohlfühloase« in den Marken ab 1929 einen weiteren Grund, sich nach Italien zu wagen. Auf Vermittlung ihres Vaters hatte sie Kontakt mit dem Philosophen Benedetto Croce in Neapel aufgenommen, der ihre ersten schriftstellerischen Versuche (Dramenentwürfe, Erzählungen, Gedichte) in Augenschein nehmen sollte.[20] Ab dem ersten Treffen im Palazzo Filomarino in Neapel entwickelte sich über die Jahre eine tiefe, wenn auch ideologisch nicht ganz konfliktfreie Freundschaft zwischen der jungen Frau und dem einflussreichen Denker, Kritiker, Historiker und Politiker, der sich zehn Jahre später bei Riccardo Ricciardi für die Publikation von Joyce Salvadoris Gedichten verbürgen sollte.[21]

Der Aufenthaltsstatus der Familienmitglieder in der Schweiz blieb stets in der Schwebe. Man bekam zwar befristete Aufenthaltsgenehmigungen, jedoch nie eine Arbeitserlaubnis. Gladys, Max und Joyce Salvadori übernahmen dennoch immer wieder kurzfristige Beschäftigungen. Letztere verdiente Geld mit der Betreuung von Kindern, mit Sprachunterricht und Schreibarbeiten. Nach Ablegung ihrer Reifeprüfung im Juli 1930 am *Liceo-Ginnasio Giacomo Leopardi* in Macerata beabsichtigte sie, der Familientradition folgend, in Deutschland Philosophie zu studieren. Den Sommer jenes Jahres verbrachte sie noch in den Marken, wo mittlerweile ihre Schwester Gladys einen 1929 in San Tommaso geerbten Besitz stellvertretend für ihren Vater verwaltete.[22]

»Diese blonden Teutonen mit ihren wasserblauen Augen und den hölzernen Bewegungen gefielen mir nicht besonders gut.«

Im Oktober 1930 reiste Joyce Salvadori nach Heidelberg. Laut ihrem Studienbuch blieb sie vom 13. November 1930 bis zum 2. August 1932 unter der Matrikelnummer 496 in Philosophie inskribiert.[23] Sie besuchte unter anderem Vorlesungen bei Karl Jaspers und Heinrich Rickert, studierte eifrig und verfasste literarische Versuche in Prosa und Lyrik, einige auch in deutscher Sprache. Ihren Unterhalt verdiente sie mit Unterricht an einem Internat für Höhere Töchter. Sie integrierte sich bestens in das studentische Milieu ihrer Universitätsstadt, ging tanzen und besuchte Bälle. Zudem fand sie Möglichkeiten, ihrer Leidenschaft für Pferde zu frönen, und nahm im Jänner 1932 als Gräfin Salvadori an einem

Reitturnier teil. Sie freundete sich mit »Sozi«- Kommilitonen an und schaffte es sogar, bei einer schlagenden Studentenverbindung einem Mensurfechten beiwohnen zu dürfen.[24]

Einen außerordentlich abstoßenden Eindruck machte indes im Mai 1932 ein Wahlkampfauftritt Adolf Hitlers in Heidelberg auf die junge italienische Studentin. Der Aufmarsch nationalsozialistischer Verbände erwies sich für sie, die mit Faschismus an der Macht schon Erfahrung hatte, als äußerst bedrohlich. Auch die verharmlosenden Beschwichtigungen ihrer Professoren in Bezug auf die drohenden politischen Gefahren und das »paranoide Gebell eines österreichischen Kleinbürgers«[25] verstörten sie zutiefst. Sie beschloss, ihre akademischen Studien vorerst abzubrechen. Sie besuchte ihren Vater in Begnins und fuhr weiter in die Marken, nach San Tommaso, wo inzwischen auch ihre Mutter, die das Schweizer Exil verlassen hatte, lebte.[26]

»Lieber Papà, ich bin unterwegs nach Bengasi!«

Anlässlich eines Aufenthaltes in Rom, um ihren mittlerweile wegen antifaschistischer Aktivitäten inhaftierten Bruder Max im Gefängnis von *Regina Coeli* zu besuchen, organisierte sich Joyce Salvadori kurzentschlossen und für ihre Familie überraschend eine Stelle als Kindermädchen bei einer neapolitanischen Familie in Bengasi. Im November 1932 brach sie nach Libyen (nach zeitgenössischer Diktion »Tripolitanien«) auf. Ihrem Vater versprach sie, nicht länger als drei Monate fernzubleiben und anschließend ihre Studien in Deutschland fortzusetzen.

Ihre ersten Eindrücke, die sie in fast wöchentlichen Briefen an die Eltern übermittelte, waren nahezu enthusiastisch: Sie zeichne, schreibe, lerne die arabische Sprache, und die Arbeit mit den drei Kindern der Rechtsanwaltsfamilie sei wunderbar harmonisch.

Doch ihre Lage verschlechterte sich zusehends, zumal die Gastfamilie ideologisch und intellektuell doch nicht recht ihren Vorstellungen entsprach. Sie fühlte sich polizeilich überwacht, das Klima und ein gewisses Heimweh machten ihr zu schaffen.

Anfang Mai des Jahres 1933 beendete sie diesen ersten Afrikaaufenthalt und schiffte sich von Bengasi aus nach Neapel ein.

»Dieser Mann kam ja, ehrlich gesagt, aus der Dritten Welt, während ich aus Mitteleuropa stammte.«

Emilio Lussu kam aus Armungia, einer entlegenen Gemeinde des Gerrei nordöstlich von Cagliari. Er hatte Rechtswissenschaften studiert und war im Ersten Weltkrieg für seine Einsätze im triestinischen Karst, auf der Hochebene von Asiago und am Isonzo mehrfach ausgezeichnet worden. Nach dem Krieg war er als Abgeordneter der von ihm mitbegründeten Sardischen Aktionspartei (*Partito Sardo d'Azione*) in das römische Parlament gewählt worden, wo er bis zur Sezession der antifaschistischen Kräfte nach der Ermordung Giacomo Matteottis (1925) verblieb.[27]

Am 31. Oktober 1926 gegen 22 Uhr 45 erschoss er in Cagliari in Notwehr einen jungen Mann, der sich über die Fassade von außen Zutritt zu seiner Kanzlei an der zentralen *Piazza dei Martiri* verschaffen wollte.

Wenige Stunden zuvor hatte es in Bologna ein fehlgeschlagenes Attentat auf Benito Mussolini gegeben und in der Folge war der faschistische Mob italienweit zum Angriff gegen Oppositionspolitiker aufgebrochen. Die Inselfaschisten forderten – nicht zum ersten Mal – Emilio Lussus Kopf. Als Hundertschaft marschierten sie auf. Lussu, der sich schon seit längerer Zeit nicht mehr unbewaffnet in der Öffentlichkeit bewegen konnte, befand sich allein in seiner Kanzlei und drückte ab, als der zweiundzwanzigjährige Battista Porrà unter dem Gejohle seiner faschistischen Kameraden den Balkon im ersten Stock erreicht hatte. Der Todesschuss verscheuchte die mordgierige Menge.[28]

Emilio Lussu wurde gefangen genommen und über Monate in Untersuchungshaft gehalten. Trotz massiver politischer Interventionen fällten drei Richter am 22. Oktober 1927 in erster Instanz einen Freispruch für den Angeklagten. Doch ein Sondergericht verbannte ihn umgehend aufgrund »nationaler Interessen um die öffentliche Sicherheit« zu fünf Jahren Internierung auf die Gefängnisinsel Lipari, die größte der Äolischen Inseln vor der Küste Siziliens.

Schon während der Untersuchungshaft erkrankte Lussu an Tuberkulose und erholte sich mangels ärztlicher Betreuung auch in Lipari nicht.[29] Dessen ungeachtet wälzte er unbeirrt und konsequent immer wieder Fluchtpläne. Unter tatkräftiger Hilfe von außen gelang es ihm Ende Juli 1929 schließlich, mit seinen beiden Mithäftlingen Carlo Rosselli und Francesco Fausto Nitti von der Insel per Schiff über Nordafrika nach Frankreich zu fliehen. Das spektakuläre Unternehmen erregte weltweite Aufmerksamkeit. Einflussreiche internationale Presseorgane von *Le Monde*, *Times* bis zur *Chicago Daily Tribune* überboten sich durch Interviews mit den Geflüchteten und ermöglichten es erstmals, die politischen Zustände in Italien aus Sicht der Opposition anzuprangern. Das faschistische Regime war durch das Husarenstück blamiert und Emilio Lussu wurde zur lebenden Legende in Emigrantenkreisen.[30]

In Paris gründete Emilio Lussu anschließend mit Carlo Rosselli und Alberto Tarchiani, der das Fluchtschiff organisiert hatte, die Widerstandsbewegung *Giustizia e Libertà* (Gerechtigkeit und Freiheit), die – unter Ausschluss kommunistischer Positionen – sozialistische, demokratische und republikanische Kräfte einen sollte, um den Sturz des faschistischen Regimes in Italien in die Wege zu leiten.[31]

Im Jahr 1930 veröffentlichte Lussu einen aufrüttelnden Erfahrungsbericht über die repressiven Methoden der Mussolini-Diktatur, über seine Haftzeit und die Flucht aus Lipari.[32] Er hielt in der Folge Vorträge, schrieb Artikel und reiste unermüdlich, um Kontakte zur antifaschistischen italienischen Emigration zu knüpfen und Aktivitäten zu vernetzen.

1932 befand sich Emilio Lussu zwei Wochen lang in Wien, wo er über Vermittlung von Oda Olberg Lerda und Otto Bauer geheime Waffendepots des Republikanischen Schutzbundes in Augenschein nehmen konnte.[33] Der Schutzbund als Miliz der Sozialdemokratischen Partei bot ihm bestes Anschauungsmaterial und war ihm Vorbild für seine eigene Theorie eines bewaffneten proletarischen Aufstandes.[34]

Im Zuge einer seiner Reisen in die Schweiz kam es auch zu einem Treffen mit Willie und Cynthia Salvadori, die den Sarden sehr zu schätzen lernten.[35]

Max Salvadori, Joyce Salvadoris älterer Bruder, hatte schon ab 1929 für *G. L.* in Italien illegale Untergrundaktivitäten aufgenommen.[36] Seine Kontaktgruppe wurde jedoch 1932 verraten und so landete er nach einer Inhaftierung in Rom auf der Gefängnisinsel Ponza. Während eines Besuches auf Ponza im Mai 1933 übernahm Joyce Salvadori die Aufgabe, einen geheimen Fluchtplan der Gruppe ihres Bruders an den als Mr. Mill agierenden Emilio Lussu zu übermitteln. Sie kannte Lussu nur vom Hörensagen, wusste um seinen geheimnisumwobenen Ruf und machte sich auf, nach ihm zu suchen.

Als es schließlich in Genf im Hause von Giuseppe Chiostergi in der Rue Plentamour Nr. 20, einer verlässlichen Anlaufstelle für die italienische Emigration in der Schweiz,[37] zu einem Treffen zwischen dem »schönen blauäugigen, blonden«[38] und »durch politischen Kampf und ökonomische Umstände proletarisierten Mädchen aus gutem Haus« mit dem zweiundzwanzig Jahre älteren sardischen Widerstandskämpfer kam, sollte diese Begegnung beider Leben auf lange Sicht entscheidend prägen. »Es war Liebe auf den ersten Blick, romantisch, wie in einem dieser gewissen Romane aus dem 19. Jahrhundert.«[39] Vorerst ging man jedoch getrennte Wege.

»Jetzt ist mir klar, warum alle, die schon einmal in Afrika waren, sich nicht mehr von seinem Zauber und der Sehnsucht danach lösen können, denn Afrika zieht dich mit Haut und Haaren in seinen Bann.«

Nach ihrem Aufenthalt in Genf kehrte Joyce Salvadori zu ihrer Familie in San Tommaso bei Fermo zurück.

Am 21. Februar 1934 heiratete sie Aldo Belluigi, den Sohn eines Großgrundbesitzers, einen jungen Mann, dessen politische Karriere als Mitglied der faschistischen Partei eben erst begonnen hatte. Mit Max Salvadori, der mittlerweile nach London geflüchtet war, und dessen Frau Joyce Pawne zog das frisch vermählte Ehepaar nach Nyoro in Kenia. Hier versuchte man gemeinsam im englischen Konzessionsgebiet *Equator Farm* eine Landwirtschaft zu betreiben. Das Unternehmen scheiterte, ebenso die Ehe von Joyce und Aldo Belluigi.[40]

So oft und so detailliert Joyce Salvadori in späteren Jahren auch Privates und Intimes zur Veröffentlichung freigab, über ihre Jahre in Kenia und Tanganjika hüllte sie sich in absolutes Schweigen.

Von Kenia aus blieb sie aber stets mit ihrer Familie und auch mit Benedetto Croce in Briefkontakt. Sie schrieb Gedichte, Erzählungen und versuchte sich an Übersetzungen, unter anderem von Texten Mahatma Gandhis. Mehrere ihrer Gedichte aus Afrika fanden 1939 Eingang in die von Benedetto Croce kuratierte Sammlung *Liriche*.

Schließlich zog sie nach Mwanza am Victoriasee, dem damaligen Tanganjika, wo sie für den deutschen Unternehmer Carl Jungbluth als Sekretärin in einer Fabrik für Reisveredelung arbeitete. 1937 kehrte sie kurz nach Europa zurück, hielt sich eine Zeit lang bei ihren Geschwistern in der Schweiz auf und fuhr 1938 wiederum nach Afrika, möglicherweise um ihren Pass verlängern zu lassen. Nach regem diplomatischem Schriftwechsel zwischen Rom, Nairobi und Aden und der Einstufung im Grenzregister als »gefährliches Subjekt« annullierte der faschistische Konsul in Aden ihren italienischen Pass. An Bord des französischen Dampfers »General Metzinger« reiste sie dennoch ungehindert weiter nach Europa zurück und in Marseille schaffte sie es, auch ohne gültige Dokumente von Bord zu gehen. Eine Rückkehr nach Italien blieb ihr aufgrund des fehlenden Passes verwehrt.

Joyce Salvadori begab sich nach Genf, wo sie vorübergehend eine Stelle als Schreibkraft im *Bureau International du Travail* annahm. Als Hilfe in der Not erwies sich wiederum Giuseppe Chiostergi, in dessen Haus sie fünf Jahre zuvor Emilio Lussu kennengelernt hatte.[41]

»Wir feierten unsere Hochzeit mit unserer politischen Familie.«

Im Sommer 1938 nahm Joyce Salvadori erneut Kontakt mit Emilio Lussu auf. In den Jahren seit ihrem ersten Aufeinandertreffen hatte sich Lussu als Folge seiner Lungenerkrankung mehreren schweren Operationen und längeren Kuraufenthalten in Frankreich und der Schweiz unterziehen müssen. Während dieser Rückzugsphasen aus dem politischen Aktivismus war er schriftstellerisch tätig geworden: Er hatte seine Erinnerungen an den Aufstieg des Faschismus in Sardinien und seine Erfahrungen an den Fronten des Ersten Weltkriegs niedergeschrieben.[42] Vorschüsse und Tantiemen für die Bücher, die bald auch in englischer und französischer Übersetzung erschienen, sicherten ihm eine gewisse finanzielle Stabilität.

Von einem seiner Sanatoriumsaufenthalte kommend, stürzte er sich im Mai 1937 wieder in das politische Geschehen und flog von Toulouse aus direkt in den Spanischen Bürgerkrieg zu den Freiwilligen des *Battaglione Garibaldi*, die an der Front von Huesca die Spanische Republik gegen die Franco-Truppen verteidigten.[43] Als Carlo Rosselli, die einflussreichste historische Schlüsselfigur von *Giustizia e Libertà*, gemeinsam mit seinem Bruder Nello am 9. Juni 1937 in Bagnoles-sur-l'Orne (Normandie) von rechtsextremen französischen Handlangern im Auftrag des italienischen Geheimdienstes ermordet wurde,[44] erforderte dies Lussus vorzeitige Rückkehr nach Frankreich. Die kräfteraubende Arbeit in einer politisch höchst angespannten und unübersichtlichen Lage und die Auseinandersetzung mit ideologisch konkurrierenden Gruppierungen innerhalb des italienischen Antifaschismus zwangen Lussu von August 1937 bis April 1938 zu einem weiteren mehrmonatigen Kuraufenthalt in Hoch-Savojen.[45]

Im Zuge seiner Wiederannäherung an Joyce Salvadori beharrte Emilio Lussu noch eine Weile auf der von ihm vertretenen Inkompatibilität von revolutionärem Kampf, Partnerschaft und einer im Raum stehenden Familiengründung. Schlussendlich gelang es der jungen Frau aber doch, den bisher hartnäckigen Einzelgänger davon zu überzeugen, dass sie die geeignete Gefährtin für einen revolutionären Kämpfer sei und dass man ein Leben im politischen Untergrund sehr wohl und möglicherweise sogar besser mit einer ständigen Begleiterin schaffen könne.[46]

Ihre Beziehung festigte sich, und ab Anfang des Jahres 1939 begannen sie in Paris ein gemeinsames Leben zu führen. Ihre »Eheschließung« deklarierten sie einige Monate später in Anwesenheit der ebenfalls exilierten Genossen und Freunde Emanuele und Vera Modigliani sowie Silvio und Beppa Trentin. Man gönnte sich auch eine kleine Hochzeitreise vor die Tore von Paris. Nach

Hotel- und Untermietzimmern bezogen sie eine Wohnung in der Rue de l'Estrapade hinter dem Panthéon.[47]

Joyce Salvadori war seit Ende des Jahres 1938 an der Universität Sorbonne inskribiert und setzte hier ihre philosophischen und literarischen Studien fort. Zudem trug sie durch Sprachunterricht zum Lebensunterhalt des Paares bei.[48]

»Die totale Katastrophe war Wirklichkeit geworden.«

Joyce und Emilio Lussu verblieben bis zum Einmarsch deutscher Truppen in Paris. Am Abend des 14. Juni 1940 verließen sie zu Fuß die Stadt[49] und erreichten nach Aufenthalten in Toulouse und bei Foix in den Pyrenäen die Hafenstadt Marseille.

Frankreich war inzwischen zweigeteilt: Der Norden stand unter deutscher Besatzung, im Süden etablierte sich das autoritäre Regime von General Pétain mit seinem Zentrum im Kurort Vichy.

Unterkunft fand das Paar in Marseille bei Gesinnungsgenossen. Die Schwestern Albertina und Valentina Monti, deren Vater schon in Kontakt mit Willie Salvadori gestanden war, und Omero Ferrarini, ein Maler-Dekorateur und Verlobter Valentina Montis, führten in der Rue Emile Duployé ein strategisch günstig gelegenes Haus, in dem viele italienische Exilanten vorübergehend Unterschlupf finden konnten.[50]

Hier erlernte Joyce Lussu das Handwerk einer Dokumentenfälscherin.

Der bürokratische Wirrwarr, welcher das Vichy-Regime auszeichnete, verlangte von allen Bürgern und Bürgerinnen ab dem sechzehnten Lebensjahr eine Vielfalt an Ausweisen und Dokumenten, die jedoch von unterschiedlichsten, miteinander nur rudimentär kommunizierenden Behörden ausgestellt wurden. Es gab diverseste Vorlagen in Tabakläden zu kaufen, keine allgemeingültigen Regelungen für die Fotoformate und eine Stempelung, die das Anfertigen von Fälschungen erleichterte. Omero Ferrarini erprobte als Erster seine Künste. Er gab sein Wissen an Albertina Monti weiter und bei Albertina erwarb sich schließlich auch Joyce Lussu die Fähigkeiten, passable Dokumente in Eigenregie herzustellen. Emilio Lussu erhielt zudem vom französischen Widerstand eine Liste mit Gemeinden, deren Archive im Zuge des deutschen Vormarsches zerstört worden waren, was Nachforschungen seitens der Behörden bedeutend erschwerte.[51] Die *G. L.*-Fälscherwerkstatt mit ihrem eigenen »Archiv« in einer einfachen Blechdose beteiligte sich nicht am allgemeinen Schacher und Wucher in diesem nicht ungefährlichen Geschäft. Man berechnete für Identitätsausweise, Lebensmittelkarten und Pässe nur die jeweiligen Anschaffungskosten für Papier und Stempelgebühren.

Emilio Lussus Hauptaufgabe bestand darin, illegale Fluchtrouten und Schiffe für gefährdete Exilanten, vorzugsweise Aktivisten aus dem Umfeld von *Giustizia e Libertà*, zu organisieren. Hierbei arbeitete er in engem Kontakt mit der jüdisch-amerikanischen Hilfsorganisation *HICEM*, mit der *Italian Ladies Garment Workers Union*, dem *Italian-American Labour Council* und dem von Varian Fry geleiteten *US Emergency Rescue Committee*.[52] Auch Verbindungen zur Marseiller Unterwelt waren unerlässlich, um von der Gestapo und der italienischen Geheimpolizei verfolgte Menschen außer Landes bringen zu können.

Mithilfe von Schleusern begaben sich Joyce und Emilio Lussu im Juni 1941 selbst auf einer Schmugglerroute nach Portugal, wo es galt für in Casablanca gestrandete Genossen eine Ausreise in die USA auszuhandeln. Das »Ehepaar« Lussu lebte auch in Portugal unter falscher Identität strikt in der Illegalität, doch Joyce Lussu absolvierte an der Universität Lissabon unter ihrem Klarnamen Vorlesungen und öffentliche Prüfungen. Sie erwarb ein Diplom in portugiesischer Literatur und Philologie.[53]

Durch Kontakte mit dem britischen Kriegsministerium reisten Joyce und Emilio Lussu zu Beginn des Jahres 1942 nach England. Hier verhandelte Emilio Lussu mit dem *War Office* über seinen Plan, von Sardinien aus einen antifaschistischen Aufstand gegen das Mussolini-Regime vorzubereiten. Joyce Lussu absolvierte währenddessen in der Nähe Londons und an der schottischen Grenze eine mehrmonatige militärische Ausbildung, die sie auf den Partisanenkampf in der Heimat vorbereiten sollte. Da Emilio Lussus Verhandlungen mit den britischen Behörden scheiterten, wurde das Paar nach Gibraltar ausgeflogen und erreichte per Schiff illegal wiederum Marseille.[54]

Nach der Besetzung von Marseille durch die deutschen Truppen im November 1942 verlagerte man die Untergrundaktivitäten nach Lyon, wo es zu verstärkten Kontakten mit der französischen Resistance kam. Joyce Lussu organisierte in dieser Zeit unter dem Decknamen Maria Teresa Chevalley mit eigenhändig fabrizierten Papieren die illegale Ausreise für ihre »Trauzeugen«, den ehemaligen sozialistischen Abgeordneten Vittorio Emanuele Modigliani, Bruder des Malers Amedeo Modigliani, und seine Frau Vera Modigliani.[55]

Nach der erfolgreichen Flucht des Ehepaares Modigliani in die Schweiz wurde Joyce Lussu erstmals verhaftet, unter Aufsicht italienischer Alpini gestellt[56] und anschließend der französischen Polizei übergeben. Ihre überraschende Entlassung ließ eine von Emilio Lussu bereits geplante Befreiungsaktion hinfällig werden.

Als am 25. Juli 1943 Mussolinis Sturz, als »Rücktritt« verkauft, an die Öffentlichkeit gelangte, waren alle Bestrebungen des Ehepaars Lussu auf eine Abreise nach Italien ausgerichtet. Emilio Lussu machte sich anfangs erfolglos zu Fuß über die Alpen auf den Weg, erst die Intervention eines ehemaligen Kriegskameraden verschaffte ihm nach vierzehn Jahren im Exil eine Sondereinreisegenehmigung für Italien. Joyce Lussu, der man einen regulären Pass ausgestellt hatte, fuhr nach einer kurzfristigen Internierung in Menton per Eisenbahn nach Rom.

In Rom, wo Joyce und Emilio Lussu an der Piazza Randaccio im Stadtteil Prati als Ehepaar Raimondi weiterhin in einer Art Semi-Illegalität lebten, waren sie einerseits erneut mit der Anwesenheit und dem Terror deutscher Truppen konfrontiert, andererseits zeichnete sich nun der anstehende bewaffnete Widerstand ab, der in der Folge über den neu geschaffenen *Partito d'Azione* und das ebenfalls neu gegründete Nationale Befreiungskomitee *C. L. N.*, einer Vereinigung aller antifaschistischen Kräfte, organisiert wurde.[57]

Noch im September des Jahres 1943 übernahm Joyce Lussu unter dem Codenamen Simonetta die Aufgabe, eine Verbindung zu Exponenten der Badoglio-Regierung im befreiten Süden des Landes herzustellen. Soweit es ging per Bahn und anschließend zu Fuß, machte sie sich auf den Weg durch die Frontlinien. Innerhalb weniger Tage stieß sie erfolgreich zu den Alliierten vor, deren Offiziere ihren Anliegen jedoch durchwegs mit Skepsis begegneten.

Auf Capri traf sie mit Benedetto Croce zusammen. Mit Malcolm Munthe, dem Sohn des Schriftstellers und Arztes Axel Munthe, der in Italien als Mitglied der britischen nachrichtendienstlichen Spezialeinheit *Special Operations Executive (SOE)* agierte, vereinbarte sie erste Waffenabwürfe für die sich formierenden Partisaneneinheiten am Bracciano-See.[58] Im Anschluss daran querte sie wiederum die Frontlinie und kehrte nach Rom zurück.

Am 4. Juni 1944 trafen erste alliierte Einheiten in Rom ein. Emilio und Joyce Lussu legten ihre Decknamen ab und heirateten zwei Tage danach standesamtlich. Am 15. Juli 1944 wurde ihr Sohn Giovanni geboren.

»Ich werde keinen Fuß auf dieses Podium setzen, wenn nicht links und rechts an meiner Seite jeweils eine Frau mit dabei ist.«

Die Rastlosigkeit und den Aktivismus der vorangegangenen Jahre legte Joyce Lussu auch nach Kriegsende nicht ab.

Mit Ehemann und Sohn fuhr sie im September 1944 erstmals nach Sardinien. Der Heimat Emilio Lussus fühlte sie sich augenblicklich eng verbunden.[59] Auf der Insel verschaffte sie sich rasch einen Überblick über die ärmlichen Lebensbedingungen der einfachen Bevölkerung und engagierte sich umgehend für die Rechte der sardischen Frauen. Ihre Erfahrungen vertiefte sie anlässlich eines zweiten Aufenthaltes in Sardinien im Frühjahr und Sommer des Jahres 1945, als sie Hilfslieferungen in die wirtschaftlich darniederliegende Region begleitete.

Gleichzeitig begann sie in dieser Zeit ihre Erinnerungen an die Zeit des Widerstands aufzuschreiben.

Zudem kämpfte sie politisch für den *Partito D'Azione* und arbeitete journalistisch an der Frauenzeitschrift *Noi donne* mit.[60]

Ihren Sohn Giovanni in Rom sah sie inzwischen in der Obhut von Antonietta/Nenetta Casu, einer Nichte zweiten Grades von Emilio Lussu, bestens versorgt.[61]

Eine intensive Reisetätigkeit durch den Süden Italiens kennzeichnete die Monate nach Kriegsende. Joyce Lussu trat als Rednerin bei unzähligen Wahlversammlungen, Konferenzen und

Kongressen auf, denn es standen erste Kommunalwahlen und die Wahlen zur Verfassunggebenden Nationalversammlung sowie das Referendum über die weitere Existenz der italienischen Monarchie an. In nicht wenigen Fällen überforderte sie mit Ansprüchen auf eine Demokratisierung der Familie und das Recht der Frauen auf Erwerbsarbeit die meist männliche Parteibasis und auch so manchen Funktionär, der die Einführung des Frauenwahlrechts grundsätzlich für einen historischen Irrtum hielt.[62] In Porto San Giorgio wurde sie in den Gemeinderat gewählt, bei den Juniwahlen des Jahres 1946 blieb dem *Partito d'Azione*, dessen Liste sie in der Stadt Fermo anführte, ein Erfolg jedoch versagt.

Emilio Lussu bekleidete als Mitglied der *Consulta nazionale*, einem quasi-parlamentarischen Beratungsorgan bis zu den ersten freien Wahlen, in den italienischen Nachkriegsregierungen unter Ferruccio Parri und Alcide De Gasperi den Ministerposten für *Assistenza Postbellica*. Seine Aufgabe bestand darin, das kriegsbedingte Elend Italiens zu verwalten. Er war für die Suche nach Vermissten, die Rückführung von Internierten und Kriegsgefangenen, für Flüchtlingslager, Wohnbau und Lebensmittelversorgung zuständig. Im Juni 1946 wurde er in die *Assemblea Costituente*, die Verfassunggebenden Versammlung, gewählt. In der Folge wirkte er bis 1968 in der Abgeordnetenkammer und im italienischen Senat.[63]

Nach Auflösung des *Partito d'Azione* im Jahr 1947 traten Joyce und Emilio Lussu der Sozialistischen Partei (PSI) bei. Joyce Lussu vertrat zwar parteiintern die Ansicht, dass es keine separaten und untergeordneten Frauenorganisationen geben solle, dennoch übernahm sie führende Aufgaben in der *Unione Donne Italiane* und kämpfte besonders in Sardinien für die Frauenrechte, die sie mit den Autonomiebestrebungen der Insel verknüpfte. Anfang der 50er Jahre legte sie ihre Funktionen in den Parteigremien zurück, blieb aber der politischen Bewegung außerhalb des Apparates verbunden.[64]

Auf der Suche nach Eigenständigkeit und Unabhängigkeit von der öffentlich doch sehr dominanten Figur Emilio Lussus[65] verlegte Joyce Lussu ihre Aktivitäten auf internationales Parkett und begann, sich in der Weltfriedensbewegung zu engagieren. Sie unternahm ausgedehnte Reisen zu Friedenskongressen, vorerst mit

Schwerpunkt auf die Hauptstädte des kommunistischen Ostens und ab den frühen 60er Jahren in Regionen, in denen ein revolutionärer, antiimperialistischer Prozess im Gange war.

»Ich kann kein Wort Türkisch.«

Anlässlich des 1958 in Stockholm veranstalteten Kongresses für Abrüstung und internationale Zusammenarbeit lernte Joyce Lussu den in Moskau lebenden türkischen Dichter Nazim Hikmet kennen. Aus der Begegnung mit Hikmet ergab sich für sie ein gänzlich origineller und eigenständiger Zugang zu den Problemen und Aspirationen revolutionärer Bewegungen. Hikmet schlug ihr vor, seine Lyrik ins Italienische zu übersetzen. Trotz ihrer völligen Unkenntnis des Türkischen gelang es ihr durch die auf Französisch geführten Gespräche mit Hikmet, in das ideologische und ästhetische Universum des türkischen Poeten einzudringen und es für eine italienische Leserschaft zu erschließen. Ihre Übersetzungen wurden zu Longsellern auf dem italienischen Buchmarkt und bilden bis heute das Fundament des Erfolges und der Rezeption Hikmets in Italien.

Ihrer erprobten Tradition als Fluchthelferin folgend, organisierte Joyce Lussu zudem 1961 für die in der Türkei unter Hausarrest verbliebene dritte Ehefrau Nazim Hikmets, Münevver Andaç, eine abenteuerliche Flucht über Griechenland nach Warschau. Mithilfe von Münevver Andaç setzte sie dann ihre Übersetzungstätigkeit auch nach dem Tod Nazim Hikmets (1963) fort.[66]

»Ich hatte enormes Mitgefühl mit den Guerilleros.«

Joyce Lussu war der festen Überzeugung, dass die *Resistenza* auch nach dem Ende des Zweiten Weltkriegs weitergehen müsse. Einerseits, so argumentierte sie, seien weder Faschismus noch Militarismus gänzlich vernichtet worden, andererseits hätten unzählige Völkerschaften und Ethnien in Afrika und im Mittleren Osten ihren legitimen antiimperialistischen Freiheits- und Guerillakampf gerade erst aufgenommen und man habe daher die moralische Pflicht, sie solidarisch zu unterstützen.[67]

Ihre Aufenthalte in Afrika vor dem Krieg, ihre Erfahrungen mit den Übersetzungen Nazim Hikmets, ihr gefestigter Zugang zur Verlagswelt und ihre Kenntnisse des Portugiesischen verbanden sich so zu einem Fokus auf afrikanische Lyrik und die revolutionären Befreiungsbewegungen, die sich ab Ende der 50er Jahre in den portugiesischen Kolonien gebildet hatten. In der von Europa aus durchaus schwer zu beurteilenden und unübersichtlichen Gemengelage unterschiedlichster ideologischer Kampftruppen in Angola, Mosambik, Guinea-Bissau, São Tomé und Príncipe und Kap Verde erkannte sie früh die fähigsten Organisationen und fand Kontakt zu deren prominentesten Leitfiguren. Der Zugang zu Männern wie Antonio Agostinho Neto, Amílcar Cabral oder Marcelino dos Santos konnte gelingen, da diese antiimperialistischen Krieger und späteren Politiker auch Literaten waren, die ein für Joyce Lussu inspirierendes poetisches Werk aufwiesen. Gleichzeitig waren sie ihrerseits wohl ebenso daran interessiert, für ihren politischen Kampf in der europäischen Öffentlichkeit um Sympathie und Unterstützung zu werben.

Der Anführer der angolanischen Befreiungsbewegung MPLA, der Arzt und Dichter Agostinho Neto (1922–1979), war der Erste einer Reihe von portugiesisch-sprachigen Autoren, denen Joyce Lussu ihre Aufmerksamkeit und ihr Engagement nun widmete. 1961 befand sich Neto – nicht zum ersten Mal – in Lissabon in Festungshaft. Mit einem Vertrag des Verlagshauses Mondadori für die Übersetzung seines Gesamtwerkes sowie Solidaritätsadressen und Unterstützungserklärungen seitens des Internationalen Schriftstellerverbandes im Gepäck[68] flog Joyce Lussu im Mai desselben Jahres in die portugiesische Hauptstadt und versuchte, Zugang zu Neto zu erhalten, was ihr erst nach dessen vorläufiger Freilassung einen Monat später gelang. Inzwischen hatte sie jedoch Kontakt zu Netos Ehefrau Maria Eugénia da Silva aufgenommen und schon erste Übersetzungen von unveröffentlichten Gedichten Netos angefertigt. Mit ihren vermögenden Freunden Giovanni Pirelli, Leda und Carlo Enrico Giulini plante sie als inzwischen versierte Fluchthelferin zudem eine illegale Ausreise für den angolanischen Kämpfer.[69]

Ihre Übersetzungen von Netos Lyrik erschienen schließlich 1963 unter dem Titel *Con gli occhi asciutti*. Die Buchpräsentation in Mailand fand in Anwesenheit des Autors statt.[70]

In Rabat, der Anlaufstelle vieler afrikanischer Befreiungsorganisationen, lernte Joyce Lussu den Schriftsteller und Politiker Marcelino dos Santos (1929–2020) kennen, einen der Mitbegründer der mosambikanischen Befreiungsfront FRELIMO. Der Kontakt mit Guinea-Bissau war durch ihre Bekanntschaft mit Amílcar Cabral gegeben, dem Dichter, Agrarwissenschaftler und Freiheitskämpfer, der die »Afrikanische Partei für die Unabhängigkeit von Guinea und Kap Verde« (PAIGC) mitbegründet hatte.

Ihre Reisen führten Joyce Lussu zu Besprechungen, Konferenzen und Kongressen nach Leopoldville (heute: Kinshasa), Algier, Dar-Es Salaam (1965),[71] zu einem abenteuerlichen Kurzaufenthalt in Mosambik und zu einem Marsch durch von portugiesischer Kolonialherrschaft befreite Gebiete Guinea-Bissaus.

Joyce Lussus großes Geschick bestand darin, entfernte Welten miteinander zu verknüpfen, Kontakte zu vermitteln und Prozesse zu beschleunigen, die historische Umwälzungen erleichterten. Als am 1. Juli 1970 Papst Paul VI. die Marxisten Neto, dos Santos und Cabral zu einer aufsehenerregenden zehnminütigen Audienz empfing, wurden sie von Joyce Lussus Freundin Marcella Glisendi begleitet. Joyce Lussus essentieller Beitrag zu dieser Entwicklung entging der vatikanischen Diplomatie aber keineswegs.[72]

Es sollte noch einige Jahre dauern, bis die afrikanischen Kolonien nach der portugiesischen Nelkenrevolution und dem Sturz des erzkatholischen faschistischen Regimes ihre Freiheit erlangten. Antonio Agostinho Neto wurde 1975 der Staatspräsident Angolas, Marcelino dos Santos erst Minister, dann Parlamentspräsident in Mosambik. Amílcar Cabral war 1973 ermordet worden und konnte die Unabhängigkeit seines Landes nicht mehr erleben. Jegliche späteren Ehrungen durch die neugegründeten unabhängigen Staaten und deren Protagonisten schlug Joyce Lussu aus, einmal gar mit der Begründung, sie habe Wichtigeres zu tun, denn sie müsse sich nun um die Emanzipation der Frauen in Italien kümmern. 2010 wurde sie postum zum Ehrenmitglied der *Fundação Agostinho Neto* ernannt.

Ihre »moralisch-politisch-poetischen Expeditionen«[73] als Beobachterin antikolonialer Prozesse beschränkten sich jedoch nicht auf den afrikanischen Kontinent. So reiste sie 1965 in den Nordirak, wo sie es schaffte, mit den kurdischen Kämpfern um Mustafa Barzani und den Peshmerga um Jalal Talebani in Kontakt zu treten. Zurück in Italien organisierte sie in der Stadt Fermo in den Marken eine der europaweit ersten politischen Konferenzen, die sich der Kurdenproblematik widmeten.[74]

Sie übersetzte kurdische Autoren wie Şehmus Hasan, alias Cegerxwîn, Abdullah Goran und Hejar, die Poesie der Inuit über den dänischen Dichter Uffe Harder, polnische und albanische Autoren (darunter Ismail Kadare) und aus dem Französischen das Gefängnistagebuch und Verse des vietnamesischen Revolutionärs und Politikers Hồ Chí Minh. Als unverzichtbare Voraussetzung für ihr Interesse an einem Autor galt ihr eine Art geistiger Wahlverwandtschaft, die – mit wenigen Ausnahmen – im direkten persönlichen Gespräch zu den Übertragungen in die italienische Sprache führten.[75]

Nach ihrer Mitarbeit an der Installierung des »Centro Frantz Fanon«[76] in Mailand gründete sie im Jahr 1966 in Rom mit Mario Albano die *Associazione per i movimenti africani di liberazione – Armal*. Ziel von *Armal* waren die Anbahnung und Förderung von Kontakten auf internationaler Ebene, solidarische Unterstützungsmaßnahmen (u. a. Kurse für Radiotechnik und Druckereiwesen, medizinische Versorgung verletzter Kämpfer, Pressearbeit) und nicht zuletzt die Vermittlung afrikanischer Poesie durch Joyce Lussus Übersetzungsarbeiten.[77]

Ihr Engagement ermöglichte in Italien im Umfeld linker bis linkskatholischer Parteien und Gruppierungen eine Horizonterweiterung und Solidarisierung mit den Befreiungsbewegungen, lange bevor der Antiimperialismus im Zuge des Vietnamkriegs die europäische politische Bühne eroberte.

Trotz all ihrer Interessen auf internationaler Ebene verlor Joyce Lussu die heimische italienische Politik nicht aus den Augen. Sie löste sich, wie Emilio Lussu, von der Sozialistischen Partei und wirkte 1964 an der Gründung des *Partito Socialista Italiano di Unità Proletaria* mit. Eine immer stärkere Annäherung des PSIUP an die Kommunistische Partei Italiens führte jedoch zum Ende ihres parteipolitischen Engagements.[78]

Das Jahr 1968 sah Joyce Lussu an der Seite der protestierenden Studentenbewegung bei Demonstrationen in Rom und Trient. Die Rebellion der Jugend deutete sie als eine Chance für die Zukunft. Sie erkannte darin die Radikalität ihrer eigenen Jugendjahre wieder und war bereit, sich in die Gedankengänge der nachfolgenden Generation einzufühlen und deren Probleme, Kritikpunkte und Widerstände anzuerkennen.

»Ich habe mich nie für eine Intellektuelle gehalten.«

Während ihrer Aufenthalte in Afrika und in Kurdistan war es Joyce Lussu nicht entgangen, dass mit den Befreiung- und Guerillabewegungen ein neuer, nicht mehr durch die Kolonialmächte geprägter Blick auf die Geschichte der betroffenen Gebiete verbunden war. Als sie sich seit Beginn der 70er Jahre wieder über längere Zeitspannen in Italien aufhielt, zog sie aus dieser Erkenntnis die Schlussfolgerung, auch selbst nach lokalen Wurzeln und Traditionen zu suchen und diese der Öffentlichkeit zugänglich zu machen. Sie widmete sich fortan verstärkt der Geschichte der Marken, der ihr seit der Kindheit vertrauten Region,[79] sie befasste sich mit der eigenen Familiengeschichte und ließ die Erinnerung an Hexen und Sibyllen, die sich als Hüterinnen jahrtausendealter weiblicher Weisheit jeglicher männlichen Dominanz verwehrt hätten, wieder aufleben.[80]

So wenig sie sich bei ihren Übersetzungen aus den unterschiedlichsten, von ihr nicht beherrschten Sprachen um philologische Genauigkeit kümmerte, so unakademisch ging sie in ihren historischen Studien vor, die sie im Sinne einer »Geschichte von unten« und einer Alltagsgeschichte im Gefolge der französischen *Annales* und der damals neuen britischen Historikergeneration um Vere Gordon Childe und Eric Hobsbawm sah. Nicht alle Projekte gelangen immer nach Wunsch.[81]

Mit der ihr eigenen Verve stürzte sie sich in der Folge auch in die Debatten, die den Feminismus der 70er Jahre charakterisierten. Sie engagierte sich in vielen Frauenkollektiven, stritt und kämpfte gegen allzu unpolitische und separatistische Positionen und ließ diesbezüglich auch in ihrem Schreiben und Veröffentlichen nicht nach.

Reisen führten sie erneut in afrikanische Hauptstädte, nach Damaskus, nach Havanna, in Maos China und, gleichsam als gesellschafts- und wirtschaftspolitische Antithese dazu, nach Hongkong und Singapur.[82]

Im Jahr 1975 starb Emilio Lussu. Joyce Lussu verließ Rom und wählte als neuen Wohnsitz San Tommaso alle Paludi di Fermo in den Marken, wo auch ihre Schwester Gladys wohnte. Fortan führte sie ein Haus, das ihrem sich stetig erweiternden Freundeskreis jederzeit großzügig offenstand.

Emilio Lussus Bibliothek und Dokumente überließ sie einer jungen sardischen Studiengruppe, aus deren Arbeit schließlich das *Istituto Sardo della Storia della Resistenza e dell'Autonomia* hervorging. Die Präsidentschaft dieser Institution übernahm Joyce Lussu selbst.

Nimmermüde publizierte sie weiterhin Essays, nahm an Konferenzen, Symposien und Kongressen teil, ging als »*nonna narrante*« – als »erzählende Großmutter« – in die Schulen ihrer Umgebung, berichtete aus ihrer Vergangenheit und hielt die Kinder und Jugendlichen zu Reflexionen über ihre Umwelt und Zukunftsperspektiven an. Sie propagierte die Auseinandersetzung mit Themen wie Biodiversität, Treibhauseffekt, Ozonloch und warnte vor dem Ausverkauf und der Zerstörung der Wasserressourcen. Sie mahnte an, das Weltklima nicht aus dem Gleichgewicht geraten zu lassen und rief dazu auf, als »*Partisanen im Dienste der Natur*« für einen lebenswerten Planeten zu sorgen. Dies sei der Widerstand, den es in der aktuellen Situation zu leisten gelte.[83]

Bis Anfang der 90er Jahre intensivierte sie ihre Besuche in den Schulen, in Vereinen und Buchhandlungen weiter und fand sogar eine neue politische Gruppierung, der sie ihre Stimme lieh. Sie wandte sich den eben gegründeten *Verdi* zu und kandidierte bei Regionalwahlen zunächst im Trentino (1983) und schließlich auch in den Marken (1985) für die grüne Umweltpartei. Ihr Engagement im Trentino resultierte aus ihrer langjährigen Freundschaft zur Schriftstellerin, Historikerin, Kritikerin und Feministin

Nives Fedrigotti (1922–2017) und deren enger Verbindung zum Südtiroler Grünenpolitiker und Europaabgeordneten Alexander Langer.[84]

Sie fand Verleger wie Andrea Livi, Massimo Canalini oder Giorgio Mangani, die sich ihrer Werke großzügig annahmen, Neues publizierten und inzwischen vergriffene Editionen wieder auflegten.[85] Mit großem Vergnügen begab sie sich auf Lesereisen, die ihr die Möglichkeit eröffneten, mit ihrem Publikum in Kontakt und Diskussion zu bleiben. Ihre letzte Fahrt führte sie nach Triest, wo sie eine Wiederauflage von *Tradurre poesia* vorstellte.

Aus der umfangreichen literarischen Publikationsliste jener Jahre soll an dieser Stelle nur auf Lussus zweiten Gedichtband *Inventario delle cose certe* hingewiesen werden und auf eine höchst vergnügliche Sherlock-Holmes-Adaptierung mit dem Titel *Anarchici e siluri*, in der der berühmte Detektiv am Vorabend des Ersten Weltkrieges einer verborgenen Torpedoproduktionsstätte bei Ancona nachspürt.

Ihre späten Werke verfasste sie in Kooperation mit den Autorinnen Silvia Ballestra, Luana Trapè, Maria Teresa Sega oder Liliana Simone.

Aufgrund ihrer fortschreitenden Erblindung zog Joyce Lussu 1997 zu ihrem Sohn Giovanni nach Rom, wo sie am 4. November 1998 starb. Der Gedenkstein ihres Grabmals befindet sich auf dem *Cimitero acattolico*, auch *Cimitero degli Inglesi* genannt, im Schatten der Cestius-Pyramide.

Zu ihrer vom italienischen Staat verliehenen silbernen Tapferkeitsmedaille merkte sie noch an:

> Für meine Urenkel, die meine Medaille möglicherweise in irgend einer Schublade (ich weiß gar nicht mehr, wo ich sie hingelegt habe) finden sollten, möchte ich jedoch betonen, dass der Kampf gegen den Faschismus für mich keineswegs ein Opfer war, sondern eine Lebensentscheidung, die ich aus fester Überzeugung und mit großer Freude getroffen habe, und dass ich, auch auf die Gefahr hin, mir eine Schultergelenksarthrose zuzuziehen, die Flamme des Widerstandes viel länger als über drei Jahre hochgehalten habe.[86]

Anmerkungen

1 Zit. nach Joyce Lussu, L'uomo che voleva nascere donna. Diario femminista a proposito della guerra. A.c. di Chiara Cretella, Camerano (Gwynplain) 2012, S. 25.

2 Vgl. ebd., S. 26.

3 Zit. nach: Giorgia Gabbolini, Joyce Lusssu: Una donna e la libertà. Tesi di laurea. Università per Stranieri di Perugia. Facoltà di Lingua e Cultura Italiana, 2015, S. 86.

4 Unter dem Stichwort *Saggistica creativa* in Neria De Giovanni, E dicono che siamo poche … Scrittrici italiane dell'ultimo Novecento. A c. di Giacomo F. Rech. Con le fotografie di Giovanni Giovannetti (Presidenza del Consiglio die Ministri. Commissione nazionale per la parità e le pari opportunità tra uomo e donna) Roma 2003, S. 99f.

5 Joyce Lussu, Portrait, cose viste e vissute, Ancona/Bologna (Transeuropa), 1988; in der Folge zitiert nach der Neuauflage: Joyce Lussu, Portrait, Roma (L'asino d'oro) 2012.

6 Antonietta Langiu – Gilda Traini, Joyce Lussu. Biografia e bibliografia ragionate. Quaderni del Consiglio Regionale delle Marche. Nr. 90, Ancona 2008, S. 13. Abrufbar unter: https://www.consiglio.marche.it/informazione_e_comunicazione/pubblicazioni/quaderni/pdf/90.pdf (9. 3. 2020).

7 Darunter die Schriftstellerin Margaret Collier, deren Aufzeichnungen aus den Jahren 1873–1885 *Our home by the Adriatic* Joyce Lussu 1981 erstmals auf Italienisch herausgab. Die genannte englische Verwandtschaft bildet das Personal der historischen Skizzen »Le inglesi in Italia«, in: Joyce Lussu, Opere scelte. Ancona (Il lavoro editoriale) 2008, S. 139–238.

8 Vgl. Lussu, Portrait, S. 23ff.

9 Vgl. dazu das Vorwort von Joyce Lussu zu Margaret Collier, *La nostra casa sull'adriatico. Diario di una scrittrice inglese in Italia (1873–1885).* Ancona (Il lavoro editoriale) 1997. Die Übersetzung des Buches ins Italienische stammt von Gladys Salvadori. Abrufbar unter: http://www.slowfoodcorridonia.it/pdf/La_nostra_casa_sull_Adriatico-estratto.pdf (12. 7. 2020).

10 Vgl. Ballestra, Joyce L., S. 104.

11 Langiu/Traini, Joyce Lussu, S. 13ff. und Elena Pisuttu, La mia patria è il mondo. Storia di una donna libera: vita, pensiero e poetica di Joyce Lussu. Fermo (Andrea Livi Editore) 2018, S. 13f.

12 Vgl. Ballestra, Joyce L., S. 79ff., Langiu/Traini, Joyce Lussu, S. 14f. und Pisuttu, La mia patria, S. 44.

13 Vgl. Brunello Mantelli, Kurze Geschichte des italienischen Faschismus. Berlin (Wagenbach) 1998, S. 23ff.

14 Vgl. Lussu, Portrait, S. 36ff. und Ballestra, Joyce L., S. 90.

15 Vgl. Langiu/Traiani, Joyce Lussu, S. 15 und Lussu, Portrait, S. 40f.; zum Überfall auf Guglielmo Salvadori siehe auch Pisuttu, La mia patria, S. 15–18.

16 »(…) *se rissa aveva da esserci, nella rissa ci sarei stata anch'io*«, Lussu, Portrait, S. 41.

17 Vgl dazu: »Les Rayons (Gland)«. In: Wikipedia, Die freie Enzyklopädie. Bearbeitungsstand: 18. Juni 2018, 21:41 UTC. URL: https://de.wikipedia.org/w/index.php?title=Les_Rayons_(Gland)&oldid=178432371 (30. Juli 2018, 16:51 UTC).

18 Vgl. Lussu, Portrait, S. 42ff.

19 Vgl. dazu Elisa Signori, L'antifascismo come identità e scelta di vita. Joyce Lussu dal fuoruscitismo alla resistenza, in: Luisa Maria Plaisant (a. c. di), Joyce Lussu. Una donna nella storia, Cagliari (CUEC) 2003, S. 22 und Langiu/Traini, Joyce Lussu, S. 16f.

20 Joyce Salvadori hatte schon im Alter von zehn Jahren in Florenz erste Gedichte in einer Kinderzeitung veröffentlicht. In der Schweiz kam es zu weiteren kleineren Publikationen. Vgl. Langiu/Traini, Joyce Lussu, S. 14ff.

21 Vgl. Lussu, Portrait, S. 52ff. Der Band *Liriche* erschien 1939.

22 Vgl. Pisuttu, La mia patria, S. 21.

23 Vgl. ebd., S. 55f.

24 Ihre Darstellung des Mensurfechtens u. a. in: Joyce Lussu, Lotte, ricordi e altro, Roma (Biblioteca del Vascello) 1992, S. 37f. und Lussu, Portrait, S. 59f.

25 »(…) *latrati paranoici di un piccolo borghese austriaco* (…)«, Lussu, Lotte, S. 38.

26 Zu diesen und den folgenden Informationen vgl. Pisuttu, La mia patria, S. 22f.

27 In einer monumentalen Untersuchung widmete sich der Südtiroler Journalist, Schriftsteller, Historiker und Übersetzer Claus Gatterer den autonomistischen Aspekten der Politik Emilio Lussus. Vgl. dazu Claus Gatterer: Im Kampf gegen Rom. Bürger, Minderheiten und Autonomien in Italien. Wien-Frankfurt-Zürich (Europa Verlag) 1968, S. 285ff. sowie 657ff.

28 Vgl. Giuseppe Fiori: Il cavaliere dei Rossimori. Vita di Emilio Lussu. Nuoro (Il Maestrale) 2010, S. 215ff.

29 Vgl. ebd., S. 244.

30 Vgl. ebd., S. 278ff. Dazu auch Claus Gatterer: Besuch bei Emilio Lussu. Sarde und einsamer Kämpfer für die Autonomie Italiens. In: Claus Gatterer: Aufsätze und Reden. Bozen (Edition Raetia) 1991, S. 99–105.

31 Vgl. Fiori, Il cavaliere, S. 280ff.

32 *La catena* (Die Kette) erschien erstmals in Paris 1930. Vgl. auch das ausführliche Nachwort von Mimmo Franzinelli in der Neuauflage: Emilio Lussu, La catena. Milano (Baldini – Castoldi) 1997, S. 91–156.

33 Vgl. Fiori, Il cavaliere, S. 341; Oda Olberg Lerda (* 1872 Bremerhaven, † 1955 Buenos Aires) sozialdemokratische Journalistin; verheiratet mit dem italienischen Sozialisten und Journalisten Giovanni Lerda (1853–1927); Aufenthalte in Wien; ab 1934 im Exil in Argentinien. Vgl. https://de.wikipedia.org/wiki/Oda_Olberg (25. 2. 2020).

34 Im Jahr 1936 erschien *Teoria dell'insurrezione* in der Edizione Giustizia e Libertà; in deutscher Übersetzung durch Anton Zahorsky-Suchodolski

und Gertraud Kanda: Emilio Lussu, Theorie des Aufstands. Wien (Europaverlag) 1967, Neuauflage durch bahoe-books, Wien 2017.

35 Vgl. Fiori, Il cavaliere, S. 348 und Ballestra, Joyce L., S. 180.

36 Auch Joyce Lussu selbst datierte ihr Engagement bei G. L. ab dem Jahr 1929.

37 Vgl. dazu die ausführliche Biografie von Giuseppe Chiostergi, in: https://ccmsenigallia.wordpress.com/1-2/personaggi/giuseppe-chiostergi (25. 2. 2020) und Fabio Montella, »La vera Italia è all'estero. Esuli antifascisti a Ginevra e nell'Alta Savoia«, Diacronie. Studi di Storia Contemporanea, 29/01/2011, http://www.studistorici.com/2011/01/29/montella_numero_5 (3. 8. 2020).

38 Fiori, Il cavaliere, S. 346.

39 »... *L'amore era stato immediato e totale – e quella specie di colpo di fulmine sul tipo di certi romanzi dell'Ottocento* (...)«, Lussu, Portrait, S. 65.

40 Aldo Belluigi kehrte schon 1936 nach Italien zurück, sein Wiedereinstieg in die faschistische Gesellschaft blieb für die folgenden Jahre aber durch seine Einheirat in eine politisch unzuverlässige Familie kompromittiert. Die Ehe wurde später in San Marino geschieden. Vgl. Signori, L'antifascismo, S. 25.

41 Lussu, Portrait, S. 69f.

42 Emilio Lussu, Marcia su Roma e dintorni, Paris (Casa editrice critica) 1933 und Emilio Lussu, Un anno sull'altipiano, Paris (Edizioni italiane di cultura) 1938. Vgl. dazu auch Anm. 27.

43 Vgl. Fiori, Il Cavaliere, S. 381ff.

44 Zum Mord an den Brüder Rosselli vgl. Mimmo Franzinelli, Il delitto Rosselli, Milano (Mondadori) 2007.

45 Vgl. Fiori, Il Cavaliere, S. 397ff.

46 Vgl. Lussu, Portrait, S. 68f.; wie sehr es in der illegalen Arbeit von Vorteil war, als Paar auftreten zu können, erkannte und anerkannte Jahre später auch Emilio Lussu: »Die Erfahrung (...) hatte mich gelehrt, dass eine Frau leichter Grenzen überwindet als ein Mann. (...) Es ist Joyce und ihrer Mithilfe zu verdanken, dass ich in all den Jahren reibungslos eine konstante antifaschistische Untergrundarbeit leisten konnte.« In: Emilio Lussu, Diplomazia clandestina, E-Book (Kindle) Position 191f.

47 Vgl. Langiu/Traini, Joyce Lussu, S. 27.

48 Nach Prüfungen in Aix-en-Provence, einer Außenstelle der Sorbonne, beendete sie ihr Studium im Dezember 1940 mit dem Erwerb der *Licence-ès-lettres*.

49 An dieser Stelle setzt die erste Version des Textes *Fronti e frontiere* ein.

50 Vgl. Fabio Galluccio, Non potevi fare altrimenti. Valentina Monti Ferrarini – Una vita per la democrazia. Civezzano (Nonluoghi libere edizioni) 2005, S. 57.

51 Vgl. dazu ebd.: S. 65ff.

52 Vgl. dazu auch die mehrfache Erwähnung von Emilio Lussu bei: Varian Fry, Auslieferung auf Verlangen. Die Rettung deutscher Emigranten in Marseille 1940/41. Frankfurt a. M. (Fischer) 2009.

53 Vgl. dazu Giacinta Salvadori, Lettere fermane. Le pagine-diario e la cronaca familiare di una donna antifascista nelle Marche fra le due guerre. A. c. di Joyce Lussu, Ancona/Bologna (il lavoro editoriale) 1989, S. 103.

54 Vgl. dazu Mireno Berrettini, Diplomazia clandestina: Emilio Lussu ed Inghilterra nei documenti dello *Special Operations Executive*, https://web.archive.org/web/20140222152759/http://www.sotziu.it/biblioteca/PDF/Emilio%20Lussu%20-%20Diplomazia%20clandestina.pdf

55 Vera Modigliani bescheinigte dem Engagement Joyce Lussus in ihrem Erinnerungsbuch einen »verschämt hintangehaltenen Romantizismus«, ja, eine geradezu »mystische Hingabe an die Sache«. Vgl. dazu Vera Modigliani, Esilio, Cernusco sul Naviglio (Garzanti) 1946, S. 428–446.

56 Im Waffenstillstand von 1940 hatte sich Italien die Grenzstadt Menton und 15 Ortschaften und Almen in den Grenzdepartements gesichert. Von November 1942 bis September 1943 wurde der Südosten Frankreichs (ungefähr vom Westende des Genfer Sees entlang der Rhone bis westlich von Toulon einschließlich Korsika) italienisches Besatzungsgebiet.

57 In Italien waren nahezu sämtliche Exponenten von *Giustizia e Libertà* der 1942 entstandenen Partei beigetreten. Zum *Partito d'Azione* und zum *C. L. N.* vgl. auch Mantelli, Kurze Geschichte, S. 161. Auch Emilio Lussu, Sul partito d'Azione e gli altri. Note critiche. Milano (Mursia) 2009.

58 Langiu/Traini, Joyce Lussu, S. 32.

59 Ihre sardischen Erfahrungen aus den Jahren 1944–1946 finden sich in Joyce Lussu, L'olivastro e l'innesto. L'incontro con un uomo, la sua isola antica e la sua gente. Cagliari (Della Torre) 1982; eine weitere Sammlung von Texten präsentiert der Band: Joyce Lussu, Con Emilio. Per la Sardegna nella storia di tutti. A. c. di Giuseppe Caboni, Cagliari (CUEC) 2013.

60 Langiu/Traini, Joyce Lussu, S. 37.

61 Vgl. Interviews mit Antonietta Casu in *Lares*, Vol. 72, No. 1 (Gennaio-Aprile 2006) https://www.jstor.org/stable/i40193472 (10. 8. 2010); dazu auch Ausführungen in Ballestra, Joyce L., S. 139ff.

62 Vgl. Maria Teresa Sega, Joyce Lussu. Una donna nel Novecento, in: Plaisant, Joyce Lussu, S. 62f.

63 Zur politischen Karriere Emilio Lussus in der Nachkriegszeit siehe auch: Minerva Web. Bimestrale della Biblioteca »Giovanni Spadolini« A cura del Settore orientamento e informazioni bibliografiche n. 23 (Nuova Serie), ottobre 2014: Emilio Lussu, https://www.senato.it/3182?newsletter_item=1695&newsletter_numero=159#6, (7. 8. 2018).

64 Langiu/Traini, Joyce Lussu, S. 38f.

65 »*Ich musste aus dem Schatten der großen Eiche treten.*« In Ballestra, Joyce L., S. 111 und Lussu, Portrait, S. 108ff.

66 Vgl. dazu die Darstellung ihrer Freundschaft zu Nazim Hikmet, in: Joyce Lussu: Tradurre poesia. Roma (Robin Edizioni, BdV) 2013 und Joyce Lussu: Il turco in Italia. Una biografia di Nazim Hikmet. Roma (L'asino d'oro) 2013. Münevver Andaç (1917–1998) floh in Begleitung ihrer beiden Kinder, einer Tochter aus erster Ehe und ihrem aus der Beziehung mit Nazim Hikmet stammenden Sohn Mehmet. Sie war Übersetzerin und wesentlich beteiligt am Erfolg Hikmets, Orhan Pamuks und Yasa Kemals im französischen Sprachraum.

67 Lussu, L'uomo, S. 78f.

68 Schon in den späten 50er Jahren hatten u. a. André Malraux, François Mauriac, Jean-Paul Sartre, Simone de Beauvoir, Louis Aragon erfolgreich für Neto interveniert. Amnesty International erklärte ihn zum Gefangenen des Jahres 1957. Im Jahr 1960 wurde er erneut verhaftet. Vgl. Lussu, Tradurre, S. 65.

69 Innerhalb der italienischen Linken hielt sich lange das Gerücht, Joyce Lussu und ihre Freunde hätten die Flucht organisiert. Tatsächlich wurde Neto mithilfe der portugiesischen kommunistischen Partei außer Landes gebracht. Vgl. Tullio Ottolini, Dal *soutien* alla cooperazione. Il terzomondismo in Italia fra il Centro di Documentazione »Frantz Fanon« e il Movimento Liberazione e Sviluppo, Tesi in Storia Culture Civiltà, Università di Bologna, 2018, http://amsdottorato.unibo.it/8333 (9. 3. 2020).

70 Agostinho Neto, Con gli occhi asciutti, Milano (Il Saggiatore) 1963.

71 Hier versammelten sich alle revolutionären Kräfte der Subsahara-Region in Anwesenheit u. a. von Ernesto Guevara, Ahmed Ben Bella, Julius Nyerere, Kenneth Kaunda. Vgl. Langiu/Traini, Joyce Lussu, S. 44.

72 Mario Albano: Joyce Lussu e le lotte di liberazione nazionale, in: Plaisant, Joyce Lussu, S. 129f.

73 »*spedizioni eticopoliticopoetiche*«, Lussu, Tradurre Poesia, S. 131.

74 Vgl. Langiu/Traini, Joyce Lussu, S. 44.

75 Joyce Lussu übersetzte ausschließlich Lyrik von Männern. Sie hielt die »moderne revolutionäre Lyrik« männlicher Autoren für kraftvoller als die vergleichbare Produktion aus weiblicher Feder, andererseits gab sie zu bedenken, dass die der männlichen Poesie inhärenten patriarchalen Werte den neuen, freien und gleichberechtigten Frauen nicht als kreativer Ansporn dienen könnten. Vgl. Lussu-Zitat in: Ornella Vita Palmisano e Ira Panduku (a. c. di), Joyce Lussu. Tutte le strade mi portano a casa. Treviglio (Zephyro Edizioni) 2012, S. 48f.

76 Vgl. dazu Ottolini, Soutien, S. 86f.

77 Vgl. Albano, Joyce Lussu e le lotte, S. 128f.

78 Vgl. Lussu, Portrait, S. 132f.

79 1970 und 1971 erschienen zwei Bände einer »Storia del Fermano« unter ihrer Herausgeberschaft. Vgl. Langiu/Traini, Joyce Lussu, S. 81f.

80 Unter den vielen Publikationen zum Thema sei *Il libro perogno* erwähnt, in: Lussu, Opere, S. 239–293.

81 Vgl. Lussu, Portrait, S. 132.

82 Vgl. Langiu/Traini, Joyce Lussu, S. 49.

83 »*Noi siamo (…) i partigiani della natura, è questa la nostra nuova resistenza.*« Ballestra, Joyce L., S. 38.

84 Vgl. dazu http://www.ladige.it/territori/rovereto/2017/04/30/si-spenta-95-anni-nives-fedrigotti und https://www.pressreader.com/italy/corriere-del-trentino/20170430/281547995789185 (8. 8. 2018).

85 Vgl. dazu Interview mit Mangani, in: Trent'anni di Il Lavoro Editoriale. Conversazione con Giorgio Mangani, a cura di Barbara Pasquinelli, http://nuke.giorgiomangani.it/Portals/0/GiorgioMangani/downloads/30%20anni%20lavoro%20editoriale.pdf (23. 7. 2020).

86 Lussu, L'uomo, S. 25.

Literatur- und Quellenverzeichnis

Werke von Joyce Lussu (Auswahl)

Fronti e frontiere. Bergamo (Edizioni U) 1945
Fronti e frontiere. Ancona-Milano (Theoria) 2000, (Erstausgabe der gekürzten Fassung als II[a] edizione, Laterza 1967)
Fronti e frontiere. Roma (Abbot) 2021 (Neuauflage des Textes von 1945)
Freedom has no frontier. Translated by William Clowes. London (M. Joseph) 1969
Tradurre poesia. Roma (Robin Edizioni, BdV) 2013, (Erstausgabe Mondadori 1967)
Padre Padrone Padreterno. Breve storia di schiave e matrone, villane e castellane, streghe e mercantesse, proletarie e padrone. A. c. di Chiara Cretella, Camerano (Gwynplaine) 2012, (Erstausgabe Mazzotta 1976)
L'uomo che voleva nascere donna. Diario femminista a proposito della guerra. A. c. di Chiara Cretella, Camerano (Gwynplaine) 2012, (Erstausgabe Mazzotta 1978)
L'olivastro e l'innesto. L'incontro con un uomo, la sua isola antica e la sua gente. Cagliari (Della Torre) 1982
Portrait. Roma (L'asino d'oro) 2012, (Erstausgabe Transeuropa 1988)
Inventario delle cose certe. Fermo (Andrea Livi Ed.) 3[a] edizione, 1998, (Erstausgabe 1989)
Alba Rossa. Un libro di Joyce ed Emilio Lussu. Ancona (Transeuropa) 1991
Lotte, ricordi e altro. Roma (Biblioteca del Vascello) 1992
Sulla civetteria. Con Luana Trapè. Roma (Edizioni Vollant) 1998
Opere scelte. Fronti e frontiere – Le inglesi in Italia – Il libro Perogno – Sherlock Holmes. Ancona (Il lavoro editoriale) 2008
Con Emilio. Per la Sardegna nella storia di tutti. A. c. di Giuseppe Caboni, Cagliari (CUEC) 2013

Sekundärliteratur

Ballestra, Silvia: Joyce L. Una vita contro. Diciannove conversazioni incise su nastro. Milano (Baldini Castoldi Dalai) 2012
Ballestra, Silvia: La Sibilla. Vita di Joyce Lussu. Bari-Roma (Laterza) 2022
Berdozzi, Valentina: *L'intellettuale Gladys Salvadori e il suo senso per i disabili e la famiglia*, https://www.corriereadriatico.it/sonar/donna/sonar_donna_storia_gladys_salvadori_intellettuale_disabili_famiglia-3790410.html 11 Giugno 2018 (13.3.2020)
Berrettini, Mireno: *Diplomazia clandestina: Emilio Lussu ed Inghilterra nei documenti dello Special Operations Executiv*, https://web.archive.org/web/20140222152759/http://www.sotziu.it/biblioteca/PDF/Emilio%20Lussu%20-%20Diplomazia%20clandestina.pdf (13.3.2020)

Collier, Margaret: La nostra casa sull'adriatico. Diario di una scrittrice inglese in Italia (1873–1885). Ancona (Il lavoro editoriale) 1997, E-Book (Kindle)

De Giovanni, Neria: E dicono che siamo poche … Scrittrici italiane dell'ultimo Novecento. A. c. di Giacomo F. Rech. Con le fotografie di Giovanni Giovannetti (Presidenza del Consiglio dei Ministri. Commissione nazionale per la parità e le pari opportunità tra uomo e donna) Roma, 2003

Fiori, Giuseppe: Il cavaliere dei Rossomori. Vita di Emilio Lussu. Nuoro (Edizioni Il Maestrale) 2010

Fry, Varian: Auslieferung auf Verlangen. Die Rettung deutscher Emigranten in Marseille 1940/41. Frankfurt a. M. (Fischer) 2009

Gabbolini, Giorgia: Joyce Lussu. Una donna e la libertà. Vita opere e lotte di una protagonista dimenticata del '900. o. O. (CR Edizioni) 2021

Gallo, Emmanuel: Natura e paesaggio nelle opere di Irène Nemirovsky, Maria Teresa Léon e Joyce Lussu. Lucca (Argot edizioni) 2019, E-Book (Kindle)

Galluccio, Fabio: Non potevi fare altrimenti. Valentina Monti Ferrarini – Una vita per la democrazia, Civezzano (Nonluoghi libere edizioni) 2005

Gatterer, Claus: Aufsätze Reden. Bozen (Edition Raetia) 1991

Gatterer, Claus: Im Kampf gegen Rom. Bürger, Minderheiten und Autonomien in Italien. Wien-Frankfurt-Zürich (Europa Verlag) 1968

Langiu, Antonietta e Gilda Traini: Joyce Lussu. Biografia e bibliografia ragionate. Ancona (Quaderno del Consiglio Regionale delle Marche, Nr. 90) 2008

Lussu, Emilio: La catena. A. c. di Mimmo Franzinelli, Milano (Baldini & Castoldi) 1997

Lussu, Emilio: Diplomazia Clandestina. Milano (Baldini & Castoldi) 2010

Lussu, Emilio: Marsch auf Rom und Umgebung. Autobiographischer Essay. Wien-Frankfurt-Zürich (Europa Verlag) 1971

Lussu, Emilio: Sul Partito d'Azione e gli altri. Note critiche. Milano (Mursia) 2009

Mantelli, Brunello: Kurze Geschichte des italienischen Faschismus. Berlin (Wagenbach) 1998

Modigliani, Vera: Esilio. Cernusco sul Naviglio (Garzanti) 1946

Ottolini, Tullio: Dal *soutien* alla cooperazione. Il terzomondismo in Italia fra il Centro di Documentazione »Frantz Fanon« e il Movimento Liberazione e Sviluppo, Tesi Università di Bologna, 2018, http://amsdottorato.unibo.it/8333 (22. 2. 2020)

Palmisano, Ornella Vita e Ira Panduku (a. c. di): Joyce Lussu. Tutte le strade mi portano a casa. Treviglio (Zephyro Edizioni) 2012

Pisuttu, Elena: La mia patria è il mondo. Storia di una donna libera: vita, pensiero e poetica di Joyce Lussu. Fermo (Andrea Livi) 2018

Plaisant, Luisa Maria (a. c. di): Joyce Lussu. Una donna nella storia. Cagliari (CUEC) 2003

Salvadori, Giacinta: Lettere fermane. Le pagine-diario e la cronaca familiare di una donna antifascista nelle Marche fra le due guerre. A. c. di Joyce Lussu, Ancona (il lavoro editoriale) 1989

Salvadori, Max: Breve storia della resistenza. Vicenza (Neri Pozza) ed. digitale 2016, E-Book (Kindle)

Scharold, Irmgard (Hg.): Scrittura feminile: Italienische Autorinnen im 20. Jahrhundert zwischen Historie, Fiktion und Autobiographie, Tübingen (Narr) 2002
Trent'anni di Il Lavoro Editoriale. Conversazione con Giorgio Mangani A cura di Barbara Pasquinelli, http://nuke.giorgiomangani.it/Portals/0/GiorgioMangani/downloads/30%20anni%20lavoro%20editoriale.pdf (10. 3. 2020)
Walter, Hans-Albert: Deutsche Exilliteratur 1933–1950. Bd. 3: Internierung, Flucht und Lebensbedingungen im Zweiten Weltkrieg. Stuttgart (Metzler) 1988

Dissertationen und Diplomarbeiten zu Joyce Lussu

Capancioni, Claudia: Anglo-Italian Literary Identity in the Writings of Margaret Collier, Giacinta Galletti and Joyce Salvadori, Thesis Dr. phil., University of Hull 2006, https://hydra.hull.ac.uk/assets/hull:7152a/content (15. 3. 2020)
Gabbolini, Giorgia: Joyce Lusssu: Una donna e la libertà. Tesi di laurea. Università per Stranieri di Perugia. Facoltà di Lingua e Cultura Italiana, 2015, als PDF zur Verfügung gestellt von der Autorin
Pisuttu, Elena: Da Salvadori a Joyce Lussu, Tesi di Dottorato in Scienze dei Sistemi Culturali – Università degli Studi di Sassari, A. A. 2014/2015, https://core.ac.uk/download/pdf/33724213.pdf (12. 8. 2020)
Tersol, Consuelo: *Joyce Lussu's Fronti e Frontiere: re-writing between literature and political activism.* MPhil(R) Thesis. Glasgow, 2013, http://theses.gla.ac.uk/5090/7/2013TersolMPhil.pdf (11. 3. 2020)
Valenta, Isabell: Vita e opera di una donna coraggiosa. Le varietà di Joyce Lussu nelle sue opere: analisi e paragone tra opere esemplari. Diplomarbeit, Wien 2012, http://othes.univie.ac.at/20219 (25. 2. 2020)

Für die biografischen Angaben im Glossar verwendete Internetseiten

Associazione Nazionale Partigiani d'Italia: www.anpi.it/donne-e-uomini
Enciclopedia delle donne: www.enciclopediadelledonne.it
Enciclopedia Treccani: www.treccani.it
Storia XXI secolo: www.storiaxxisecolo.it
Wikipedia: it.wikipedia.org, de.wikipedia.org, en.wikipedia.org, fr.wikipedia.org, pt.wikipedia.org

mandelbaum *empfiehlt*

Helga Amesberger, Brigitte Halbmayr, Elke Rajal
STIGMA ASOZIAL
Geschlechtsspezifische Zuschreibungen, behördliche Routinen und Orte der Verfolgung im Nationalsozialismus

400 Seiten, Euro 29,–
ISBN 978385476-886-9

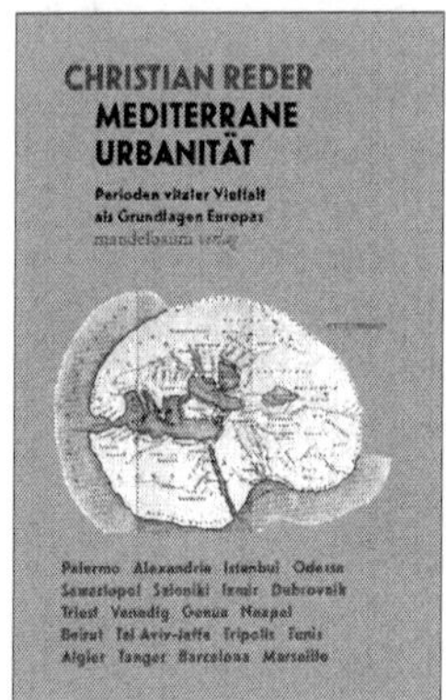

Christian Reder
MEDITERRANE URBANITÄT
Perioden vitaler Vielfalt als Grundlagen Europas

480 Seiten, Euro 27,–
ISBN 978385476-878-4

Esther Dischereit
MAMA, DARF ICH DAS DEUTSCHLANDLIED SINGEN
Politische Texte

240 Seiten, Euro 19,–
ISBN 978385476-873-9